Wie weit flog die Tomate?

W0295826

Wie weit flog
1968-
'68erinnen-Gala

Heinrich-Böll-Stiftung
Feministisches Institut (Hrsg.)

Wie weit flog die Tomate?

Eine 68erinnen-Gala der Reflexion

Mit einer Einleitung von
Halina Bendkowski

Die Deutsche Bibliothek – CIP-Einheitsaufnahme

Wie weit flog die Tomate?
Eine 68erinnen-Gala der Reflexion
Hrsg. von der Heinrich-Böll-Stiftung und dem Feministischen Institut
Mit einer Einleitung von Halina Bendkowski
1. Auflage, Berlin 1999
ISBN 3-927760-32-3

1. Auflage, November 1999

Gestaltung push:Bayer, Berlin
Preis DM 15,–

Der Kongreß »Wie weit flog die Tomate?« fand am 31. Oktober 1998 in der FU Berlin statt. Kongreßkonzeption: Halina Bendkowski.

Frontispiz-Fotos von Astrid Proll, aufgenommen auf dem Kongreß.
Bei einigen Abbildungen in diesem Buch konnten die Rechteinhaber nicht ermittelt werden. Wir bitten sie, sich bei der Stiftung zu melden.

Bestelladresse: Heinrich-Böll-Stiftung
Hackesche Höfe, Rosenthaler Straße 40/41, 10178 Berlin, Fon 030-28 53 40
Fax 030-28 53 41 09, Email info@boell.de, Internet: www.boell.de

ISBN 3-927760-32-3

Inhalt

Vorwort

Ein Buch über dreißig Jahre neue Frauenbewegung ist auch ein Blick zurück nach vorn.

Vieles ist erreicht. Frauen sind in fast allen gesellschaftlichen Bereichen wie Politik, Wirtschaft, Medien und Wissenschaft zu finden. Frauen proklamieren ganz selbstverständlich ihr Recht auf Berufstätigkeit und die Freiheit, sowohl Beruf und Kinder vereinbaren zu können als auch ohne Kind ganz Frau zu sein. Verschiedene Lebensmodelle können in verschiedenen Lebensphasen erprobt werden: New York, Rio, Tokio, allein, zu zweit oder zu dritt, homo- oder heterosexuell – all das ist möglich. Und gerade jüngeren Frauen, vor allem den nach 1968 geborenen, ist vieles davon zur Selbstverständlichkeit geworden. Aber wer sind sie, die Mütter der Macher- und Managerinnen, der »girlies« und »webgirrls«, der »kessen Väter« und Bundeswehrsoldatinnen?

Der Kongreß »Wie weit flog die Tomate? Eine 68erinnen-Gala der Reflexion« hat die damaligen Akteurinnen und ihre Töchter noch einmal versammelt, ihnen Raum gegeben zu einer Bestandsaufnahme von dreißig Jahren zweiter deutscher Frauenbewegung. Diese hatte ihren Geburtsakt in dem legendären Tomatenwurf der Sigrid Damm-Rüger auf dem Frankfurter SDS-Kongreß 1968. Auch daran sollte ganz besonders erinnert werden.

Die in diesem Band versammelten Beiträge geben Einblick in die vielfältigen Positionen der ersten Stunde der westdeutschen Frauenbewegung. Auffallend ist in allen Beiträgen das Moment des persönlichen Berührtseins, dem in den dichten und überaus reflektierten Erinnerungen auch dreißig Jahre anscheinend nichts anhaben konnten. Einigen Referentinnen kamen während ihrer Vorträge die Tränen, auch manche Besucherin guckte zeitweise aus roten Augen – zur Verwunderung männlicher Medienvertreter. Aber viele hatten auch jene Spur von Humor bei ihrem Blick auf das eigene Tun, welches immer wieder – halb ungläubig, halb erinnernd – spontanes und herzhaftes Lachen erlaubte.

Die Geschichte des Feminismus ist immer auch als eine Geschichte der Reaktion auf die soziale, politische, persönliche Beschränkung und Demütigung von Frauen im Kampf um die Anerkennung als ganzer und eigenständiger Mensch zu begreifen – eine Demütigung, die zu lange still von vielen Großmüttern auf Mütter und wiederum auf Töchter weitergegeben wurde. Aber auch innere Stärke und der Impuls zum Widerstand wurden (freilich auch von manchen Vätern!) weitergegeben. Nicht zufällig waren die Mütter der 68erinnen jene starken Kriegs- und Nachkriegsmütter, die das zerstörte Land maßgeblich wieder mit aufgebaut hatten, um danach wieder – bis auf sehr wenige Ausnahmen – aus dem öffentlichen Leben zu verschwinden und sich mit der Rolle der Dienenden im Privaten zu begnügen (manchmal durchaus »machtvoll« in den privaten Räumen, aber in ihrer Beziehungsmacht gleichsam begrenzt und aus dem gesellschaftlichen Leben weitgehend ausgeschlossen). Diese Rolle wollten die 68erinnen nicht mehr einnehmen, und beherzt schmiß eine Tomaten auf das Patriarchat – allerdings in Gestalt eines Aktivisten der Studentenbewegung. Dieser stellte gleichzeitig – Ironie der Geschichte – für manch andere Streiterin dieser bewegten Zeit den gleichsam letzten Hoffnungsträger auf eine andere, eine progressive Politik dar.

Nicht zuletzt ist das Feministische Institut der Heinrich-Böll-Stiftung, dessen Gründungsveranstaltung der Kongreß war, eine Tochter eben dieser 68er-Bewegung und der engagierten Frauen dieser Zeit. Politische Teilhabe zu fördern, politische Einmischung zu unterstützen und dabei immer wieder auch kreative und innovative Formen – wie Netzwerkbildung von Frauen – zu entwickeln und einzusetzen sind daher zentrale Ziele des Instituts. Sich der feministischen Traditionen bewußt zu sein bzw. zu werden und auf dieser Grundlage in die Zukunft zu blicken – das gehört zum Selbstverständnis des Instituts dazu.

Geplant war die Gala für maximal 250 Besucherinnen, es kamen über 700 aus dem gesamten Bundesgebiet, gar 1000 zum Abschlußplenum! Ein ebenso erstaunliches wie erfreuliches Ergebnis für eine gerade durch die Medien gern totgesagte Bewegung.

Ein besonderes und großes Dankeschön gilt Halina Bendkowski, selbst 68erin und »feminist political animal«, der der Kongreß die illustre Gästeschar und die gelungene Konzeption verdankt.

Dank den Referentinnen und Moderatorinnen der Tagung, durch deren Beiträge und Engagement Kongreß und Dokumentation zustandekommen konnten. Dank auch den Berliner Nachtschwärmerinnen und Kreativen, die Design, Kunst und Catering bereitstellten. Ebenfalls Dank der Berliner Künstlerin Gabriele-Maria Scheda, die die »Goldene Tomate« schuf, und zuletzt der Freien Universität Berlin, die die Räume zur Verfügung stellte.

Besonderen Dank auch an das Konferenzteam, das ein halbes Jahr mit allen Kräften für eine gelungene Veranstaltung gearbeitet hat: Gundula Fienbork, Julia Reiter, Ulrike Birkemeyer, Marion Miketta und Daniela Marx. Ihnen gebührt die goldene Ehrentomate für ihren unermüdlichen Einsatz!

Vieles ist erreicht. Aber in einer Zeit, in der die Mehrzahl der Frauen weltweit immer noch durch von Männern gemachten Normen in ihrer persönlichen wie politischen Entfaltung eingeschränkt ist und die formale Gleichberechtigung spätestens beim Berufseinstieg bzw. beim ersten Kind an ihre Grenzen stößt, Frauen weltweit weniger verdienen und jede Minute Opfer von männlicher, oft tödlicher Gewalt werden – in so einer Zeit sind auch die Grenzen dessen sichtbar, was die internationalen Frauenbewegungen bislang erreicht haben. Und in einem der demokratischsten Länder der Welt, der Bundesrepublik Deutschland, ist es im Jahre 1999 immer noch nicht möglich, das Amt des Bundespräsidenten einer Frau anzuvertrauen. Es bleibt noch viel zu tun.

Berlin, im Herbst 1999

Dr. Claudia Neusüß
Vorstand der Heinrich-Böll-Stiftung

Patricia Keeding
Feministisches Institut

Einleitung

Halina Bendkowski

Wie weit flog die Tomate?

1968–1998 – auf den Spuren der 68erinnen

Das Jahr 1998 war das Jahr der Erinnerungen an '68. Eine Generation wurde und gab sich »erwachsen«. Zumindest sahen das so die Medienvertreter aller Couleurs, die aber zumeist sich selbst damit meinten und – wenn sie ehemals von links kamen – sich dafür priesen, in und mit der BRD-Gesellschaft wiedervereint, »angekommen zu sein«. Landauf, landab gab es Tagungen, Seminare, Kolloquien und Ausstellungen zu '68.

1968 als magische Zahl und Höhepunkt der 60er Jahre.
Der 15. August 1968: Woodstock! What is it for?

Schon 1996 begann die »Route 66« retour vorwärts. Zum 20. Todestag von Ulrike Meinhof fand in Berlin am 3. Mai 1996 eine Erinnerungsveranstaltung in der Technischen Universität statt, die große Aufmerksamkeit, auch von sehr jungen Leuten, auf sich zog. Die vormals persönlichen und politischen Freundinnen und Freunde von Ulrike Meinhof sollten nach den Vorstellungen der Vorbereitungsgruppe, in eigenem Namen und auf eigene Rechnung Stellung zur militanten Geschichte der Linken in der BRD beziehen. Es ging um »Wiederbewaffnung, Illegale KPD, Atomtod, Notstandsgesetze, Konkret, Bambule, Vietnam, RAF und Stammheim«. Das sind wohl die Themen, mit denen sich die Nachkriegslinke in der BRD auseinandergesetzt hat und von denen sie bestimmt wurden. Ulrike Meinhof war die Ikone all dieser Debatten, sowohl positiv als auch negativ idealisiert – ein Racheengel deutscher Geschichte. Daß sie auch der Frauenbewegung mit einem Beitrag im November 1968 in der KONKRET (»Die Frauen im SDS oder in eigener Sache«) den entscheidenden medialen Kick gab, darf 30 Jahre später nicht unerwähnt bleiben.

Bevor sich jedoch die Geschichtsschreibung der bunt-medialen Geschichtsverwertung allein annahm, sollten sich die Akteurinnen und Akteure jener Jahre mit ihren Unterstützern und Kritikern von damals und heute der gemeinsamen Geschichte annehmen. Da ich die Moderatorin dieser Podiumsveranstaltung mit Monika Berberich, Ali Jansen, Johann Kressnik, Ralf Reinders, Karl-Heinz Roth, Monika Seifert, Christian Ströbele und Klaus Wagenbach war, machte ich im Umfeld zur Vorbereitung dieser Veranstaltung aufklärende Erfahrungen mit den Politbewegten von einst, die mir verdeutlichten, warum die 60er Jahre im totalitären Gedächtnis das wurden, was sie nun sind – schwarz auf weiß: Ein Glücksversprechen, ein Abenteuer, die Revolution des Denkens, eine internationale Rock'n'Roll-Bewegung, eine Art militanter Existentialismus. Und ewige Jugend + Orgasmusgarantie. Nicht »the pursuit of happiness«, wie es die amerikanische Verfassung allen verspricht und im amerikanischen Traum vom Tellerwäscher zum Millionär nun global weiterspinnt. Nein.

Das Glücksversprechen war die Machbarkeit zur Veränderung von allem und allen.

Das Wünschenswerte wurde zum politisch-gesellschaftlichen Programm.

Was wäre möglich, wenn, und nicht, was wäre nötig, daß eine Gesellschaft sich demokratisch verhält – das war die Fortschritt verheißende Frage. Dem Idealismus waren keine Schranken gesetzt und dem Tugendterror auch nicht. Die neue Linke war alsbald in K-Gruppen und der RAF gescheitert. Heute verweigern die Linken und Rechten eine Standortbestimmung des Denkens und verhandeln zusammen an runden Tischen die ökonomische Standortfrage Deutschland. Gleichzeitig mit der Entideologisierung zu einer Politik der »Neuen Mitte« wird im Namen einer globalen Modernisierung das Ende der Verteilungsgesellschaft befördert – und zwar auffällig oft von denen, die damals neben sich radikal niemand anderem Pardon gaben. Die Rechten sind nun zufrieden mit einer Linken, die bereit ist, sich ins Unvermeidliche einer deregulierten Wirtschaftspolitik zu schicken. Modern ist, was dementsprechend vernünftig ist. Mitte radikal. Und wie vernünftig eine Welt ohne Gerechtigkeitsanspruch aussieht, das demonstriert eine kostspielige Lottopolitik als Infotainment mit Fußballrhetorik statt politischer Theorie und Praxis.

Insofern waren die 60er Jahre höchst unvernünftig. Und darüber hinaus:

»Take a walk on the wild side«. Dieser Song von Lou Reed beschrieb auf magische Weise die Risikobereitschaft der 60er und 70er Jahre, sich in Bewegung zu setzen. Wohin auch immer ...

Worum ging es? »... then he was a she ... she looked for soulfood and a place to eat ... and thought she was James Dean for a day ... »Die da besungen werden, waren jene *Factory*-Mitglieder, die Andy Warhol aus der Provinz nach New York lockte und an sich zog. Androgynität als ästhetische Befreiung aus den engen Frauen- und Männer-Rollen wurde zum ersten Mal Pop, das heißt massenwirksam attraktiv.

Lola von den KINKS war plötzlich überall: »... I did not understand how she looked like a woman but spoke like a man, my L-o-l-a ...« Äußerlich machten sich die Frauen und Männer austauschbar. »Female« verstand Patti Smith in jenen Jahren als »feel male«, so eroberte sie sich später weltweit den androgynen Respekt von begeisterungswilligen Frauen und Männern. In ihrem Rückblick klingt das poetisch: »Time bleeding into time. Which we assaulted-blurring and expanding the perimeters of love, conciousness and remorse. Driven with the collective hope to raise aspects of art, poetry, rock'n'roll, even charity that had not been raised before.«

Auf öffentlichen Lesungen trauert sie all jenen nach, die bei diesem »beat for life« bereits nicht mehr lebendig sind, wobei sie wohl nicht nur die Toten meint.

Doch am 3. Juni 1968 schoß Valerie Solanas auf Andy Warhol. »She pointed the gun at Andy saying you cannot control me anymore ...« (Lou Reed/John Cale: Songs for Drella: »I believe«)

Wer den Film der kanadischen Regisseurin Mary Harron »I shot Andy Warhol« (1996) gesehen hat, wird die zitierte Songzeile besser verstehen. Dieser Film ist nicht nur historisch wegen Valerie Solanas sehenswert. Der Regisseurin ist es gelungen, ein Schlaglicht auf die *vorfeministische* Zeit zu werfen, in der Frauen nur als Parodien ihrer selbst Aufmerksamkeit erlangten. Aber nicht nur in New York, sondern überall gab es junge Frauen, die gut ausgebildet, im Besitz der Anti-Babypille und klug genug waren, sich nicht mehr als das zweite Geschlecht behandeln zu lassen. Valerie Solanas wollte nicht das

Groupie einer sexuellen Befreiung mimen, sondern selbst die Richtung bestimmen. Aber das, wogegen sie ankämpfte, war damals noch kein Thema. Sie war die erste Frau, die künstlerisch der sexuellen Revolte den revolutionären Glamour streitig machte. »You've got to go through a lot of sex to get to antisex, and SCUM's been through it all ...« (»... man muß eine Menge Sex durchmachen, bis man antisex wird. Und SCUM ist da durch gegangen ...«) SCUM ist ein Akronym und bedeutet soviel wie Abschaum und zugleich: *Society to cut up men* (Gesellschaft zur Vernichtung der Männer). Es war der Titel ihres Manifests und der Name ihrer Vereinigung, deren einziges Mitglied sie allerdings blieb. Die amerikanischen Feministinnen hatten große Mühe mit Valerie Solanas und dem SCUM-Manifest, das nach dem Attentat auf Andy Warhol ein weltweiter Bestseller wurde, wovon aber allein ihr Verleger, Maurice Girodidas, profitierte. Anders als Valerie Solanas war er ein Gewinner der Gegenkultur. Mit seinem Verlag »Olympia Press« hatte er sich bereits durch die Umgehung der Zensur von Nabokovs' Lolita, Henry Miller, Jean Genet und William S. Burroughs einen »goldenen Phallus« verdient. Nicht nur die US-amerikanischen Medien, sondern auch deutsche Professoren übten sich in *junk-memorabilia*, wenn sie von Valerie Solanas sprachen. Das heißt, sie schrieben ihre Horrorgeschichten über Valerie Solanas und beschrieben SCUM schaudernd als eine Massenbewegung der Frauen. Dabei kam die Frauenbewegung für die verlorene Einzelkämpferin Valerie Solanas zu spät. Sie war schon in den 50ern als junge Studentin von ihren Professoren für ihren Einsatz zugunsten der in der Verfassung formulierten Gleichberechtigung von Frauen verhöhnt worden. Ihre Analysen waren gerade in ihren Übertreibungen klarsichtig, aber für jede Art von Politik zu desillusionierend. In der Gegenkultur der frühen 60er Jahre, die immer »manifestig« daherkam, wurde sie anders als ihre Kollegen zur Unperson und dem freien Fall ausgeliefert. Sie starb mit 52 Jahren am 25. April 1988 mittellos an den Folgen einer Lungenentzündung in San Francisco.

»Mir scheint, die Kinder des nächsten Jahrtausends werden das Jahr 1968 mal so lernen, wie wir das Jahr 1848. Ich bin auch noch persönlich interessiert.« Hannah Arendt

Darum dieses Buch »Wie weit flog die Tomate?«. Es soll zeigen, warum im Jahre 1968 auch in Deutschland die Ungeduld der Frauen virulent wurde. Zu einer »Gala der Reflexion« wollte ich die 68erinnen und die danach Aktiven ermuntern, um nicht wie die erste Frauenbewegung Anfang dieses Jahrhunderts von einer interessierten Presse und Politik als Nonsens be- und enthauptet zu werden. Daß sich die meisten Historiker in ihren Rückblicken auf '68 und folgende weiterhin geschlechterdemokratisch raushalten, ist psychoanalytisch interessant, aber vergangenheitspolitisch gesehen ein professionelles, aber (noch) nützliches Herrschaftsversagen.

Als ich Anfang der 80er Jahre nach West-Berlin kam, war die Frauenbewegung schon Geschichte. Seit dem Wurf der Tomate anno 1968 waren viele Jahre vergangen und die beginnende Etablierung der akademischen Frauenforschung begann zu sortieren, zu addieren und sich manchmal für den frühen Aktionismus der Frauenbewegung zu schämen.

Die Uni-Frauen auf Stellensuche wollten die Früchte des Zorns endlich ernten und nicht immer auf einen Aktionismus reduziert werden, der den Protest telegen infantilisierte. Wenn nicht die Scheiben klirrten, herrschte Ruhe in den Redaktionstuben. Tatsächlich boten uns Mitte der 80er Jahre Fotografen (nicht die von der *taz*!) Medienbeachtung an, wenn wir z. B. die Scheiben der Pornoläden einschlügen – was wir aber nicht taten. Statt dessen luden wir von der Berliner FrauenfrAKTION die Aktivistinnen der damals entstehenden »Hurenbewegung« zu feministischen Gesprächen in die SCHOKOFABRIK ein. Das aber interessierte außer die damals aktiven *taz*-Journalistinnen wiederum niemanden. Die Massenmedien erklärten von Anbeginn die Frauenbewegung für tot, wenn sie den nachdenkenden Feminismus meinten.

Soviel Totsein hat noch keine andere Bewegung überdauert. Sollte also der Zombiefeminismus das Thema der Zukunft bleiben? Es ist wohl so, daß eine reale Erst-oder-Einmal-Erkenntnis von Sexismus in Wort, Schrift, Bild oder Erfahrung im Bewußtsein jeder Frau Auswirkungen hat und empfänglich macht für Kritik und manche bereit zur Gegenaktion. Die hysterischen Ausfälle gegen »Emanzen« haben entgegen ihrer Absicht immer wieder das Interesse an ihnen entfacht.

Zumindest war das meine Erfahrung. Und da Feministinnen einfach klüger sind als Antifeministinnen, wundern mich die Irritationen nicht, die sie bei Frauen und Männern auslösen.

Mitte der 80er Jahre war ich politische Kulturreferentin in einer von Sozialarbeiterinnen und Künstlerinnen 1982 besetzten Schokoladenfabrik. Das FrauenKulturzentrum SCHOKOFABRIK in Berlin-Kreuzberg war besonders durch die Verhandlungs- und Gestaltungskunst von Ida Schillen, Elisa Rode und anderen zum größten Kulturzentrum in Europa avanciert und damit zu einer Topadresse feministischer, außeruniversitärer Aktionsforschung geworden. Auf jeden Fall waren die Einladungen an die Pionierinnen zur Vortragsreihe »Feministische Leviten und Reminiszenzen« ein Aufklärungserfolg: sowohl gegen die Gefahren einer Selbstmythologisierung der Agierenden wie auch ein Beitrag zur weiteren Politisierung der 80er-innen. Es war noch die Zeit, als eine deklarierte Frauenbewegungszugehörigkeit als förderlich galt, wie wohl die vielen von damals sich heute daraus wieder entschuldigen, obwohl sie keinerlei Schuld auf sich geladen haben. Bereits damals war es schon gar nicht einfach zu ermitteln, wer eigentlich 1968 beim SDS-Kongreß in Frankfurt am Main die Tomaten geworfen hatte. Viele Aktivistinnen, die ich befragte, kannten sich nicht mit ihren Namen oder konnten sich zwar an die Situation, nicht aber an die Namen der Beteiligten des »Tohuwabohus« erinnern. Da ich relativ neu in Berlin war, erlaubte mir mein Interesse, jenseits der Differenzen einige der Berliner Feministinnen zu Leviten und Reminiszenzen aufzufordern. Das war ein großer Gewinn für die Zuhörerinnen in der SCHOKOKFABRIK. Sigrid Damm-Rüger, die ich über mehrere Umwege endlich als die »Tomatenwerferin« von 1968 ausfindig gemacht hatte, bedauerte, als solche reduziert zu werden. Nichts war mir verständlicher als das, und deswegen bat ich sie, darüber zu sprechen, was der Tumult danach bei ihr ausgelöst hatte und wie sie den Tumult damals und rückblickend einschätzte und welche Schlußfolgerungen sie daraus zog. Denn daß die Delegierten die Rede von Helke Sander, die erste öffentliche Grundsatzrede zur Kinderfrage in einer revolutionären Bewegung, auf dem 23. Delegiertenkongreß des SDS in Frankfurt am Main nicht diskutieren wollten, war für die hochschwangere Sigrid Rüger der

Grund, die mitgebrachten Tomaten nicht wie vorgesehen zu verspeisen, sondern zur politischen Unterstützung gegen die Ignoranz zu werfen. Dadurch bekam die Rede die Bedeutung, die sie verdiente. So ist Sigrid Rügers Einsicht und Courage im richtigen Moment die Bedeutung einer historischen Erkenntnis zugekommen. Ulrike Meinhof, die damals weit geachtete Kolumnistin der Zeitschrift *Konkret*, hatte anders als ihre schreibenden Kollegen nicht mit blöder Häme auf den Tomatenwurf reagiert, sondern sofort verstanden, warum die SDS-Genossen Mühe hatten, sich auf die Analyse von Helke Sander einzulassen. Sie wußte, daß das kein Revoluzzer-Spektakel für die Presse war, sondern daß mit dieser unerhörten Rede für den »Aktionsrat zur Befreiung der Frauen« die Scheinharmonie mit den Männern nicht nur im SDS politisch aufgekündigt wurde. Und tatsächlich reagierte die Avantgarde pampig, denn für das Geschlechterproblem gab es noch keine »revolutionäre« oder gar entwickeltere Rhetorik, nur den Platzverweis in den Nebenwiderspruch.

Was aus diesem allgemeinen Mangel an Wissen und dem anhaltenden Desinteresse am Nebenwiderspruch wurde, beantwortet diese Publikation im Rückblick von 1998. Es hat also nichts mit Mythenpflege zu tun, wie Katharina Rutschky in ihrem Buch »Emma und ihre Schwestern« behauptet – und viele ihrer Rezensentinnen behaupten es mit ihr, obwohl sie es alle an der Nachforschung fehlen lassen, die sie ihrerseits zurecht einklagen. Die Rede von Helke Sander und das *catch up* des Tomatenwurfes durch Sigrid Rüger sind nun mal keine Legende – und deswegen muß auch keine Mythendeutung oder gar raffiniertere Dekonstruktion betrieben werden, wenn man an Geschichtssicherung, sprich Fakten über die Frauenbewegung, und nicht Fiktionen interessiert ist. Da die politische Frauenbewegung eben nicht das revolutionäre Jenseits anstrebte, handelt es sich hierbei auch um keinen religiösen Ursprungsmythos, wie Katharina Rutschky nicht müde wird zu wiederholen. Es geht gerade nicht um die Propaganda einer destruktiven Tat, die ohne emanzipatorischen Bezug so bedeutungslos geblieben wäre wie viele andere sinnlose Störaktionen bei öffentlichen Veranstaltungen. Im Gegenteil, der Tomatenwurf von Sigrid Rüger demonstriert, wann eine Störaktion politischen Sinn macht. In einer hilflosen Situation wußte die selbstbewußte Sigrid Rüger sich und anderen zu helfen. Ich schätze mich glücklich, durch eine umfassende Recherche fündiger geworden zu sein, als es die kolportierten Klischees über die Feministinnen zulassen. Das Konferenzpublikum und auch die Medien haben es zu würdigen gewußt.

Weder Helke Sander noch Sigrid Damm-Rüger konnten sich erinnern, was ihre Interaktion damals am 13.9.1968 spontan in Gang gesetzt hatte. Das ist nicht erstaunlich, denn das berichten alle, die bei Diskussionen Tumulte auslösen. Erst durch unzählige Gespräche mit Frauen und Männern, die beim SDS waren, wurde ich auf Ines Lehmann und Hazel Rosenstrauch hingewiesen. Hazel Rosenstrauch kannte ich zwar schon aus der Literatur (»Trotzdemismus« und »Die Grazie der Intellektuellen«) und aus einem vergeblichen Versuch, sie für meine Vortragsreihe »Feministische Leviten und feministische Reminiszenzen« in der SCHOKOFABRIK zu gewinnen, da sie zu jener Zeit Berlin in Richtung Wien verließ; ich erfuhr aber erst von Ines Lehmann, daß Hazel Rosenstrauch nach den Tomatenwürfen als erste Frau eine feministische Verteidigungsrede zugunsten von Sigrid Rüger und Helke Sander aus dem Stegreif hielt – und zwar als Kritikerin von ihr, Ines Lehmann.

Ines Lehmann wurde mir von allen, die sie kannten, als die im Berliner SDS einzig wortgewaltige Frau genannt. Ihren Namen sprachen alle mit einem gewissen Respekt, wenn nicht gar Furcht aus, so als ob ich auf der Hut sein müsse vor dieser Frau, die neben ihrer Eloquenz auch immer mit ihrem schwarzen Hut aufgefallen und in Erinnerung geblieben war. Sonderbarerweise aber wurde sie weder in all den Bildbänden noch in den '68er-Erinnerungsbüchern erwähnt. Aber das war leider nichts Ungewöhnliches, denn dort wurden außer den RAF-Frauen keine weiteren Frauen mit Namen genannt. Nur als »Bräute der Revolution« sind sie als kollektives »Bildmaterial« dokumentiert. Aber Ines Lehmann eine »Braut der Revolution« zu nennen, wäre wohl noch dem Ignorantesten schlecht bekommen – also ignorierte man sie lieber. Da sie parallel zu meiner Vorbereitung des »Tomatenkongresses« (Kurzarbeitstitel) das Berliner SDS-Veteranentreffen ins Leben gerufen hatte, war sie zunächst nicht leicht davon zu überzeugen, daß es beim Tomatenkongreß nicht generell um die

SDS-Frauen gehen sollte, sondern um die Frauen, die seit '68 durch die Revolte in der Revolte die Frauenbewegung initiierten. Aus allen frühen Texten erklärt sich aber, wie groß die Loyalität der Frauen mit dem SDS und wie groß die Hoffnung der SDS-Frauen auf eine sozialistische Umgestaltung der Gesellschaft war. Alle '68erinnen in dieser Dokumentation bestätigen diese Verbindung. Daß die Geschichte der Frauen und Männer des SDS (und des SDS-Berlin) noch dringend der Aufbereitung und Aufarbeitung bedarf, sei hiermit angemahnt, zumal, anders als erwartet, aktuell die Geschichtsdeutung von '68 durch Horst Mahler und Bernd Rabehl und anderen Herrschaften unter Ausschluß ihrer Kritikerinnen und Kritiker, wie z.B. Ines Lehmann, monopolisiert wird. Wie heiß seit '68 Tabubrüche als bloße Nachrichtenwaren gehandelt werden, sieht man an ihrer medialen Verbreitung, die in keinem Verhältnis zur Aufklärung steht. Es nimmt nicht wunder, daß manch einen der '68er der Bedeutungsverlust von Links den Kopf ganz liberal nach vorn, nach ganz rechts, zurück ins Scheinwerferlicht hat verdrehen lassen.

In Referenz zur Bedeutungsgeschichte des SDS und ihrem besonderen persönlichen Status im Berliner SDS, bat ich Ines Lehmann mit dem Arbeitstitel »Auf der Hut vor Nebenwidersprüchen« ihre Gegenposition zu Helke Sander und Sigrid Rüger aus der Perspektive von damals zu erklären. Mein Respekt galt der emanzipatorisch-moralischen und intellektuellen Qualität der damaligen Auseinandersetzung. Es galt die Chance zu nutzen, ein heute desinformiertes Publikum aufzuklären.

Meiner Meinung nach fing die Frauenbewegung in Deutschland grandios an. Die unabgesprochene Interaktion des historischen Quartetts: Helke Sander, Sigrid Rüger, Ines Lehmann und Hazel Rosenstrauch war ein Glücksfall deutscher Emanzipationsgeschichte. Nur durch die beispielhafte Repräsentanz der Agierenden, fühlten sich die bislang Schweigenden befähigt, von nun an in eigener Sache aktiv zu werden. Solidarität als Erfahrung war für Helke Sander das eigentlich Sensationelle des Tomatenwurfes von Sigrid Rüger, »die Solidarität einer Frau mit einer anderen«. Daß Ines Lehmann sich in der betreffenden Situation schützend vor den fälschlich mit der Tomate getroffenen SDSler Hans-Jürgen Krahl stellte, war ebenso ein Akt der

Solidarität wie ein Ernstnehmen der Auseinandersetzung. Und wenn die damalige Trotzkistin Hazel Rosenstrauch darauf spontan in eine feministische Rede für das von Helke Sander geforderte Debattenthema einsprang, geschah auch diese Reaktion jenseits der Parteidisziplin. Man könnte neidisch werden, so etwas nicht erlebt zu haben. Denn alle wollen immer Unterstützung erfahren, nur das Geben bleibt wohl eine schwierigere Angelegenheit. Das aber ist das Geheimnis von gesellschaftlich-fortschrittlichen Bewegungen, ihren kritischen Impuls, ihre Kraft und ihre Ausdauer entfalten sie, wenn es nicht nur um den eigenen Vorteil geht. Solidarität ist eine Befreiung vom üblichen Vorteilsdenken und als Erfahrung tatsächlich ein richtiges Glück.

Die banale Vermutung von Katharina Rutschky, daß wir mit der Würdigung der Tomatenwerferin eine Heldin feiern wollten, um durch Beschwörung einer gemeinsamen Geschichte Konflikte zu verdrängen, lag nun wirklich falsch, wie alle dank dieser Dokumentation nachlesen können. Bei Nachfrage hätte ich auch ihre Bedenken zerstreuen können, »warum aus der Begründerin der Frauenbewegung keine Feministin geworden ist«.

Im Gegensatz zu ihr war Sigrid Damm-Rüger voller Genugtuung und Hochachtung für unsere feministischen Aktivitäten im Anti-Gewaltbereich. Zur Erinnerung: Anläßlich des 10jährigen Bestehens des ersten Frauenhauses in Berlin organisierten wir SCHOKO-Frauen mit den Frauenhaus-Frauen 1987 eine Antigewaltkonferenz im Berliner Reichstag, die immense Beachtung fand. Einerseits lag es am Versammlungsort, den uns der damalige Bundestagsabgeordnete Christian Ströbele gegen alle Widrigkeiten beschaffte, und andererseits an der Einbindung von Männern, die sich erstmalig gegen die Verharmlosung der Gewalt gegen Frauen aussprachen. Sigrid Damm-Rüger schmälerte daraufhin allzu bescheiden ihren Beitrag für die Frauenbewegung, weil sie als voll berufstätige, gewerkschaftsengagierte Mutter von 2 Kindern nicht wie wir SCHOKO-Frauen in den '80ern die feministische Anti-Gewaltdebatte forcieren konnte. Im übrigen hätte ich als aktive Feministin sie kaum für die verschiedenen öffentlichen Diskussionen gewinnen können, wenn sie die Empfindungen und Ansichten von Katharina Rutschky geteilt hätte. Als ich dann im Januar 1996 ihre Todesanzeige im *Tagesspiegel* las, wollte ich tatsächlich, wie Katharina Rutschky mir richtig unterstellt, aber anders meint, »deren Tat nicht in Vergessenheit geraten lassen«. Ich rief Ute Scheub von der *tageszeitung* an und bat sie um einen journalistischen Nachruf. Denn: »Die Frau, die die Tomate warf«, wie Ute Scheub sie dann einen Tag später in der *taz* vom 12.1.1996 in ihrem Nachruf beschrieb, war meiner Meinung nach eine Person der Zeitgeschichte. Daß es gelungen ist, sie 30 Jahre später zu würdigen, ist vielen zu verdanken, aber insbesondere ihrer nun 30jährigen Tochter Dorothee Damm, die in ihrem Porträt »Meine Mutter, die '68erin,« sie so liebenswürdig zu zeichnen verstand, wie sie von vielen, auch von mir, wahrgenommen wurde. Uns ihre fordernde Freundlichkeit als Basis ihres politischen Engagements im SDS nahezubringen, darum bat ich ihre langjährige SDS-Freundin Susanne Schunter-Kleemann in einer »Femmage an Sigrid Damm-Rüger«. Ihr gelang es, das Klischee der stummen Bräute im SDS am Beispiel ihrer Freundin zu widerlegen. Wie sehr diese dazu beitrug, eine Kultur der Wertschätzung von Frauen gegen die Uni-Männerbündeleien zu befördern, erklärt ihren späteren Tomatenwurf gerade nicht als Geste einer Radical-chic-Attitüde, sondern als *ultima ratio*. Ihr Tomatenwurf legte mir nach langen Überlegungen den schönen Titel und die nun wieder moderne Pop-Gestaltung einfach nahe. Alle Älteren konnten sofort etwas mit dem Titel »Wie weit flog die Tomate?« anfangen. Das erleichterte die Recherche. Die Jüngeren sollte es interessieren, und die Journalistinnen und Journalisten konnten mehr erfahren, als viele mit ihrer Standardfrage nach dem Tod der Frauenbewegung wissen wollen.

Das Signal, das Sigrid Rüger mit ihren Tomaten setzte, wurde zum Symbol der westdeutschen Frauenbewegung, nicht ihre Begründung, wie sie selbst mehrfach gegen die Gefahr mythologischer Entpolitisierung betonte. Bewegung ist natürlich nicht nur, was fliegt, sondern in diesem Falle das Nachdenken, was darüber wie bewegt wurde und noch bewegt werden sollte. Wie unterschiedlich und vielseitig sich die Frauenbewegung entwickelte, zeigen die anderen Autorinnen mit ihren Beiträgen. Bei der Konferenz fehlte manchmal die Zeit und hier fehlt der Raum, näher darauf einzugehen. Auf jeden Fall ist ihnen zu danken, daß sie den *spirit* von '68 sowohl theoretisch wie auch praktisch feministisch weiterentwickelt und beschrieben haben. Die Leserinnen und Leser haben die Gelegenheit, sich dank ihrer Reflexionen weiter zu orientieren. Einige werden zurecht andere Themen und Akteurinnen vermissen. Ich auch, z.B. meine bzgl. »Antigewalt« und »Geschlechterdemokratie«. Das ließ sich nicht ändern. Und den Endlosfrust mit dem §218 wollte ich uns ersparen. Ich hoffe, meine Konzeption verdeutlicht meine Absicht: die Gala des Feminismus als Beitrag zur Demokratisierung dieser Gesellschaft in West und Ost.

Die Zukunft kommt immer plötzlich, und die Vergangenheit ist schnell.

Wie dem Konferenzprogramm entnommen werden konnte, bat ich Eva Quistorp, einen Aufruf von Kate Millett über »Das Vergessen des Feminismus« vorzulesen. Leider reichte auch dafür die Zeit nicht. Kate Millett war mit ihrer Promotion »Sexus und Herrschaft« eine der einflußreichsten Feministinnen der 70er Jahre. Doch sie ist, wie viele der Aktivistinnen auch bei uns, verarmt und isoliert. Da aber keine Aufklärung ohne engagierte Akteurinnen und Akteure auskommt, sind wir ihnen nicht nur die Erinnerung schuldig. Kate Milletts Appell: »Gut zu leben ist die beste Revanche«, möchte ich zum Schluß dem Feminismus von heute sowohl persönlich wie auch politisch anvertrauen! Ein besseres Ziel kenne ich nicht.

Und noch etwas: Der Feminismus kam und kommt nicht mit der Post, so schön es auch wäre.

Ich danke allen, die mir in zahlreichen Gesprächen weitergeholfen, und denen, die mir ihr Vertrauen geschenkt haben.

Eine »Gala der Reflexion« war nach 30 Jahren Frauenbewegung auch eine hervorragende Gelegenheit, auf das Feministische Institut der Heinrich-Böll-Stiftung aufmerksam zu machen. Seiner Zukunft wünsche ich das Beste!

I

In Erinnerung an Sigrid Damm-Rüger

(1939–1995)

Sigrid Rüger, 1966 (Foto: Susanne Schunter-Kleemann)

Dorothee Damm

Meine Mutter, die '68erin

Ich bin die Tochter von Sigrid Damm-Rüger; mit mir war sie im September 1968 hochschwanger, als sie, rund zwei Wochen vor meiner Geburt, die Tomate auf dem SDS-Kongreß in Frankfurt warf. Dieser Tomatenwurf gab der bereits im Januar 1968 begonnenen neuen Frauenbewegung einen kräftigen Auftrieb.

Obwohl ich von dem Tomatenwurf und der politischen Tätigkeit meiner Mutter wußte, war mir bis zum Tag ihrer Beerdigung die Bedeutung der Tomate und damit die Bedeutung meiner Mutter für die neue Frauenbewegung nicht deutlich. Klar wurde mit das erst, als einige Frauen, darunter Halina Bendkowski, einen Kranz mit Tomaten am Grab meiner Mutter niederlegten und den Wurf als Initialzündung der neuen Frauenbewegung bezeichneten.

Über »Meine Mutter, die '68erin« als politisch und sozial engagierte und aktive Frau kann ich nicht viel erzählen, da ich sie in erster Linie als Mutter kannte. Erst seit kurzer Zeit beschäftige ich mich intensiver mit meiner Mutter bzw. meinen Eltern. Dies geschieht im Hinblick auf meine Erziehung, die von den damaligen politischen und sozialen Erziehungsvorstellungen und -zielen geprägt war, und der damit verbundenen Mutter- und Vaterrolle bzw. Eltern- und Tochterrolle.

Daher möchte ich heute von meiner Mutter erzählen, wie ich mich jetzt an sie erinnere. In diese Erinnerungen fließen auch Erinnerungen meiner jüngeren Schwester Katharina ein: Erinnerungen an ihre Mutter die '82erin. Eine erste Erinnerung, die mir zu der politischen Tätigkeit meiner Mutter und mir als Tochter einfällt, ist die, daß meine Mutter sich nie ganz sicher war, ob sie während meiner Geburt, zu der sie Lachgas bekam, eben aus diesem Grund politische Reden geschwungen hat. Sie hat wohl auch nie nachgefragt.

Beim Schreiben dieser Rede wurde mir bewußt, daß meine Mutter in ihrem Verhalten mir bzw. ihren Töchtern gegenüber sowohl von ihren politischen und sozialen Zielen und Vorstellungen geleitet war als auch, und dies vor allem, von ihren eigenen Erlebnissen als Tochter. Aus diesem Grund war sie in erster Linie immer eine sehr liebevolle und zärtliche Mutter, die zu meinem Wohl und in bezug auf ihre Beziehung zu mir die politische Ideologie über Bord werfen oder an zweite Stelle setzen konnte. Hierzu ein Beispiel:

Ich fragte meine Mutter einmal, warum es so wenig Babyfotos von mir als Neugeborenem gäbe, worauf sie antwortete, daß es ihnen, meinen Eltern, damals zu bürgerlich erschien, Fotos vom Familienglück zu machen. Nach kurzer Zeit waren ihnen dann aber die Erinnerungen an mich als Baby doch wichtiger und seit diesem Zeitpunkt existieren auch Fotos von mir. Diese Bereitschaft, die politische Ideologie hintenanzustellen bzw. mich an erste Stelle, zeigt sich auch in einem Auszug aus einem Brief meiner Mutter an ihren Bruder von 1968 oder '69:

»So wie es jetzt aussieht, geht es Dorothee am besten von uns allen. Sie lacht immerzu und ist unheimlich zufrieden. Ich bin sehr sicher, daß sie das auch wirklich bekommt, was sie am nötigsten hat, nämlich Liebe. [...] Naja, also ich wollte nur sagen, daß ich sehr wohl verstanden habe, oder noch besser, daß ich stets bereit bin, darüber nachzudenken, was für Dorothee wichtig ist und wo ich mich deshalb berechtigterweise und nicht unnötigerweise, z. B. weil es die Ideologie so will, einschränken und verändern muß.«

Beim Nachdenken über den Einfluß der politischen Überzeugungen meiner Mutter auf meine Erziehung fiel mir folgende Begebenheit aus meiner frühen Kindheit ein: Ich war ungefähr drei oder vier Jahre alt und saß in der Küche mit einem beschriebenen Durchschlagpapier, das ich intensiv betrachtete. Auf die Frage, was ich denn da täte, antwortete ich: »Stör mich nicht, ich arbeite.« Daraufhin organisierte meine Mutter für den Kinderladen Ausflüge in eine Backstube und eine Druckerei, damit wir Kinder nicht nur das akademische Arbeiten für Arbeiten halten.

Ich hatte eine sehr verständnisvolle Mutter, die z. B. meine oft allabendlich aufkommenden Probleme, Ängste und Unsicherheiten geduldig mit mir besprach und mich tröstete, wann immer nötig. Nebenbei bemerkt: »Häschen in der Grube« war immer ein sehr tröstliches Lied. Meine Mutter nahm mich letztendlich immer in Schutz

Susanne Kleemann und Sigrid Rüger, Studentenvertreter-Lehrgang, Bergkamen, 1966

und unterstützte mich durchgehend 27 Jahre lang, und in gewisser Weise tut sie das auch noch heute.

Ich wurde nie von meinen Eltern dogmatisch politisiert und am Abendbrottisch nicht mit politischen Manifesten gefüttert. Meine Mutter machte ganz normale Dinge mit mir und später auch mit meiner Schwester: Sie konnte wunderschöne Geburtstagstische machen, alberte mit ihrem schauspielerischen Talent mit uns herum, schnitt mit Vorliebe gekonnt Grimassen, ging mit uns ins Kino, spielte gerne Gesellschaftsspiele und brachte mir Rommé und Canasta bei, beschützte meine Schwester vor Maikäferschwärmen, machte heimlich Fotos von Jungen, die wir im Urlaub anhimmelten. Sie sah mit uns Serien wie »Hart aber herzlich« und »Drei Engel für Charlie«. Selbst stand ihr zur Entspannung der Sinn nach »Tatort« und anderen Krimis und nach Sendungen wie »Geh aufs Ganze« und »Glücksrad«. Dazu aß und trank sie mit Vorliebe Sesamkringel und Buttermilch, Käsecracker oder Nußschokolade. Sie ging auch gerne auf den Markt und brachte sich riesige Blumensträuße mit. Sie kochte und briet mir in den Zeiten, in denen sie länger arbeiten mußte und ich nicht anderweitig untergebracht war, große Mengen an Bolognesesoße und Bouletten vor. Außerdem rührte sie mir auch sehr ausdauernd und geduldig die Kohlensäure aus der Fanta, da ich diese nicht mit Kohlensäure trank. Manchmal überforderte sie mich jedoch auch ein wenig durch den Umstand, daß sie sich nicht nur für mich aufopferte, sondern auch eine spontane und neugierige Frau blieb. So reiste sie mit mir, ich war zehn oder elf Jahre alt, innerhalb eines Familienurlaubs in Griechenland kurzentschlossen für ein paar Tage nach Kreta, wo wir erst spät am Abend ankamen, aber kein Hotelzimmer vorbestellt hatten und auch kein Griechisch konnten. Ich staunte dann sehr, daß und wie gut meine Mutter Englisch sprach, und war auch sehr beruhigt, als wir ein Hotelzimmer hatten und meine Mutter sehr souverän jegliche Anmache der griechischen Männerwelt abwehrte. Ein anderes Mal machte sie eine dreiwöchige Bildungsreise nach China, und ich hatte als Zehnjährige sehr große Angst, daß sie dort wegen ihrer hiesigen politischen Aktivitäten festgehalten werden könnte und nicht zurückkäme. Neben all diesen Dingen erinnere ich mich aber auch an Situationen und Anforderungen an mich, die aus der politischen und sozialen Überzeugung meiner Mutter resultierten. So besprach sie mit mir die Situation einer Mitschülerin in der Grundschule, die aus einem sozio-kulturell benachteiligten Elternhaus kam und in der Klasse eine Außenseiterrolle einnahm. Meine Mutter wünschte sich von mir, daß ich zu diesem Mädchen Kontakt aufnahm. Ich hatte an sich auch nicht viel dagegen, aber es bedeutete für mich, daß ich mich gegen all die anderen Mädchen in der Klasse würde stellen müssen. Davor hatte ich aber Angst. Ich löste die Situation, indem ich mit dem Mädchen heimlich nach der Schule sprach.

Als ich älter wurde, bekam ich »Wenn Frauen zu sehr lieben« zu lesen und wurde zwar selten, aber immer mal wieder vor den Männern im allgemeinen bzw. vor der Situation, mich zu sehr an einen Mann zu binden und dabei mich selbst zu vergessen, gewarnt. So redete meine Mutter einmal sehr lange und ausführlich mit mir und meiner Freundin Claudia über das Geschlechterverhältnis anläßlich des Films »Valmont« von Milos Forman, den wir in unserer romantischen Phase 16jährig ganz toll fanden, ihn aber trotzdem nicht als Vorbild für unsere Frauenrolle nahmen. Dieses Gespräch nervte dann auch ziemlich, aber ein bißchen ist vielleicht auch hängen geblieben.

Rückblickend denke ich, hat das Bemühen meiner Mutter um meine Solidarität, meine kritische Betrachtung von Autoritäten, meine Vertretung meiner Interessen gegenüber anderen Menschen jenen Grund gelegt, auf dem ich dann selbstbestimmt meinen Weg gegangen bin, auch wenn der nicht mit den Vorstellungen meiner Eltern konform ging. So habe ich nach dem Abitur ein Austauschjahr gemacht, was sie gut fanden, aber in Island, was weniger gut gefunden, aber akzeptiert wurde. Isländisch ist ja keine Sprache, die einem im weiteren Leben irgendwie nützlich wäre, außer man ist seit neun Jahren mit einem Isländer zusammen. Durch meine Arbeit auf Island in einem Heim für Menschen mit einer Behinderung bin ich außerdem von meinem ursprünglichen Plan abgekommen, Diplomgeographin zu werden und damit in eine Männerdomäne einzudringen. Nun werde ich also Lehrerin, ein klassischer Frauenberuf, und dies mit einer kritischen Sicht alter, neuer und »revolutionärer« Erziehungsmethoden. Und daß ich eben doch die Tochter meiner Mutter bin und ihrem wie auch immer gearteten Einfluß unterlag, zeigt sich vielleicht in folgender interessanter Parallele: Meine Mutter arbeitete zuletzt am Bundesinstitut für Berufsbildung zum Thema der sozialen Qualifikationen, sprich sozialen Kompetenzen. Ich habe davon unabhängig und ohne genaue Kenntnis dieser Arbeit in meiner Examensarbeit die meiner Meinung nach große Bedeutung der sozialen Kompetenz von Lehrerinnen und Lehrern als Voraussetzung für einen positiven Lernprozeß besprochen.

Um abschließend nochmal auf die politische Überzeugung und Tätigkeit meiner Mutter zu sprechen zu kommen, so habe ich diese als sehr überzeugend, aber nicht fanatisch und erdrückend erlebt, da meine Mama mir trotz allem ein Faschingskostüm besonderer Art nähte: Ich wollte nämlich als Haremsdame gehen.

Susanne Schunter-Kleemann

Femmage an Sigrid Damm-Rüger

Ich lernte Sigrid 1961 bei einem Jugendbildungs-Lehrgang auf dem Hohen Meissner kennen. Sie war zu dieser Zeit 23 Jahre alt und bereitete sich am Hessenkolleg in Frankfurt, also auf dem 2. Bildungsweg, auf ihr Abitur vor; ich war 19 Jahre alt und ging in einer hessischen Kleinstadt aufs Gymnasium. Zwischen uns ereignete sich so etwas, was man Liebe auf den ersten Blick nennt. Dies hat mich bewogen, Sigrids Briefe aus jener Zeit aufzuheben. Unsere Kontakte waren in den 60er Jahren sehr eng. Mehrfach trampte ich nach Frankfurt, um Sigrid zu besuchen. Den Jahreswechsel 1961/62 verbrachte ich mit Sigrid und ihrem älteren Bruder in einem kleinen Bauernhaus in Österreich, mein erster Auslandsurlaub. Das Wirtschaftswunder, was sich damals ereignet haben soll, ist an unseren Familien irgendwie vorbeigelaufen. Als ich ihre Briefe jetzt wieder gelesen habe, ist mir deutlich geworden, wie vielfältig ihre Talente und wie breitgestreut ihre Interessen waren. Von Anfang an kreisten ihre Gedanken um die Frage, wie die Handlungsräume von Frauen in unserer Gesellschaft aussehen und wie Frauen in gesellschaftliche Auseinandersetzungen eingreifen könnten. In einem Brief aus dem Jahr 1962 geht es um ihre Semesterarbeit am Hessenkolleg: »Mein Thema ist die Stellung und die Chancen der Frau im kaufmännischen Betrieb.« In einem anderen Brief heißt es: »Übrigens sind Walter und ich als Kollegsprecher aufgestellt worden. Ich hege gegen ihn nicht die geringsten Rivalitätsgefühle, und er, so nehme ich an, auch nicht gegen mich. Dafür ergeht sich sein Freund in Schimpfkanonaden gegen mich. Was er an mir so haßt, weiß der Teufel, eventuell war ich nicht »freundlich« genug zu ihm, du verstehst. Na ja, Walter wird bestimmt Kollegsprecher, denn gegen Mädchen bestehen zu viele bewußte und unbewußte Vorurteile. Auch und gerade bei uns.«[1] In einem weiteren Brief erzählt sie, daß sie am Hessenkolleg eine Theateraufführung vorbereitet. Sie hat ein Stück von Bert Brecht über den spanischen Bürgerkrieg ausgewählt: »Die Gewehre der Frau Carrar«. Sigrid führt zusammen mit einem anderen Kollegiaten die Regie, übernimmt auch noch eine Nebenrolle. Thema des Stückes ist der Konflikt einer spanischen Mutter, die angesichts einer faschistischen Übermacht lange zögert, die versteckten Gewehre herauszuholen, sich dann aber doch dem Kampf gegen die Franco-Söldner anschließt.

Eine zweite intensive Etappe unserer Freundschaft entwickelte sich in Berlin, wohin Sigrid zum Studium der Theaterwissenschaft gekommen war. Ein Fach, das sie allerdings bald enttäuscht an den Nagel hängte, um sich handfesteren Dingen, wie der Politik und der Soziologie, zuzuwenden. Als mir 1964 das Zimmer bei einer amerikanischen Familie wegen SDS-Aktivitäten gekündigt worden war, stellte Sigrid mir für mehrere Monate eines ihrer beiden Zimmer in der Niebuhrstraße zur Verfügung. Unser gemeinsames Betätigungsfeld in den nächsten Jahren war der SDS und insbesondere die Hochschulpolitik an der FU. Zusammen mit Sigrid Fronius, Ursel Henning, Wolfgang Nitsch, Wolfgang Lefevre, Walter Weller, Peter Damerow, Uwe Damm, Sigrids späteren Mann, und vielen anderen, die damals im hochschulpolitischen Arbeitskreis des SDS zusammenfanden, waren wir sehr bald in die Auseinandersetzungen um das politische Mandat der Studentenschaft und die Demokratisierung der Freien Universität verwickelt. Auf die Frage, welches ihre Motive waren, in den SDS einzutreten, und wie sie die Machtverhältnisse im SDS wahrgenommen habe, antwortete sie in einem Interview (aus dem Jahr 1995) folgendermaßen:

»... der SDS hat mich angezogen, weil er Themen diskutiert hat, die sonst nicht an der Uni diskutiert wurden, die aber genau das trafen, wofür ich mich interessierte, also Internationale Politik, Zusammenhänge, Faschismus, autoritäre Persönlichkeitsstrukturen, Demokratie an der Hochschule. Das war zu der gleichen Zeit, zu der ich in den Konvent, also das Studentenparlament, gegangen bin. Ich interessierte mich dafür, was man als Student einbringen konnte, was zu ändern war ... Das alles wurde im SDS diskutiert. Das war für mich unheimlich hilfreich. Insofern habe ich Machtverhältnisse zunächst einmal gar nicht wahrgenommen. Ich war thematisch gebannt. Ein anderer Aspekt hat sicherlich dazu beigetragen, daß ich die Machtverhältnisse nicht so stark wahrgenommen habe, nämlich daß meine

Freundin Susanne mich in den SDS geholt hat. Sie war nämlich schon drin, ... sie war vor mir in Berlin. Sie hat mich zum SDS mitgenommen ... Da war ich also schon in eine Frauenfreundschaft, in eine Frauensolidarität eingebunden und habe mich eher danach ausgerichtet. Häufig war es so, daß Frauen mit ihren Männern in den SDS gegangen sind, ich bin hingegen mit einer Frau dort erschienen, die dort bereits Freundinnen hatte, die wiederum meine Freundinnen wurden.«[2]

Der SDS war also keineswegs nur ein mehr oder weniger geschlossener Männerbund, wie es auch von einigen Frauen gerne kolportiert wird, vielmehr hatten Frauen – und gerade Frauen wie Sigrid – innerhalb des Verbandes eine ganze Menge zu sagen. Sie waren keineswegs nur die »Bräute der Revolution«, die stummen Zuhörerinnen oder die Mitläuferinnen, wenn auch unbestritten ist, daß die Redner und Theoretisierer auf den großen Versammlungen zumeist Männer waren. Die Geschlechterverhältnisse spiegelten die sozialen Verhältnisse der BRD wider, aber sie waren doch ein ganzes Stück egalitärer. Hören wir dazu noch mal Sigrid: »Also im SDS zu sein, das ist jetzt etwas ironisch, aber das war schon ein Stück Widerstand gegen die traditionelle Uni. Der SDS war ja nun nicht gerade anerkannt an der Universität ... Der SDS war widerständig, war aus der SPD rausgeflogen, hatte immer mit Angriffen rechnen müssen. Wenn die Professoren linke Meinungen hörten, gingen sie zumeist gleich hoch. Die Freie Universität hatte sich ja gerade als Gegengründung zur Humboldt-Uni in Ost-Berlin gegründet. Wenn einer es wagte, linke Meinungen zu vertreten, dann war er gleich aus der KPD oder SED ... Übrigens habe ich später auch erfahren, daß sie mich in Verdacht hatten, ich würde infiltrieren und gehörte zur »fünften Kolonne«, ich sei eigentlich FDJ und würde mich nur nicht zu erkennen geben. Es gab eine wahnsinnige Abwehr linker Meinungen und Ideen, es war paranoid. Insofern war es, wenn du im SDS warst, irgendwo schon fast eine Ehre und eine gewisse Widerständigkeit und eine Bezeugung von Mut, daß du Mitglied bist. Dadurch, ja, das wird mir jetzt erst klar, dadurch, daß die Abwehr von außen gegen den SDS so groß war, hat das Männer und Frauen zusammengeschweißt und zunächst einmal nicht auseinanderdividiert.«[3]

Sigrid Rüger berichtet von der Sitzung des Akademischen Senats, 22. Juni 1966

Was die hochschulpolitische Tätigkeit betraf, war Sigrid eine Senkrechtstarterin. 1964 wurde sie zur studentischen Sprecherin in der Philosophischen Fakultät, ein Jahr später (am 15. Januar 1965) zur studentischen Sprecherin im Akademischen Senat gewählt. In beiden akademischen Gremien war Sigrid mit einer Runde von konservativen, teils reaktionären Professoren konfrontiert – die fortschrittlichen waren die absolute Ausnahme –, denen sie sehr selbstbewußt und unerschrocken gegenübertrat. Sigrid war Mitte der 60er Jahre in Berlin »absolute Autoritätsperson«, so sagte es mir kürzlich der Mozartforscher Braunbehrens in Freiburg, der 1966 von Sigrid als ihr Nachfolger als Sprecher der Philosophischen Fakultät ausgeguckt worden war. Sie wählte ihn aus, da gab es keine Widerrede, er sei geeignet, diese Aufgabe zu übernehmen, er müsse kandidieren. Manche 68er sagen sogar, Sigrid sei in den Jahren 1964–1967 an der FU bekannter gewesen als Rudi Dutschke. Dies vor allem wegen ihrer mutigen, die bis dahin üblichen Geheimhaltungsregeln brechenden Berichterstattung beim ersten großen Sit-in am 22. Juni 1966 über die Verhandlungen im Akademischen Senat; bei dem Sit-in entsandten die zu tausenden versammelten Studentinnen und Studenten Sigrid mehrfach mit ihren Forderungen in den Akademischen Senat.

Rückblickend sieht Sigrid ihr Doppelamt in der Philosophischen Fakultät und im Akademischen Senat als eine Tat, mit der sie neues Terrain für frauenpolitisches Handeln besetzt hat, gleichzeitig aber auch als eine Zeit der Selbstüberforderung:

»Ich habe mich dann auch beurlauben lassen, weil ich das gar nicht mehr geschafft habe. Das war natürlich damals auch schon wieder revolutionär: eine Frau im Akademischen Senat und auch noch eine Studentin, nicht einmal eine Professorin. Eine Studentin, ... die dann auch noch im SDS war. Das war für die Professoren wirklich eine Sensation. Es war eine Provokation, ein Affront. Ich habe mich in dieser Doppelrolle einerseits überfordert, andererseits war es auch eine Herausforderung nach dem Motto: »Euch werde ich es schon zeigen ...«! Es ist ja unheimlich beklemmend, wenn da zwanzig Professoren sitzen oder in der Philosophischen Fakultät achtzig Professoren, und man selber sitzt dort als junge Studentin und steht vor der Frage, etwas zu sagen oder nicht. Es hätte keinen gestört, wenn man nichts gesagt hätte, im Gegenteil, es wäre ihnen lieber gewesen, wenn man nichts gesagt hätte. Wenn man dann auf einmal aufgestanden ist und noch etwas sagte, war das auch schon wieder eine kleine Revolution.«[4]

Konnte Sigrid in den ersten Wochen mit ihrem umwerfenden Charme vielleicht einen Überraschungseffekt in den Kreisen der Ordinarien landen, so stieß sie bald auf heftigen Widerstand, als diese Herrenrunden merkten, daß Sigrid durch Galanterie und kavaliersmäßiges Gehabe nicht einzubinden war. Sehr bald wurde sie von vielen als ernsthafte Gegnerin behandelt: In einem Bericht aus dem Jahr 1967 beschreibt Sigrid das feindselige Klima und die oft abschätzigen Bemerkungen, denen sie im Zuge der sich zuspitzenden Auseinandersetzungen an der Freien Universität in den akademischen Gremien ausgesetzt war: »Benehmen Sie sich doch nicht immer wie ein Gewerkschaftsfunktionär.« »Die Studenten wollen wohl das Kommando übernehmen!« »Demokratisierung der Universität! Ha, ha, ha, den Ast absägen wollen sie uns.« »Hier sitze ich und bin ein Klotz, und über den kommen Sie nicht hinweg.«[5]

Wenn wir fragen, wann und wo Sigrid ein tiefsitzendes Mißtrauen gegen Männer und einen ausgeprägten Haß gegen elitären Dünkel entwickelt hat, dann waren es sicher die Erlebnisse in den männerbündisch überformten akademischen Kreisen an der FU. Sie hat sehr bald erkannt, daß ihr Handlungsspielraum in Fragen der Studienreform als studentische Sprecherin in den akademischen Gremien, ganz auf sich allein gestellt wie in der Philosophischen Fakultät oder auch zu zweit wie im Akademischen Senat, ohne Rückhalt und Mobilisierung der Studentenschaft gering ist. Sie hat deswegen Anfang 1966 mit angeregt, durch das Schreiben von Rezensionen über Lehrveranstaltungen »Gegenöffentlichkeit« herzustellen. Es gelte, für die gesamte Hochschulöffentlichkeit transparent zu machen, welche zum Teil reaktionären und wissenschaftlich unhaltbaren Lehrinhalte von einigen Dozenten in den Seminaren dargeboten wurden.[6]

Auch nach ihrer aktiven Studentenvertreterinnen-Zeit hat sich Sigrid immer wieder, zumeist sehr gut vorbereitet, in die politischen Debatten an der FU eingemischt. So hat sie auf einer Vollversammlung der Philosophischen Fakultät am 30. Januar 1968, also einem halben Jahr vor dem Tomatenwurf, einen längeren Redebeitrag gehalten, der – was im allgemeinen nicht üblich war – sogar in einer Broschüre der von der Studentenschaft initiierten Gegenuniversität, der Kritischen Universität, vervielfältigt wurde.

Sigrid setzt sich darin mit Äußerungen der Romanistik-Professoren auseinander, die den von ihnen ausgesperrten Studentinnen und Studenten in einem Flugblatt vorhalten (auch das gab es damals: Professoren sperrten ihre Studenten aus!!!), sie wollten den Klassenkampf an der Universität ausrufen. In dem professoralen Flugblatt hieß es unter anderem: »De facto geht es den revolutionär sich gebärdenden Studenten um den Einzug ins Establishment, um Sicherung der Lebenschancen, um akademische Freiheit ohne akademisches Risiko.« Sigrids Gedanken zu diesem zynischen Satz enthalten die Quintessenz ihrer Erfahrungen in den akademischen Gremien. Sie enthalten ihr politisches Credo, man kann sie auch als Leitlinien ihres zukünftigen politischen und gewerkschaftlichen Handelns lesen: »Und hier liegt nun der entscheidende Punkt. Dieses Risiko, diesen Konkurrenzkampf, zu dessen Anwälten sich die Professoren machen, wollen wir nicht: Wir wollen nicht Studium als Privileg, dessen Preis für ein bis zwei Drittel darin besteht, auf der Strecke zu bleiben, und zwar von vornherein aus geplantem Prinzip auf der Strecke zu bleiben unter dem Motto: Gelobt sei, was hart macht! Was hart macht gegen Ungerechtigkeit, gegen die Untergebenen, gegen Arbeitslosigkeit, Wohnungsnot, sexuelle Not, Elend jeder Art, was hart macht für die Aufrechterhaltung und Weitergabe von Unterdrückung [...] und [...] kriegerischen und faschistischen ›Lösungen‹. Wir wollen nicht ein Studium, an dessen Ende das Risiko steht, keine Arbeit zu bekommen, weil viel zu wenig neue Schulen, Krankenhäuser, Universitäten gebaut worden sind. Wir wollen nicht das Risiko, unsere wissenschaftliche Redlichkeit um unserer puren ökonomischen Existenz willen der Speichelleckerei opfern zu müssen ... Wir wollen ›vernünftige‹ Arbeit nach dem Studium auf uns warten wissen und ein unseren Bedürfnissen und den gesellschaftlichen Möglichkeiten entsprechendes Einkommen! [...] Wir wollen kein Studium, das uns zu Technokraten ausbildet, die in das Privateigentum eines Betriebes übernommen werden und sich ganz der privat bestimmten Profitmaximierung zu fügen haben oder die in [...] hierarchisch [...] strukturierte staatliche Verwaltungsbetriebe gehen, in Abhängigkeit alt und grau werden müssen, bis ihre Argumente gehört oder auch nie gehört werden ... Das Risiko, das wir nicht wollen, ist das Absatzrisiko kapitalistischer Marktwirtschaft ... Kaum ist es wohl nötig zu sagen, daß wir genau wissen, daß das Risiko menschlicher Arbeitskraft als Ware kein allein akademisches ist. Wir zerren also nicht klassenkämpferische Vorstellungen an die Universität, vielmehr müssen Erkenntnis unserer Lage und Ablehnung des heute allemal unvernünftigen kapitalistischen Konkurrenz- und Risikoprinzips den Kampf gegen eben dieses konsequenterweise zur Folge haben, Klassenkampf, wenn man so will!«[7]

Abschließend noch einige Worte über das Verhältnis von SDS und dem Entstehen der neuen Frauenbewegung: »Stern« und »Spiegel« hatten sich bekanntlich genüßlich des Tomatenwurfs angenommen und kolportiert, im SDS habe seit Jahren die Auseinandersetzung über die Unterdrückung der weiblichen Mitglieder geschwelt. Weil auch Teile der neuen Frauenbewegung dieser von den Medien gemachten Meldung häufig aufgesessen sind, ist es Sigrid immer darum gegangen, »den Tomatenwurf zu entmystifizieren«. So schreibt sie in einem Beitrag aus dem Jahr 1988, in dem sie ihre Rolle auf der SDS-Delegiertenkonferenz im Jahr 1968 reflektiert: »Im Laufe der Zeit ist durch die Mediendarstellung der damaligen Ereignisse der Eindruck entstanden, daß es der Tomatenwurf einer Hochschwangeren war, der die neue Frauenbewegung 1968 aus dem Nichts herauskatapultierte. Diese Vorstellung ist aber ein Mythos – ein Mythos wie andere über diese Zeit. Für diejenigen, die an Mythen glauben, hat das den »Vorteil«, glauben zu können, es tue sich was, es verändere sich was durch den großen Wurf anderer und man selbst dürfe sich bequem bescheiden. [...] Diejenigen, die die Mythen produzieren und pflegen, spekulieren genau auf diese Wirkung von Mythen: auf ihre demobilisierende Wirkung, auf ihre lähmende Wirkung, auf die Enttäuschung, wenn man die Mythen nachahmt oder überbieten will und auf dem Bauch landet ... Ich möchte also darlegen, daß die neue Frauenbewegung benennbare Ursachen hatte – so wie auch die Studentenbewegung benennbare Ursachen hatte und nicht plötzlich entstand, sondern sich als Bewegung von Menschen entwickelte. War die Studentenbewegung die Folge eines ganzen Bündels außeruniversitärer gesellschaftlicher und inneruniversitärer Entwicklungen und Probleme (vor allem hörte die Bundesrepublik nicht auf, politisch immer weiter nach rechts zu rücken, und die Ordinarienoligarchie betrieb massive Repression statt dringend notwendiger Reformpolitik), so war die neue Frauenbewegung die Folge der äußerst widersprüchlichen sozialen Lage der Frauen in der BRD – auch der Frauen an den Hochschulen und im SDS – und eine Folge der Studentenbewegung.«

Der Auftakt der feministischen Bewegung in Deutschland wird von Sigrid also als »eine Revolte in der Revolte« gesehen. Sie weist ausdrücklich darauf hin, daß es SDSlerinnen waren und Frauen, die dem SDS nahestanden, die den Aktionsrat zur Befreiung der Frauen gründeten: »Unverkennbar begann die neue Frauenbewegung also bereits 9 Monate vor dem spektakulären Erscheinen des Aktionsrates auf dem SDS-Kongreß im September 68 in Frankfurt: Unverkennbar war sie einerseits eine Folge, andererseits ein Teil der Studentenbewegung. Teil der Studentenbewegung war der Aktionsrat insofern, als er im Kern die gleichen Ziele – Emanzipation und Solidarität – hatte und als er die gleichen Politikformen hatte – politisch-theoretische

Arbeit, Aufklärung, Bewußtseinsbildung und gezielte und spontane Aktionen im Wechsel gemischt mit Provokation ... Die neue Frauenbewegung entstand in einer bestimmten Phase der antiautoritären Bewegung und zugleich im Widerspruch zu dieser Bewegung und als Konsequenz dieser Bewegung ... Im Rückblick kann man sagen, sie (die Tomaten) waren eine gelungene Provokation zum richtigen Zeitpunkt und gaben der überfälligen und auch schon begonnenen Frauenbewegung einen kräftigen Auftrieb.«[8]

Die Tomaten, die Sigrid in Frankfurt gekauft hatte, waren deshalb von Anfang an für einen guten Zweck bestimmt. Sie würden entweder gegessen werden oder sie würden als Wurfgeschosse dienen, wie schon vorher des öfteren Eier und Tomaten gute Dienste geleistet hatten, als sie von uns gegen das Amerika-Haus oder üble Potentaten geworfen worden waren. Als die SDS-Delegierten in Frankfurt über den von Helke Sander vorbereiteten Redebeitrag nicht debattieren wollten, sondern eher peinlich berührt zur Pause schreiten wollten, war für Sigrid die Zeit gekommen, die Tomate zu schleudern.

Ulrike Meinhof hat kurz darauf in einem Beitrag mit dem Titel: »Die Frauen im SDS oder in eigener Sache« diesen Wurf brillant kommentiert: »Daß Tomaten und Eier sehr gut geeignet sind, Öffentlichkeit herzustellen, wo andernfalls die Sache totgeschwiegen worden wäre, ist seit dem Schahbesuch sattsam bekannt. Als Verstärker von Argumenten haben sie sich schon mehrfach nützlich erwiesen. [...] Die Tomaten, die auf der Frankfurter Delegiertenkonferenz geflogen sind, hatten keinen Symbolcharakter. Die Männer, deren Anzüge bekleckert wurden, sollten gezwungen werden, über Sachen nachzudenken, über die sie noch nicht nachgedacht hatten. Nicht ein Spektakel für die [...] Presse sollte veranstaltet werden, sondern die waren gemeint, die sie an den Kopf gekriegt haben. Und die Frau, die die Tomaten warf, und die, die die Begründung dazu geliefert hatte, die redeten nicht aufgrund entlehnter, mühsam vermittelter Erfahrung, die sprachen und handelten, indem sie für unzählige Frauen sprachen, für sich selbst. [...] Wären sie doch erstickt, wenn sie nicht geplatzt wären. Der Konflikt, der in Frankfurt nach, ich weiß nicht wie vielen

Jahrzehnten wieder öffentlich geworden ist – wenn er es so dezidiert überhaupt schon jemals war –, ist kein erfundener, keiner, zu dem man sich so oder so verhalten kann, kein angelesener; den kennt, wer Familie hat, auswendig, nur daß hier erstmals klargestellt wurde, daß diese Privatsache keine Privatsache ist.«[9]

Wie viele wissen, hat Sigrid sich über Jahrzehnte immer wieder ins Getümmel geworfen, wenn gekämpft werden mußte. Sie hat sich auch dann noch engagiert, als andere zurückgetreten sind. Sie hat sich solange exponiert, bis ihre körperlichen und seelischen Kräfte erschöpft waren. Ihr unbedingter Einsatz in der Berliner Studentenbewegung, im Aktionsrat für die Befreiung der Frau und später als Gewerkschafterin und Personalrätin im Berliner Institut für Berufsbildung, ihre Fröhlichkeit und Herzlichkeit, aber auch ihre Entschiedenheit und Unerbittlichkeit machen sie zurecht zu einer historischen Person, zu einer Vorkämpferin der zweiten deutschen Frauenbewegung.[10]

1 Brief vom 15. Oktober 1961
2 Aus einem Interview am 1. Mai 1995
3 Ebd.
4 Ebd.
5 Sigrid Rüger: Über das akademische Risiko und den Klassenkampf an der Universität 1967, Hrsg.: Kritische Universität Berlin
6 Vgl.: Tilman Fichter/Sigward Lönnendoncker: »Kleine Geschichte des SDS«, Berlin 1977, S. 98–99
7 Kritische Universität (Hg.): Über das akademische Risiko und den Klassenkampf an der Universität. Diskussionsbeitrag von Sigrid Rüger auf der Vollversammlung der Philosophischen Fakultät am 30.1.1968 anläßlich der Aussperrung der Studenten des Romanischen Seminars durch ihre Ordinarien.
8 Sigrid Damm-Rüger: Antiautoritärer Anspruch und Frauenemanzipation – die Revolte in der Revolte. Berlin Mai/Juni 1988, hektogr. Manuskript, S. 3–5
9 Ulrike Meinhof: »Die Frauen im SDS oder in eigener Sache« in: Konkret 12/1968, S. 86
10 Neben der erwähnten Literatur und den Briefen nimmt dieser Text auch Bezug auf: Ute Scheub: Die Frau, die die Tomate warf, in: die tageszeitung vom 12.1.1996

II

Eine Aufregung ohne Namen:
Erfahrungen und Feminismus

Helke Sander

Der Seele ist das Gemeinsame eigen, das sich mehrt

Der Seele ist das Gemeinsame eigen, das sich mehrt. – Diesen Satz habe ich schon einmal, vor ca. 20 Jahren, als Überschrift für einen Aufsatz benutzt. Ich glaube, daß Zitat stammt vom griechischen Philosophen Heraklit. Ich empfand es damals in der Zeit der sich einander heftig bekämpfenden verschiedenen Parteigründungen als eine Art verkürztes Gegenprogramm, und die Worte fielen mir zu diesem Ereignis wieder ein, weil inzwischen auch die Frauen höchst kontrovers über ihren eigenen Status als Geschlecht in dieser Gesellschaft streiten und widersprüchlichste Theorien ausbrüten, bis hin zur Negierung eines biologischen Geschlechts überhaupt. Was mir damals an dem Titel gefiel und heute noch gefällt, ist die darin enthaltene nachdenkliche Versöhnlichkeit, oder anders: unüberbrückbare Kontroversen sind darin abwesend, aber anwesend ist ein Bewußtsein von Zeit, in der sich sowohl die Gedanken als auch die Aufnahme dieser Gedanken verändert, ohne dabei übrigens richtiger werden zu müssen. Wenn sie stark genug sind, die Gedanken, dann werden sie nicht mehr abschüttelbare langfristige Begleiter und kommentieren auch Ereignisse, die auf den ersten Blick möglicherweise nichts mit ihnen zu tun haben.

Daß die Erde eine Kugel ist, ist zwar seit 500 Jahren bekannt, aber als durchdringendes Wissen, das Konsequenzen bis in die Gefühle und Haltungen hinein hat, hat es sich noch kaum durchgesetzt. Die Herausbildung der Frauenbewegung ist meiner Ansicht nach mindestens genauso bedeutsam wie die Entdeckung der Erde als Kugel, läßt aber leider eine ähnlich langsame Wirkungsgeschichte vermuten, was sich gerade wieder deutlich in diesen Wochen nach den Wahlen zeigt. Im Zusammenhang alte und neue Bundesländer sind wir eher gewöhnt und sogar dazu aufgefordert, über Veränderungen und gegenseitige Beeinflussungen nachzudenken, als im Zusammenhang Frauenbewegung und bisherige Gesellschaftstheorien. Wobei den alten Bundesländern durch die neuen normalerweise das vorgeworfen wird, was die Frauenbewegung bisherigen Gesellschaftstheorien vorwirft: nicht zur Kenntnis nehmen zu wollen, daß sich durch das Neue auch das Alte oder Bekannte und Gewohnte ändert. Nur als Randbemerkung möchte ich erwähnen, daß die in der Frauenfrage heftig kritisierte Quotenregelung bei den Ost-West-Auseinandersetzungen ganz selbstverständlich eingefordert wird. Wenn wir aber nicht auf einer rigorosen Quotierung bestehen, auch auf die Gefahr hin, die Quote durch Frau Nolte oder Frau Merkel erfüllt zu sehen, die sowohl für die Frauen wie auch für den Osten quotierten, dann wird es auch in 100 Jahren noch selbstverständlich sein, daß der neue Bundespräsident ein Mann ist und daß der neue Staatsminister für Kultur eine Veranstaltung vorbereiten kann mit dem Titel »Eine neue Politik der Kultur«, die diese neue Politik der Kultur ebenfalls vollkommen ohne Frauen und Osten diskutiert. Und am erstaunlichsten ist es, daß dies den sich so repräsentierenden und den mitdiskutierenden Männern nach 30 Jahren Frauenbewegung nicht einmal peinlich ist.

Diese Art von Wirklichkeit sollten wir die ganze Zeit mit bedenken, wenn wir über die Erfolge von 30 Jahren Frauenbewegung reden, oder darüber, daß es hauptsächlich Frauen waren, die die sogenannte »neue Wende« herbeigeführt haben.

Insofern ist die heraklitische Gelassenheit im Titel von mir durch die Wut hindurch schwer erkämpft. Im besten Fall also hat die Frauenbewegung das vorhandene Wissen nicht einfach weggedrückt oder verleugnet, sondern es neu interpretiert und möglich gemacht, in nahezu alle Fragestellungen auch die Geschlechterperspektive einzubeziehen. Deshalb stimmt dieser Spruch gut zu diesem Rückblick, so wie ich ihn mir vorstelle. Normalerweise gibt es solche nicht gehässigen Reflexionen über das, was war, nur auf Beerdigungen, auf denen akzeptiert wird, aus jeder und jedem Toten eine schöne Leiche zu machen. Auf Beerdigungen gibt es eine ritualisierte Verständigung darüber, daß vor dem Hintergrund der Zeit und des konkreten vergangenen Lebens die Kontroversen mal in den Hintergrund treten sollen und wir feststellen, daß uns doch auch einiges mit denen verbindet, mit denen wir scheinbar gar nichts gemeinsam hatten. So etwas uns auch mal ohne Tote zu gestatten, finde ich eine schöne Idee. Hin und wieder passiert es ja auch ganz alltäglich; das kann so weit gehen, daß ehemalige Jung-CDUler sich mit Begeisterung der Anti-Vietnam-Demonstrationen erinnern, oder daß ein Polizist, der mich einmal verhaftet hat, mich später zum Schnaps einlädt. Auch wenn wir damals Gegner waren und vielleicht in vieler Hinsicht heute noch sind, verbindet uns doch auch einiges: uns hat die gleiche Zeit – wenn auch mit unterschiedlichen Erfahrungen – strukturiert. Und das wird dann plötzlich etwas Gemeinsames. Das kommt oft zu kurz und wird erst später deutlich.

Ich will damit sagen, daß uns 30 Jahre Frauenbewegung heute möglicherweise erlauben, mit gemeinsamer Erkenntnislust, wenn auch mit höchst unterschiedlichen Interessen, das anzuschauen, was Frauen damals in Gang gesetzt haben. Worauf konnten wir uns gemeinsam einigen? Worauf nicht? Was hat Frauen in die Frauenbewegung hinein-, manche aber auch wieder aus ihr herausgetrieben? Gibt es irgendwelche Grundgemeinsamkeiten oder gibt es die nicht? Gab es sie, gibt es sie nicht mehr? Gibt es Themen, die verdrängt oder absichtlich zur Seite gewischt wurden, weil sie zu anstrengend und möglicherweise zu folgenreich waren? Sind wir in der Lage, uns mit Neugierde den eigenen Erkenntnissen zu nähern? Können wir dabei Dogmatismus vermeiden und vielleicht sogar zu ergründen suchen, warum Frauen in ihrer Bewegung dem auch nicht entgangen sind und insofern in gemeinsamer Gesellschaft mit sämtlichen anderen Bewegungen der Weltgeschichte stehen, auch diejenigen, die auf ihre Autonomie pochen und meinen, ganz anders zu sein? Kurz und gut, nicht nur: Wie weit flog die Tomate? – sondern auch: Wohin flog sie?

Auf Beerdigungen begegnen sich die Lebenden oft mit Beklemmung über ihre eigene Feierlichkeit. Ich denke, alle sind wir heute etwas aufgeregt: Wen werden wir treffen? Wird es sich lohnen? Kriegen wir Stoff zum Nachdenken? Wird uns jemand auffordern, in unerwünschten Aktivismus zu verfallen? Wird gleich jemand verlangen, etwas Praktisches zu tun? Werden sich alle streiten oder schlimmer – wird sich niemand streiten?

Jedenfalls macht es hier den Eindruck eines Stammestreffens sehr verschiedener und oft auch nur entfernt verwandter Clans, aber immerhin, es ist ein erstes Stammestreffen. Und die freiwillig mitgekommenen oder mitgeschleppten Kinder können hier etwas über ihre

Mütter, Großmütter und Tanten erfahren, die zu unserer eigenen Überraschung nun wir selber sind. Die Überraschung darüber ist bei mir ähnlich groß wie 1979, als ich während der Recherche zu einem dann später nicht gedrehten Film auf eine Gruppe von Frauen traf, die damals zwischen 78 und 96 Jahre alt waren und sich einmal monatlich trafen, um über die politische Weltlage zu diskutieren. Angefangen hatten sie damit 1916, als sie die internationale und offiziell verbotene Frauenfriedensbewegung mitten im Ersten Weltkrieg mitbegründeten, und fortgesetzt hatten sie es, als sie sich nach dem Zweiten Weltkrieg und nach der Emigration wieder begegneten. Jedenfalls ist unter uns jetzt älteren Damen das Bedürfnis nach Reflexion groß, weil an der eben geschilderten Geschichte zu sehen ist, daß Veränderungen lange dauern. Ich persönlich bin der jüngeren Halina Bendkowski sehr dankbar, daß sie darauf gesetzt hat und für heute Möglichkeiten entwickelt hat, diesen Bedürfnissen an den von ihr gesetzten vielfältigen Fixpunkten nachzugehen. Und außerdem finde ich es großartig, daß sie überhaupt auf die Idee zu diesem Treffen gekommen ist und es mit vielfacher Unterstützung hat durchsetzen können.

Einige derer, die dieses, wenn es denn funktionierte, neue Netzwerk von Frauen mit begründet haben, sind nicht mehr da, und eine davon ist Sigrid Rüger. Was sie mit ihrem Tomatenwurf ausgelöst hat, dürfte bekannt sein. Was es aber damals wirklich bedeutete, geht weit über die Aktion hinaus, und ich will versuchen, das noch genauer zu erzählen bzw. noch etwas hinzuzufügen.

Was allgemein hängengeblieben ist und in der Presse zitiert wird, ist der aggressive Akt gegen die SDS-Männer in Frankfurt. Das eigentlich Sensationelle war aber die nach außen hin bekundete Solidarität von einer Frau mit einer anderen Frau über einen geradezu peinlichen Gegenstand, nämlich Politik von Frauen, die den Anspruch hatte, nicht nur für sich, für sogenannte Frauenfragen, sondern für das Ganze sprechen zu wollen. Und dies im Rahmen einer hochoffiziellen Veranstaltung verlangte, bei der es um die Festigung politischer Richtlinien sowie um die Aushandlung der Rangordnung unter Männern ging. Was Sigrid Rüger machte, war vollkommen unerhört. Durch sie habe ich zum ersten Mal Zivilcourage in Aktion erlebt, die außerdem noch mir galt und gegen Widerstand für mich Raum schaffte. Ich wußte, daß das, was ich vertrat, da, wo ich das tat, im besten Fall unpopulär war, und daß Sigrid Rüger dabei riskierte, sich vollkommen lächerlich zu machen. Das schönste war, sie unterstützte mich und mein Vorhaben, ohne das, was ich vorhatte, unbedingt gutzuheißen. Ich kannte sie damals nur vom Sehen. Soweit ich weiß oder soweit ich damals wußte, jetzt weiß ich es besser, war sie Teil des inneren SDS-Kreises, den ich darüber informierte, daß ich auch zu dieser Konferenz nach Frankfurt fahren würde, um dort eine Rede zu halten. Wir Frauen vom Aktionsrat hätten dem SDS etwas mitzuteilen. Nicht in Berlin, wie mir als Kompromiß während des Gesprächs angeboten wurde, sondern vor allen SDSlern aus dem ganzen Land sollte es sein, wie ich störrisch und vollkommen unerfahren immer wiederholte. Was ich denn sagen wolle, wurde ich gefragt. Daß Frauen eine Klasse seien, antwortete ich, schüchtern zwar, aber eisern. Als sich das Gelächter beruhigt hatte, sagte ich noch: Wenn sie es mir nicht erlauben würden, dort zu reden, würden wir eben mit 500 Frauen anreisen, und dann würden wir ja sehen.

Die Zahl war nicht aus der Luft gegriffen. Der Aktionsrat, den es seit Januar '68 gab, quoll über, aber wir hätten nicht zu 500 nach Frankfurt fahren können. Wir hatten kein Geld für so was und vor allem niemanden für die Kinder. Eine große Zahl der damaligen Aktionsratsfrauen hatte Kinder, und die damit zusammenhängenden Fragen waren der Ausgangspunkt für unsere Arbeit und für die Frauenbewegung. Daß Männer zu Hause blieben, wenn Frauen was eigenes vorhatten, begann sich erst als Möglichkeit in den Gehirnen abzuzeichnen, war aber in der Realität noch weit weg. Also auf den Straßen keine Männer mit Kinderwagen und ganz zu schweigen von den Tüchern, in denen sie die Säuglinge herumtrugen. Endlose Diskussionen gab es in den jungen Familien, wie den ersten Wohngemeinschaften, über den Abwasch, das Putzen, Kochen, Einkaufen.

Aber warum überhaupt der Wunsch, eine Rede vor dem SDS zu halten? Es war ein gewisser, höchst komplizierter Eiertanz. Die Veranstaltungen, bei denen der SDS dabei war, zeichneten sich dadurch aus, daß das zuhörende Publikum auf das intelligenteste informiert wurde und daß die Argumente, die wir in den Großveranstaltungen zum Vietnamkrieg, zur Pressemanipulation, zur griechischen Junta, zu den Notstandsgesetzen und vielen anderen Themen zu hören bekamen, nirgendwo anders zu erfahren waren. Daß sie gleichzeitig unlösbar verquickt waren mit Eitelkeiten und männlicher Selbstdarstellung und auch Machtkämpfen, war ein Beiprodukt, das aber nicht als störend im Vordergrund stand. Die Frauen, die angefangen hatten, sich zu versammeln, die die ersten Kinderläden gegründet hatten, hatten das gemacht, um für sich selbst mehr Zeit zu gewinnen, um an genau diesen Veranstaltungen, nach denen wir ausgehungert waren, mitzumachen und unseren Teil dazu beizutragen, für mehr Gerechtigkeit auf der Welt zu sorgen, was sich auch noch Jahre später in Slogans der Frauenbewegung ausdrückte wie: »Kein Feminismus ohne Sozialismus; kein Sozialismus ohne Feminismus«. Wir wollten mitmachen, wenigstens zuhören können, und zwar nicht als Kollektiv, sondern als Einzelne. Sehr viele Frauen aus dem ersten Aktionsrat hatten Kinder, wie ich schon gesagt habe, und deshalb keine Zeit zum Mitdenken und Mitmachen. Wir fanden es eine ungeheure Verschleuderung von Energie, auf Leute wie uns, die die glühendsten Unterstützerinnen des SDS und seiner Politik waren, zu verzichten, indem die Probleme, die uns daran hinderten, gebührend mitzudenken, ignoriert wurden oder, wie wir lange dachten, einfach nicht bekannt waren. Das vermutete ich zum Beispiel, denn ich gehörte ja selbst als Mitglied des SDS zum Fußvolk.

Ein Grund für diese Rede in Frankfurt war also, den geschätzten Genossen unmißverständlich klarzumachen, daß wir ein Potential sind im gemeinsamen Interesse, neue Probleme mitbringen, aber auch, daraus resultierend, neue Fähigkeiten. Denn obwohl wir angefangen hatten, uns zu treffen, um bei den damals aktuellen Ereignissen und Diskussionen mitzumachen, stellten wir doch ziemlich schnell fest, daß wir auch gemeinsame Empfindungen, die sich dann zu Argumenten präzisierten, zu bestimmten Aspekten der SDS-Politik hatten. Zum Beispiel stellte sich in einer Diskussion heraus, daß wir in der Mehrzahl den berühmten Vietnamkongreß unerträglich fanden und formulierten dies. Wir konnten herausarbeiten, daß sich die politische Frage »Wie verhält sich die Bundesrepublik Deutschland im Vietnamkonflikt zu den USA?« sehr unangenehm mit bestimmten anderen Dingen mischte – mit Konkurrenz, mit Machtverhalten, mit allen möglichen Dualismen, mit Ausschluß aller Formen, die sich nicht diesem Hauptsprachgestus unterwarfen, und mit anderen Sachen mehr. Wenn uns das früher als Einzelner aufgefallen war, wurde es nicht thematisiert. Jetzt, zum ersten Mal, schien es in der gemeinsamen Diskussion wichtig zu werden und auf Bedeutendes, wenn auch noch sehr Unbekanntes zu verweisen. Wir sprachen von uns noch nicht als Frauenbewegung, obwohl wir von ausländischen Teilnehmern, zum Beispiel auf dem Vietnamkongreß, durchaus schon so wahrgenommen wurden, denn im übrigen Europa gab es das, was wir machten, damals noch nicht. Wir traten als Frauen auf, um klarzumachen, daß Frauen die wichtigen Fragen der Zeit als Bürgerinnen, als politische Personen, als gesellschaftliche Wesen auch definieren wollen, und fingen an, uns gegen männliche Selbstherrlichkeit zu wehren. Wir stellten bald einige Gemeinsamkeiten fest, die uns als Frauen verbanden, und dachten darüber gemeinsam nach – zum Beispiel über die Frage, die uns lange beschäftigte, warum Frauen so oft als Streikbrecherinnen auftauchen, obwohl sie die Gründe für Streik richtig fanden. Mit dem ersten Schritt, nämlich der Thematisierung der Zeitfrage und der Frage nach der Verantwortlichkeit für die Kinder, stolperten oder rutschten wir unaufhaltsam in tausend andere Fragen. Wir können auch sagen: Die Frauenbewegung begann als eine Art Erdrutsch, sie zog uns gewissermaßen den Boden unter den Füßen weg. Wir wußten vorher nicht, was dies bedeutete – ausgelöst durch unsere erste Tätigkeit: die Erfindung und Gründung der Kinderläden. Wir wurden mitgerissen, oft genug widerwillig. Wir befanden uns in einem Fragenstrudel, der nicht abreißen wollte. Im Gegenteil: aus einer Frage entstanden tausend neue.

Das entfaltete eine unglaubliche praktische Dynamik und brachte uns ziemlich schnell dazu, die Frage der Unterdrückung und Ausbeutung von den Klassen auf das Geschlecht zu erweitern, aber eben nicht abzulösen, sondern nur zu erweitern. Und die von manchen kurzfristig, von anderen langfristiger geplante Weltrevolution so zu interpretieren, daß Frauen diejenigen sein müßten, die die Rahmenbedingungen für eine Gesellschaftsveränderung für *alle* setzen müßten, und daß nur der SDS in der Lage sei, das überhaupt gedanklich nachzuvollziehen – aufgrund seiner theoretischen Fähigkeiten –, und er deshalb die Frauenpolitik unterstützen müsse.

Diese Einschätzung, daß der SDS froh über uns sein könnte, beruhte aber nicht auf Gegenseitigkeit. Und so pflegten wir eine gewisse Arroganz im Auftreten, damit wir überhaupt gehört würden. Daß wir selber auch Angst und Schrecken verbreiteten, hätte uns, die wir alle erst lernten, voreinander den Mund aufzumachen, erstaunt. Daß mir auf dem schon erwähnten Vorbereitungstreffen für die Delegiertenkonferenz in Frankfurt diese Invasionsdrohung, mit 500 Frauen zu kommen, geglaubt wurde, enttäuschte mich sehr. Die schlauen Jungs hätten eigentlich die Gründe dafür, daß es leere Drohungen waren, wissen müssen, wenn sie schon so viel von der arbeitenden Bevölkerung redeten, zu der wir eindeutig gehörten. Der SDS solle der Fraupolitik folgen, denn wir hätten die bessere Strategie, sagte ich schon. Wir würden wirklich mit der Basis der Gesellschaft anfangen, mit Frauen und Kindern, bräuchten aber mehr Theorie. Die versprächen wir uns von ihnen.

Der kleine Kreis der männlichen Genossen, der über meinen Auftritt befinden sollte, war geschüttelt von Gelächter, in das sich Bemerkungen über die zu erwartende Blamage des Berliner SDS-Landesverbandes in Frankfurt mischten, wenn so eine wie ich dort plötzlich auftauchen würde, einen Platz des Berliner SDS besetzen und mit ihm identifiziert werden würde. Andererseits waren die Frauen eine neue Größe. Den Aktionsrat gab es, mit ungeheurem Zulauf, wir alle wußten es schon seit Monaten. Verprellen wollten sie uns auch nicht. Sie redeten mit Engelszungen auf mich ein, damit ich ihnen wenigstens die Rede vorher gebe, was ich verweigerte. Ich sagte wiederholt, das solle eine Überraschung werden. Ich wolle nur einen Platz für den Aktionsrat, denn der unterstütze ja weitgehend die Aktionen des SDS – also sollten sie mich reden lassen, und außerdem sei ich Mitglied.

Die Angelegenheit drehte sich im Kreise. Ich wurde freundlichst und wiederholt darauf hingewiesen, daß es nicht üblich sei, auf einer Delegiertenkonferenz Themen zu besprechen, die dort nicht hin gehörten. Die Tagesordnung stehe fest, nicht jeder könne da reden, und das, worüber geredet würde, sei als Linie vorher lange festgelegt.

 Ich hatte keine Ahnung von diesen Feinheiten und blieb störrisch. In das allgemeine Chaos hinein sagte plötzlich diese Frau mit den roten Haaren, deren Beine auf einen Stuhl hochgelegt waren, die einen dicken Bauch hatte: »Wenn die Genossin nicht reden darf, komme ich mit Buttersäure.« Diese Szene ist übrigens in meinem Film »Der subjektive Faktor« nachgestellt.

Alle waren platt. Ich auch. Sigrid war nicht irgendwer. Die Frauen im SDS, das möchte ich auch noch mal wiederholen, waren nicht die Kaffeekocherinnen oder Flugblatt-Tipperinnen, wie das Klischee es will, sondern sie waren da, weil sie sich intellektuell auseinandersetzen wollten, politisch arbeiten wollten und dazu auch Gelegenheit hatten, wenn sie nicht zu schüchtern waren. Wenn überhaupt irgendwo, dann hatten sie im SDS eine intellektuelle Heimat. Sie hatten was zu sagen, aber das, was gesagt wurde, bezog wie nirgendwo damals in der Gesellschaft die Geschlechterfrage ein. Das dämmerte offenbar gerade Sigrid, die hochschwanger war, und so setzte sie ihr ganzes intellektuelles Gewicht und ihre Beredsamkeit ein, um mit Rosa Luxemburg und der Freiheit der Andersdenkenden zu begründen, warum ich einen Rednerplatz haben solle – passe es nun in die Tagesordnung oder nicht. Mir wurde klar, daß zwar auch Sigrid die meisten meiner Argumente: Frauen sind eine Klasse, nicht teilte, aber daran festhielt, daß an der Sache mit den Frauen was dran sein müsse und daß der SDS, wenn er denn ernstgenommen werden wolle als emanzipatorische Bewegung, genau das machen müsse: mich reden lassen. Sonst sei die Blamage später auf seiner Seite.

Und sie schaffte es, das Vorbereitungskomitee, wenn auch widerwillig, zu überzeugen. Ich bekam den Rednerplatz. Im Grunde war das ungeheuerlich und nahm mich trotz aller Konflikte sehr für den SDS ein. Man muß sich das mal vorstellen: Immerhin handelte es sich bei dieser Versammlung um so eine Art kleinen Parteitag. Die lange ausgehandelten Themen waren festgelegt, die Redner nach Proporz, Interessenverbänden, Reihenfolgen usw. Und dann kommt jemand und will mitreden und zwar zu einem Thema, das mit der Tagesordnung und mit allem, was überhaupt als politisch relevant galt, nichts zu tun hatte. Das wäre so gewesen, wie wenn vor drei Wochen, als die Programme für diese Veranstaltung schon herausgeschickt waren, ein junger Mann zu Halina Bendkowski gekommen wäre und darum gebeten hätte, heute etwas über das Leben auf dem Mars erzählen zu dürfen. Der Vergleich hinkt natürlich, er macht aber doch deutlich, in welche Konflikte sich Sigrid Rüger damals verwickelte und welche Zivilcourage sie hatte. In der Frauenbewegung wurden später abweichende Meinungen weniger zimperlich behandelt.

Wie sehr sie mich damals unter ihre Fittiche genommen hatte, habe ich eigentlich erst später gemerkt, denn sie hatte auch in Frankfurt ein wachsames Auge auf den Verlauf der Dinge. Zwar hatte ich einen Platz, taktisch geschickt war ich kurz vor die Mittagspause plaziert worden, in der Hoffnung, daß so der Beitrag am ehesten und elegantesten untergehen würde und die wichtigen Leute schon zu einem frühen Mittagessen aufbrechen konnten, wenn sie wollten. Aber sie wollten nicht. Denn bei den anderen Delegierten hatte es sich herumgesprochen, daß der berühmte, aber auch als arrogant verschrieene Berliner Landesverband ein komisches Problem am Bein hatte, und kaum einer wollte sich den Spaß und auch die sichere Blamage der Berliner entgehen lassen. Und so war der Saal noch voll, als ich die Rede hielt. Vor der Pause. Sie wurde auch diskutiert, aber dazu waren die Tomaten nötig.

Nach der Mittagspause sollte Hans-Jürgen Krahl, der Hauptredner, sprechen, und Sigrid mit ihrer politischen Erfahrung wollte, daß meine vorher gehaltene Rede nicht unterging und – wie alle anderen Beiträge – öffentlich diskutiert würde. Vielleicht wollte sie auch nur das, was sie angefangen hatte, konsequent durchziehen. Jedenfalls hatte sie sich in der Pause mit den damals noch zu kaufenden billigeren Suppentomaten, die es heute nicht mehr gibt, das Pfund zu 70 Pfennig, weiß ich noch genau, präpariert. Sie zeigte sie mir in einer braunen Tüte in einem Einkaufsnetz. Sie wollte die Diskussion erzwingen und sagte dann laut in die wiedereröffnete Versammlung sinngemäß, daß es der SDS, wenn er zu dieser Diskussion nicht bereit sei, verdient habe, so behandelt zu werden, wie er seinerseits das Establishment behandle. Sie konnte sich sehr gut ausdrücken und war klar und selbstsicher und stand da, mit ihrem grünen Kleid und den roten Haaren und dem dicken Bauch, und sah wunderbar aus. Und dann schmiß sie nacheinander zwei Pfund Suppentomaten, zuerst in vollkommene Stille und dann in Tumult. Frauen aus den verschiedenen SDS-Landesverbänden gründeten am Nachmittag ihre eigenen Weiberräte und lasen am nächsten Tag in der Frühe ihre erste eigene Resolution vor.

Mit dem Aktionsrat war die Rede übrigens vorher nur so ungefähr abgesprochen. Die Frauen hatten mir gesagt: Mach mal! Wir waren ein erkenntnishungriger Haufen, dem es Tag für Tag gewissermaßen wie Schuppen von den Augen fiel. Nach einem halben Jahr wöchentlicher Versammlungen waren wir immerhin so weit, erkennen zu können, daß die Gesellschaft nicht nur durch die verschiedenen Klassen, sondern auch vertikal durch die Geschlechterfrage geteilt war, und daß dieser Konflikt alle anderen Fragen mitbestimmt. Die Gebärfähigkeit gereichte den Frauen zum gesellschaftlichen Nachteil, und das wollten wir ändern. Wir wollten, daß die politischen Gruppen, die sich eine Veränderung der Gesellschaft vorstellen konnten, und das war für uns in erster Linie der SDS – ich kann es nicht oft genug sagen –, uns unterstützten und unserer Politik und Erkenntnislinie folgten. Wie schon gesagt, irgendwie stellte sich für uns in aller Bescheidenheit heraus, nicht für lange, muß ich zugegebenermaßen sagen, daß wir den SDS dazu bringen wollten, uns zu folgen, sich mit uns zu verbünden, auf der von uns vorgegebenen Grundlage zu handeln.

Beim nächsten Mittwoch-Treffen im Aktionsrat erzählte ich, was passiert war; daß es jetzt auch in anderen Städten Frauengruppen gäbe, was wohlwollend zur Kenntnis genommen wurde, aber auch zu der sich als richtig erweisenden Vermutung führte, daß die Treffen wahrscheinlich in Zukunft noch überfüllter und chaotischer und komplizierter werden würden durch neue Gruppen, denn die würden ihre eigenen Schwerpunkte als Frauen entwickeln, seien auch jünger, hätten meistens keine Kinder, hätten ganz andere Probleme. Das Chaos würde zunehmen. Viele gingen später, auch einem Wunsch nach Klarheit, Übersichtlichkeit und Einfachheit folgend, sei es in die RAF, in die verschiedenen K-Gruppen oder zogen sich zurück, bis sie durch die §218-Kampagne Anfang der siebziger Jahre wieder einen Fokus hatten.

In 30 Jahren ist viel passiert, und die meisten kennen das Auf und Ab, die unterschiedlichen Schwerpunkte, die die Frauen über Jahre beschäftigten, und wissen, was davon in die allgemeine Gesellschaft eingesickert und was Subkultur geblieben ist. Bei den Jüngeren hat das Wort Frauenbewegung keinen guten Klang. Ihr Wissen ist manchmal gespeist von eigenen Erfahrungen und manchmal von abschreckenden Berichten. Ich will gar nicht in Abrede stellen, daß es Abschreckendes auch für diejenigen gab, die daran teilgenommen haben. Offenbar hat jede Bewegung die Tendenz zu dogmatisieren oder zu erstarren, wenn sie aus dem Stadium des Fragestellens herausgekommen ist und einfache Antworten auf schwierige Fragen entwickelt. Ich weiß aber auch, daß wir damals patriarchaler Propaganda aufgesessen sind, wenn wir zum Beispiel nicht mit Suffragetten identifiziert werden wollten. Von denen kannten wir damals nur das offiziell verbreitete Bild: hysterische Weiber, die 60 bis 70 Jahre vor uns mit Regenschirmen auf Passanten einprügelten. Wie vielfältig ihre Tätigkeiten waren und wie harmlos sie sich wehrten gegen unsägliche Angriffe, habe auch ich erst später erfahren, so daß ich mich heute nicht mehr von ihnen distanzieren muß, und ich hoffe, das geht den Jüngeren mit uns dann vielleicht auch mal so.

Die Frauenbewegung ist in ihrer ganzen Vielfalt und Widersprüchlichkeit und zum Teil auch Widerwärtigkeit die einzige emanzipatorische und aufklärerische Bewegung, die es seit den sechziger Jahren in der Bundesrepublik gegeben hat und die es in Rudimenten und anderer Gestalt immer noch gibt. Sie hat unser aller Leben verändert, nicht nur durch die massenhaften subkulturellen Einrichtungen, die sie geschaffen hat, sondern dadurch, daß Frauen sich selber als Menschen definierten und handelten. Sie können heute in Westeuropa alleine abends ausgehen, sie führen mit anderen Frauen ernsthafte Debatten, ohne dadurch zu befürchten, sich lächerlich zu machen oder von vornherein als zweitrangig zu gelten. Sie lernen heute Männer kennen, die auch als Väter sichtbar sind. Das hätten die Frauen übrigens alles nicht bewirken können, wenn sie sich als Opfer stilisiert hätten, was ihnen so oft nachgesagt wird. Im Gegenteil: Die Frauenbewegung war ein Vitalitätsschub, der durch die ganze Gesellschaft ging – in die persönlichsten Bereiche, und zwar gerade weil im Unterschied zu anderen politischen Bewegungen, bei denen klare Gegner entweder vorhanden waren oder aufgebaut wurden,

Frauen persönlich die Männer liebten, die sie politisch bekämpften. Das sollte übrigens mal analysiert werden. Ich finde, da ist noch viel Stoff drin. Frauen haben heute Rechte, die sie vor 30 Jahren nicht hatten, und es gibt Paragraphen, die sie diskriminierten, die heute abgeschafft sind, wie zum Beispiel der § 1356. Dennoch gelten diese ganzen Errungenschaften nur für die westliche Welt, und global ist die Armut weiblich, und diese Armut nimmt zu. Die Erdbevölkerung wächst rasend, was auch Akademikerinnenkreisen, die sich damit befassen, daß das Geschlecht nur eine Konstruktion sei, zu denken geben sollte. Denn immer noch geschieht das Bevölkerungswachstum weitgehend mit konventionellen Fortpflanzungsmethoden. Über den viel diskutierten Sexualitätsfragen ist die Gebärfähigkeit der Frauen aus den Augen verloren worden. Frauen haben nun mal andere Körper als Männer, und der Körper, der zunehmend in theoretischen Schriften wegdiskutiert wird, ist auch Schicksal. Anybody ist jemand, nobody ist niemand. Daß dieses Schicksal den meisten Frauen auf der Welt zum Nachteil gereicht, ist durch Politik veränderbar, aber nicht dadurch, daß die weiblichen Körper männerähnlicher werden, oder dadurch, daß den Frauen ihre Gebärfähigkeit über die Reproduktionsmedizin genommen wird. Die Gebärfähigkeit ist in einer langen Tradition von Männern, aber auch von Frauen als Schwäche interpretiert worden. Dabei sind es die Folgen dieser Gebärfähigkeit, die Frauen defizitär gemacht haben. Noch heute sterben ungefähr 500.000 Frauen jährlich weltweit an den Folgen von Abtreibungen. In den meisten Ländern der Welt sind Frauen von der Definitionsmacht nach wie vor ausgeschlossen, und eine neue Politik der Kultur geht auch ohne uns, wie man in den Zeitungen lesen kann, ohne daß sich die daran Beteiligten schämen müßten.

Frauenbefreiung war Ende der sechziger Jahre selbstverständlich ein international gemeinter Begriff. Wenn heute die Frauen sagen, daß sie keine Frauenbewegung mehr nötig haben, dann können sie von Glück sagen, nicht in Pakistan oder Afghanistan, im Iran oder Saudi-Arabien zu wohnen – um nur einige Länder zu nennen, in denen es in den letzten 30 Jahren für die Frauen schlimmer geworden ist. Wir können es uns hier kaum vorstellen, das Erreichte wieder zu verlieren, aber können wir sicher sein, das zu behalten, was wir schon haben? Immerhin konnte mitten in Europa vor noch nicht allzu langer Zeit ein Ceaucescu jede Frau in seinem Einflußbereich zum Gebären zwingen. Wenn ich mir vorstelle, wie es weitergehen soll, so plädiere ich persönlich dafür, die Denklust wieder mehr anzuregen und das Erkenntnisinteresse. Ich glaube, daß wir es mit dem finnischen Sprichwort halten sollten: Lieber eine Woche nachdenken, als einen Tag umsonst arbeiten. Weniger Aktivismus, mehr denken. Aber vielleicht spricht aus mir nur die Faulheit des Alters.

Ines Lehmann

Auf der Hut vor Nebenwidersprüchen

Ich habe mich auf der 23. Delegiertenkonferenz des SDS im September 1968 nach den Tomatenwürfen der Berliner SDS-Genossin Sigrid Rüger auf den Frankfurter SDS-Genossen Hans-Jürgen Krahl schützend vor diesen und gegen die Tomatenwerferin gestellt, und ich habe die Rede der SDS-Genossin Helke Sander kritisiert. Wenn dieser Tomatenwurf der zündende Funke für die Entstehung der westdeutschen Frauenbewegung war, so stünde ich sozusagen für diejenigen, die sie bekämpft haben. Ich will versuchen, meine scheinbar konterrevolutionäre Tat von damals zu begründen, auch weil ich ziemlich sicher bin, daß ich heute ähnlich handeln würde.

Unsicher bin ich allerdings, ob ich mich bzw. mein Handeln angemessen vermitteln kann. Dieses Problem wurde mir in einem Gespräch mit Halina Bendkowski klar. Sie fragte mich wiederholt tiefernst, als ich auf die theoretischen und politischen Zielsetzungen des SDS, dem Helke Sander, Sigrid Rüger und ich ja angehörten, zu sprechen kam: Sag mal, habt ihr das damals alles wirklich geglaubt? Wenn schon die nicht mehr ganz junge linke Feministin Halina Bendkowski solche Zweifel an unserer damaligen Theorie und Politik hegt, wie soll ich dann vor vielen Jüngeren dieses Stück Zeitgeschichte glaubhaft aus der Versenkung hervorholen können – sozusagen im Schnellkurs durch unsere Geschichte rasen –, ohne dabei unsere Ziele und vor allem die Akteure unkenntlich zu lassen oder zu beschädigen, also so vorzugehen, wie es meistens in den Massenmedien mit uns geschieht. Bei diesen gerinnt nämlich der SDS fast immer zu einem klamaukhaften »68«, dem man alles, aber auch wirklich alles unterschieben und andichten kann.

Auf die Frage, ob wir das damals wirklich alles geglaubt haben, glaube ich jedoch antworten zu dürfen: Ja, wir haben das geglaubt, und für mich kann ich es sogar mit Sicherheit sagen. Und das, das war 1968 nicht mehr und nicht weniger als der Glaube an die Notwendigkeit und an den Sieg des Sozialismus und zwar in der ganzen Welt. Auch Helke Sander muß irgendwie daran geglaubt haben, sie erinnerte mich noch vor einer Woche in einem Telefongespräch daran, daß sie damals im Auftrag des SDS nach Finnland gefahren war und dort einen Vortrag mit der kämpferischen Losung »Es lebe die sozialistische Weltrevolution« habe ausklingen lassen. Allerdings auf finnisch.

So unglaublich es also heute auch scheinen mag, aber wir glaubten damals wirklich an die Möglichkeit eines Sozialismus ohne Barbarei als dem einzigen Mittel gegen die Barbarei des Krieges, des Imperialismus und des Faschismus, aber auch gegen die Barbarei des Sowjetsystems und des Stalinismus. In Anlehnung an Thesen Maotsetungs nannte man damals diese großen Antagonismen spöttisch »Hauptwidersprüche«, 1968 konnte ja noch niemand ahnen, daß aus diesem Spott schon 1969 bitterer Ernst werden würde, und die meisten Berliner SDS-Führungskader fanatische Maoisten wurden. Neben diesen sogenannten Hauptwidersprüchen gab es dann noch die geringer bzw. geringgeschätzten Nebenwidersprüche, wie z.B. das Problem der Entfremdung, der Geschlechterbeziehungen – das Wort existierte nicht einmal –, die Probleme der Kinder und Kindererziehung, Frauenfragen usw. Diese sogenannten Nebenwidersprüche sollten einfach durch die oder nach der Revolution bzw. der Lösung der sogenannten Hauptwidersprüche gelöst werden.

Nicht ohne Ironie möchte ich darauf hinweisen, daß sich angesichts dieser diffusen Dialektik und der natürlich ausbleibenden Revolution dann nach 1968 die meisten Genossen und Genossinnen vor allem in diesen sogenannten Nebenwidersprüchen verstrickten, und daß die dadurch entstehenden emanzipatorischen Bewegungen, darunter auch die Frauenbewegung, zeitweilig so stark und mächtig wurden, daß sie die westdeutsche Gesellschaft so radikal veränderten, ja geradezu revolutionierten, daß sich heute kaum noch jemand vorstellen kann, wie es damals eigentlich gewesen ist. Die von diesen emanzipatorischen Bewegungen veränderte Gesellschaft linderte dann aber offensichtlich den Leidensdruck, der die Menschen in den SDS und die APO getrieben hatte, so, daß sie sich mehr oder weniger zufrieden oder auch resigniert ins Privatleben, in den Beruf und die

 Familie zurückgezogen haben und später politisch einfach nicht mehr präsent waren. Heute leiden sie deswegen möglicherweise mangels Leidensdruck an einer mangelnden Radikalität.

Da der Raum hier nicht einmal ausreicht, um auch nur einen einzigen der damaligen Hauptwidersprüche, geschweige denn einen dieser offensichtlich sehr komplexen Nebenwidersprüche, hier so glaubhaft konkretisieren zu können, daß die gegen sie kämpfenden Genossinnen und Genossen des SDS weder vor Ihnen noch vor der Geschichte als Psychopathen, Trottel oder Kriminelle dastehen, will ich nur stichwortartig andeuten, warum ich »auf der Hut vor Nebenwidersprüchen« war – so der von Halina Bendkowski vorgeschlagene Titel meines Berichts – und ich mich also in Frankfurt schützend vor den Kopf des Frankfurter SDS und gegen den dicken Bauch der hochschwangeren Berliner Tomatenwerferin stellte und ganz besonders Helke Sanders' – dem Tomatenwurf vorausgehende – Rede meine Widerrede provozieren mußte: Sie drohte nämlich de facto mit einer Sezession der Frauen aus dem SDS, und das wäre sein Ende gewesen, das war mir damals schon klar.

Ich konnte mir aber damals ein Leben ohne den SDS einfach nicht vorstellen, und das muß ich nun ein wenig näher ausführen, weil das vielleicht hier wirklich niemand verstehen wird. Viele können sich heute eigentlich gar nicht mehr so richtig vorstellen oder erinnern, wie dieses westliche Teil-Deutschland und Westberlin nach 1945 und vor »68« beschaffen und wie unerträglich die Lebensbedingungen damals waren. Die Bundesrepublik der 60er Jahren wurde von einem Ex-Nazi regiert und einem Ex-Nazi repräsentiert. Das Establishment, ja irgendwie alle Erwachsenen, schienen unter einer Decke des Schweigens bzw. Verschweigens und des Leugnens und Lügens zu stecken. Ihre verlogene Moral und ihre Wertvorstellungen, ihr Nachkriegs-Wiederaufbauenthusiasmus, mit dem sie ihre Vergangenheit zuschütteten und unsere Gegenwart zubetonierten, ihr Opportunismus, mit dem sie aus ihren Besatzungsmächten unsere Schutzmächte machten, um die Gründe der Besetzung – ihre Niederlage in einem verbrecherischen Krieg – verdrängen zu können usw., das alles erzeugte ein Klima, das Atemnot provozierte, ganz besonders bei vielen jungen Menschen. Auch die Universitäten, die nach 1933 reihenweise umgefallen waren und ihre Substanz – die jüdischen Wissenschaftler – eliminiert hatten, taten so, als wenn nichts geschehen wäre. Nur in Frankfurt und Berlin und ein wenig auch in Göttingen waren kleine Inseln theoretischer und politischer Klarheit wiedererstanden.

Nicht nur für mich wurde deswegen der SDS damals zu einer Art »befreitem Gebiet«, ganz besonders der SDS nach 1961, als er sich dank seines Rausschmisses aus der SPD – die damals schon eine »Neue Mitte« suchte und deswegen mit dem Godesberger Programm ihre sozialistischen Zielsetzungen über Bord geworfen hatte – immer weiter radikalisierte und zu einer »Neuen Linken« wurde. Der SDS war ein Ort, an dem man Menschen treffen konnte, die die Wirklichkeit auf keinen Fall so lassen wollten, wie sie war.

Allerdings war er auch eine Organisation, in der sehr viel gearbeitet und geleistet werden mußte, um einerseits auf der »Höhe« dieser als unerträglich empfundenen Wirklichkeit anzukommen und um andererseits auch seinem durchaus elitären Selbstverständnis zu genügen: die einzige intakte sozialistische Organisation in Deutschland zu sein. Im SDS konnte man zwar über den Nationalsozialismus offen sprechen, aber dafür mußte man ihn auch »aufarbeiten«, wozu man sich wiederum sehr mühsam die verschütteten kritischen Instrumente für eine Analyse der gesellschaftlichen und politischen Verhältnisse (den Marxismus und die Psychoanalyse) »aneignen« mußte. Im SDS konnte man aber auch in Arbeitskreisen über den amerikanischen Krieg gegen Vietnam seine Empörung gegen diesen ersten Genozid nach dem deutschen Völkermord an den europäischen Juden nähren und dann gemeinsam Eier und Steine gegen das Amerika-Haus schmeißen. Und man konnte hier viel über die Gründe und Ziele der antikolonialen Befreiungsbewegungen in Afrika und Lateinamerika lernen und dann die aufgestaute Wut in Demonstrationen gegen Tschombé, den Schah, den Film »Afrika Addio« usw. »abreagieren«. In SDS-Arbeitskreisen über »Sexualität und Herrschaft« konnte man auch Grundsätzliches über die natürliche Bedingtheit der Geschlechterdifferenz und die aufhebbaren Schranken der gesellschaftlichen Repression lernen, der SDS war, wie Tilman Fichter vor kurzem im TAGESSPIEGEL zutreffend schrieb, »unsere eigentliche Universität«.

Für mich war dieser SDS aber noch sehr viel mehr: In diesem »befreiten Gebiet« habe ich Anerkennung und Solidarität erfahren, die mir viele Jahre die Kraft und Stärke gaben, meinen eigenen Kopf zu haben und – im Konflikt mit meinem Bauch – ihn entscheiden zu lassen, was ja nicht immer ganz leicht ist, auch für mich nicht. Ich war nach einer positiv prägenden kommunistischen ersten Kindheit in der SBZ bzw. DDR, in der ich auch als Mädchen Selbstbewußtsein erlangen konnte, gegen meinen Willen von konservativen bzw. faschistischen Menschen nach Westdeutschland geholt und adoptiert worden und hatte den gesellschaftlichen und persönlichen Wertekonflikt und die mir widerfahrene, traumatisierende Gewalt nur aushalten können mit einer traumhaften Bewahrung der Idee eines guten Sozialismus und dem festen Plan, das Getriebe dieser unerträglichen deutschen Gegenwart durch viel Sand zu stören und – wenn irgend möglich – auch zu zerstören.

Als ich 1963 in Göttingen das Studium der Sozialwissenschaften begann – übrigens auf eigene Kosten und gegen den Willen der Adoptiveltern, damals wurden die meisten Mädchen höchstens auf Pädagogische Hochschulen zu einem sechssemestrigen Kurzstudium geschickt, um Volksschullehrerin zu werden – ihr Studium sollte nicht viel kosten und schnell abgeschlossen werden, da sie nach ihrer möglichst baldigen Heirat und den folgenden Niederkünften sich sowieso ihrer Familie widmen sollten –, also, damals waren an dieser niedersächsischen Universität noch so viele männliche Studenten in »Schlagenden Verbindungen« – ca. 60% –, daß ich bald vor diesen Horst-Wessel-Lieder grölenden Herrschaften und dem ganzen Mief der westdeutschen Provinz in die Frontstadt-Metropole Westberlin floh, wo derartige Organisationen nicht nur verboten waren, sondern die Studenten an der FREIEN UNIVERSITÄT sogar ein politisches Mandat hatten und über ihre Geschicke mitbestimmen konnten.

Westberlin war zwar nach dem Mauerbau hermetisch abgeriegelt, dennoch (oder vielleicht deshalb) war aber die von den Amerikanern hier errichtete und mitfinanzierte FREIE UNIVERSITÄT zum Refugium einer ganz spezifischen Komposition von Studenten und Studentinnen geworden, die dann im SDS zu einem ziemlich explosiven Gemisch wurde: Da waren einerseits die DDR-»Abhauer«, die vom östlichen Sozialismus enttäuscht, aber oft auch vom westlichen Kapitalismus nicht überzeugt oder sogar abgestoßen waren, und andererseits die westdeutschen Studenten, die nicht nur vor der Bundeswehr nach Berlin »geflohen« waren, sondern auch insgesamt dieser Gesellschaft und ihrem Staat kritisch gegenüberstanden. Und dann waren da die Frauen wie ich, die in die Metropole gekommen waren, um in der freieren/befreienden Luft dieser einzigen deutschen Großstadt einfach freier leben zu können, als es ihnen die verlogene »Heile-Welt-Idylle« der Ehe, Kinder, Küche usw. versprechenden bzw. androhenden westdeutschen Provinz erlaubt hätte.

Ich kam 1965 nach Berlin und in den Berliner SDS, gerade als die »Subversiven« Dutschke, Rabehl und Kunzelmann den Verband eroberten und die »Traditionalisten« hinausgedrängt wurden, sie gründeten dann später den REPUBLIKANISCHEN CLUB. Über einen »very important« Bettgenossen lernte ich auch schnell die Führungskader kennen, so daß ich manchmal sogar mitreden durfte, was einfach wunderbar, weil keineswegs selbstverständlich war. Da in dem überwiegend männlichen Bund ständig um Machtpositionen und Einflußsphären gerangelt wurde, schloß auch ich mich gleich einer Richtung an und wurde Dutschke-Anhängerin. Rudi war nämlich so von der Gutartigkeit aller Menschen überzeugt, daß er selbst Frauen wie Menschen behandelte. Er nahm mich ernst, hörte mir zu und übertrug mir Aufgaben, wie jedem anderen Menschen bzw. Mann, das war eine einzigartige und leider einzigartig bleibende Erfahrung. Sie stärkte aber nachhaltig meine Kraft und meinen Mut, mich und meine Meinungen einzubringen, die nicht selten von denen der anderen abwichen, denn ich hatte immer einen ganz eigenen Kopf. So war aber auch der SDS für mich lebensnotwendig geworden, und jede Gefahr und Bedrohung für ihn bezog ich deswegen ganz selbstverständlich auf mich. Und in der Frontstadt Berlin geriet der SDS sehr schnell in Gefahr.

Hier, an der Schnittstelle zweier antagonistischer Weltsysteme wurde unsere theoretische Arbeit nämlich schnell und radikal auch praktisch. Und diese Frontstadt schlug äußerst hart zurück, aber diese Geschichte ist Ihnen ja weitgehend bekannt, ich erspare sie Ihnen also hier. Nach den Schüssen auf Benno Ohnesorg und Rudi Dutschke, den Anti-Vietnam-Aktionen, den Osterereignissen und der Verabschiedung der Notstandsgesetzgebung eskalierten die Auseinandersetzungen zwischen uns und dem Staat jedenfalls so, daß wir einerseits, d.h. vor allem die nahezu ausschließlich männliche Führungsriege des SDS, die emanzipatorischen Inhalte und Formen, also unseren Wunsch nach einer anderen, herrschaftsfreieren und gerechteren Gesellschaft, immer mehr aus dem Auge verloren und so dem Gegner insofern auf den Leim gingen, als wir für seine Kampfformen unsere emanzipatorischen Ziele über Bord warfen; andererseits frönten immer mehr Genossen, vor allem die sogenannte Basis, einer Art »Immediatismus«, sie meinten, hier und jetzt die von ihnen als »überreif« interpretierten Verhältnisse zum Tanzen bringen und Gegengesellschaften errichten zu müssen. Und da wir schon immer etwas hart miteinander verkehrt hatten, waren dann den verschiedenen Fraktionen erst recht alle Mittel recht, um sich bzw. Ihre Politik durchzusetzen. Niemand brachte mehr die notwendige Kraft und Geduld für den spannungsreichen Prozeß der gesellschaftlichen und individuellen Radikalisierung auf, und im Sommer 1968 war der SDS theoretisch und politisch praktisch am Ende, weil es ihm nicht gelang, seinen großen Erfolg politisch zu organisieren.

So stand also auch auf der Tagesordnung der 23. Delegiertenkonferenz im September 1968 in Frankfurt die »Organisationsfrage« ganz oben, und ich erinnere mich noch sehr genau an die Angst, die ich vor dem Scheitern dieser Versammlung hatte.

Die Spannung bei der Eröffnung der Konferenz war schier unerträglich, wir erhoben uns vor den Augen der Fernsehkameras der ganzen Welt und sangen mit erhobener Faust noch alle gemeinsam die Internationale. Dann kam umgehend der erste Konflikt: Der immer rechthaberische Dany Cohn-Bendit überbrachte aus seiner gerade verlorenen Pariser Mai-Revolte die für ihn offensichtlich nagelneue Botschaft, daß nur das Proletariat wirklich revolutionär sei und nicht etwa Studenten wie wir. Hm. Und dann kam Helke Sander mit ihrem Abgesang auf den Männer-SDS, von dem sich die ausschließlich redenden Männer natürlich nicht provozieren lassen wollten. Also bewarf Sigrid den nach Worten ringenden, vielfach gehandikapten, aber zweifellos klarsten Kopf des damaligen SDS, Hans Jürgen Krahl, – sozusagen meinen letzten Hoffnungsträger – mit ihren Tomaten, so daß ich glaubte, ihm (und mir) zu Hilfe eilen zu müssen. Ich sprang also aufs Podium, drängte mich ans Mikrophon und rief zu gegenseitigem Verständnis und zu Toleranz auf und kritisierte die sezessionistischen Bestrebungen der Frauen vom Berliner »Aktionsrat« – an meine genauen Worte kann ich mich heute nicht mehr erinnern.

Das weitere ist bekannt. Diese 23. Delegiertenkonferenz des SDS war die letzte, ihre Fortsetzung im November in Hannover beendeten dann einige Frauen mit dem berühmten ekelhaften »Schwanz-Flugblatt« ...

Das war das Ende des SDS und der Anfang der Frauenbewegung. Für mich war das alles sehr schlimm, aber für sehr viele Frauen war das wohl sehr gut, und das ist schließlich das, was heute zählt.

Hazel Rosenstrauch

Ich hab' noch einen Koffer mit '68er Kram ...

Zwiegespräch mit vergilbtem Papier über die ›guade oide‹ Zeit

Es ist an der Zeit, auch einmal zurückzublicken, zumal es mir in diesem Sommer zum ersten Mal passierte, daß ich für die Großmutter meines Sohnes gehalten wurde. Auch das ist ja angeblich typisch für die 68er-Frauen: daß man mit 40 noch ein Kind kriegt. Kaum hatte ich entbunden, erschien eine soziologische Studie, in der mir erklärt wurde, warum *wir* so spät gebären.

Leider ist mein spontaner Ausbruch auf dem ›Tomatenkongreß‹ vor 30 Jahren, der als »erste feministische Rede im Nachkriegsdeutschland« gerühmt wurde, nirgends dokumentiert. Was aber hatte ich damals gesagt? Ich weiß es nicht mehr, die Erinnerungen sind überlagert von hundert Interpretationen dieser Zeit. Meine erste Überlegung, was ich hier sagen sollte, war deshalb auch, dreißig Begriffe vorzustellen (für jedes Jahr eine halbe Minute), die als ›typisch‹ für '68 angesehen werden. Aber da ist in mir immer noch ein kleiner Rest von Widerstand, auch gegen das schnelle Verpacken.

Das nächste, was mir durch den Kopf ging, war die Frage, ob es eine Melodie gibt, die sich für mich durch diese dreißig Jahre zieht, einen Ton, den ich mitgenommen habe. Und dann fiel mir dieser Koffer ein, und ich habe ihn, ungeöffnet, mitgebracht. Er hat schon viele Umzüge überstanden, denn ich bin ein unsteter Mensch, irgendwann nach dem 35. Umzug habe ich aufgehört zu zählen, wieviele Umzüge es waren. Jedes Mal, wenn ich andere Sachen packte und wegwarf, habe ich überlegt, ob ich ihn aufmache; um ihn mitzubringen, habe ich ihn immerhin schon mal vom Staub befreit. Gepackt wurde er irgendwann, als '68 für mich vorbei war (auch das ist, wenn ich es bedenke, eine unbeantwortete Frage – wann war '68 für mich vorbei?).

In diesem Koffer stecken die Reste, und vielleicht könnte er, wenn ich ihn endlich öffnete, mein Bild von damals zurechtrücken, mich womöglich mit Wahrheiten konfrontieren, die meinen Illusionen Fakten, Material und Dokumente entgegensetzten? Ich weiß nicht, ob das Papier inzwischen zerfallen ist oder die Ratten daran genagt haben – bisher habe ich mich noch nicht so recht getraut, dieses möglicherweise Erinnerung korrigierende Überbleibsel aus einer fernen Zeit zu öffnen. Vielleicht schaffe ich es heute, möglicherweise wäre dieser Kongreß ein guter Anlaß.

Wir wissen ja, daß die Geschichte, auch die von '68, vorwiegend von Siegern geschrieben wird. Aber Geschichte wird nicht nur von Siegern geschrieben. Sie wird immer auch von dem Standpunkt aus geschrieben, den man später hat. Für Berufs-68er ist sie etwas anderes als für Leute, die vom Berufsverbot aus der Bahn geworfen wurden oder gar nicht in die Bahn hineinkamen; für die sogenannten »April-Professoren«, die in den Jahren nach 1968 mit kumulativen Habilitationen ihre Professur bekommen haben und nun schon 30 Jahre durch die Institutionen marschieren, sieht so ein Rückblick natürlich ganz anders aus als für Frauen, die damals nicht dabei waren, weil sie als Frauen noch kaum in Frage kamen für eine solche Karriere (nur zur Erinnerung: Karriere war damals ein »Igitt-Wort«); für Frauen, die, sobald es möglich war, im Frauenbereich Karriere gemacht haben, mag '68 etwas anderes bedeuten als für Frauen, die in Männerdomänen und mit Kind gearbeitet haben.

Rückblicke sind immer ein bißchen mit Nostalgie verbunden. Wenn *ich* Lust auf Nostalgie habe und nach dem bestimmten Ton suche, dann denke ich vor allem an die Jahre '66 und '67, an jene Zeit, in der ausprobiert wurde und noch nichts festlag und die vorwiegend männlichen Revoluzzer noch nicht wußten, wo es langgeht. Die Liste von Begriffen, die für mich damit verbunden ist, fängt an mit ›Sponti‹, ›subversiv‹, ›antiautoritär‹, ›rebellisch‹, ›anarchisch‹, ›dadaistisch‹, ›psychedelisch, ›erotisch‹, ›lustig‹, ›experimentell‹, ›lebendig‹ – oder wie Helke Sanders in ihrem berühmten Film »Redupers« gezeigt hat: Wir wollten vollständig sein und nicht vollkommen sein.

Ich habe diese Zeit schon einmal beschrieben; und da meine Bücher sowieso niemand kennt und liest und ich gerne Reklame mache für meine mutige Verlegerin Lisette Buchholz, zitiere ich ein kleines Stückchen daraus:

»Spotlights: Ihre Busenfreundin brach in Entzückungsschreie aus, wenn sie in N.s Studentenbude den Naturgewalten des Chaos begegnete. Der Camembert floß über Bloch, das ungewaschene Geschirr stapelte sich am Boden, N.s unpassende Bemerkungen am falschen Ort wurden als Medaillons antiautoritärer Chuzpe weitererzählt. Wenn sie in Seminaren den Dozenten unterbrach und bat, er möge das doch bitte nochmals erklären, sprachen die Studenten sie nach der Stunde an, bedankten sich und gestanden, daß sie auch nichts verstanden hatten. Un-Ordnung und die Verwandlung von Bildern war Teil ihres Lebens. Aus N.s Schlamperei wurde die Freiheit von analer Fixierung. Ihr loses Mundwerk wurde zur Emanzipation, proletaroide Einsprengsel in Wutausbrüchen und die gar nicht adrette Kleidung waren für Zeit und Ort der Handlung Meisterleistungen im Kampf gegen anale Fixierung und autoritären Charakter. Wieso die männlichen Freunde lachten, als sie in der Kneipe laut nach dem Wirt rief, hat sie nicht verstanden. Da sie weder schüchtern war noch vom Gedanken gestreift, eine Frau könnte kein eigenes Leben gestalten, hat sie ihre Sehnsucht nach Emanzipation vor allem auf die Kerle bezogen – das paßte allerdings damals noch nicht in die Zeit. Gestärkt von Freud und Beate Uhse hat N. mit großem Vergnügen theoretisch erarbeitete Erkenntnisse in die Praxis umgesetzt. Sie ging mit dem kleinen Peter, ihrem damaligen *Gspusi*, dessen Wirtin seiner Mutter sofort gemeldet hatte, daß er mit einer Jüdin befreundet sei, Händchen haltend ins Seminar für Althochdeutsch. Derlei wurde mit den anderen Seminarteilnehmern besprochen, weil es doch darum ging, Privates öffentlich zu machen bzw. gesellschaftliche Rollen zu durchbrechen. In Räumen, wo die Stühle nicht mehr frontal in Reihen, sondern im Kreis standen, sah sie dem todernst revolutionären Tutor tief in die Augen und sagte: Du bist viel hübscher, wenn du lächelst.

In diesem Ambiente war nicht die Provokation, sondern eine neuartige Verbindung von Freude und Klugheit, Eros und Wissenschaft maßgebend. Die psychologisierende Fraktion nannte verwandte Experimente ›Entkonditionalisierung‹ und benutzte dafür Drogen. Nicht lange nach diesen Fingerübungen, den Happenings und Provokationen haben sich Marxisten und Hippies an verschiedenen Orten getroffen. N. lebte mit einem Mann zusammen, dessen Ansichten und

Geschmack damals als bizarr galten. Ihre gemeinsame Wohnung hat zu den wenigen Plätzen gehört, wo Leute, die an Marx, und Leute, die an Haschisch sogen, einander begegnet sind. Sogar der antiautoritäre Fußball, wo sie bei jedem Wetter, unabhängig von Können und Geschlecht, mitgedribbelt hat, bekam nun strenge Regeln. Ihre Mitspieler, die zu Beginn der Freundschaft noch Dichter hatten werden wollen, gingen in die Fabrik.«[1]

Und jetzt kommt so ein Insert auf meinem Computer: »Ihr Dokument ist eine '68er Version. Wollen Sie umwandeln?«

An diese Versuche, die Trennung zwischen privat und öffentlich aufzuheben, mußte ich neulich denken, nachdem ich schon zugesagt hatte, in meinen Erinnerungen zu kramen. Es war heiß, im Sommer, als ich aus dem Flugzeug stieg und eine junge Frau im Negligé, also das, was wir früher ein Unterhemd genannt hätten, spazierengehen sah, da dachte ich: Das ist ein Ergebnis unseres Kampfes. Und immer wenn ich die vielen jungen und alten Menschen mit Handys in der Hand in der Öffentlichkeit laut brüllen höre: »Schatzi, ich gehe gerade in die U-Bahn ... Ich bin gleich bei dir ...«, denke ich: Auch das ist eine Folge der Aufhebung der Trennung von privat und öffentlich. Und wenn der Ku'damm wieder einmal abgesperrt wird für irgendwelche Volksfeste, geht mir durch den Kopf, wie schwierig es seinerzeit war, die Straße zu erobern; erst wir '68er haben im Kampf gegen Polizeischilde und Wasserwerfer durchgesetzt, daß man am Ku'damm nicht nur Auto fahren, sondern auch zu Fuß gehen kann.

Man vergißt leicht, wie eng es vorher war. Einer der Sprüche, die ich aus den ersten Jahren in Berlin behalten habe, war: Eine deutsche Frau raucht nicht auf der Straße. Und genauso: Ein deutsches Mädel ruft nicht nach dem Kellner. Man trug noch Korsetts, und es gab feste Rollen. Eine deutsche Frau schwieg und diente. Aber ich war keine deutsche Frau. Zu meinen Reminiszenzen gehört die emotionale Entfesselung im Juni '67: zuerst der wutschnaubende Überfall prügelnder Polizisten und dann diese auch in keine Korsetts eingebundenen Gefühlsausbrüche in der U-Bahn, als wir mit dem Trauerflor wegen

Benno Ohnesorg in der U-Bahn von den Leuten fast hinuntergestürzt wurden auf die Schienen, weil eine so wahnsinnige Aggression herrschte und wir als ›roter Mob‹ galten. In der freien Presse hieß es: »Schaut euch diese Typen an.« Lange Haare, softe Kleidung, wir entsprachen nicht dem Bild, das die Alten von ihrer Jugend hatten. Denke ich heute an das Alter der damaligen Wortführer, dann ist mir – besser noch als damals – bewußt, daß die Ideale, an denen sie uns gemessen haben, vom Herrenmenschen stammten.

Wenn ich nach den Auslösern für den Ton suche, der sich für mich durch die Jahre mit und neben der Frauenbewegung zieht, so höre ich ihn in den Zwischenräumen. Damals, nach meiner Rede, kamen Frauen auf mich zu und sagten: »Wer bist Du? Wie heißt Du? Wie kommst Du dazu, so eine Rede zu halten?« Und ich habe aus der Einladung und aus Bemerkungen geschlossen, daß es immer noch schwierig ist zu verstehen, daß jemand, der nicht ›zu uns‹ gehört, also damals nicht zum Weiberrat und nicht zum Berliner SDS gehörte, etwas zu sagen hat. Es ist eine Melodie, die sich für mich heute noch durch alles hindurchzieht: das Problem Frauenbewegung und Individualismus. Ich erinnere mich an den SDS-Kongreß ein Jahr später, an meine Loyalitätskonflikte. Damals hielt ich es mit den Trotzkisten und *wir*, die Trotzkisten, hatten beschlossen, daß ich – ich weiß nicht mehr zu welchem Problem, aber einer damals wichtigen politischen Frage – etwas sage. Aber das andere ›Wir‹, die Frauen, hatten beschlossen, daß *wir* nicht sprechen. Zwischen diesen – und noch ein paar anderen – ›Wirs‹ zerreißt es mich auch heute noch gelegentlich. Gern denke ich daran, wie ich in einem Artikel im sogenannten »Weiberkursbuch« für Mitleid mit den Männern plädierte und von einigen mir ideologisch nahestehenden Frauen mit einem »Molli« bedroht wurde. Auch das hat damals nicht gepaßt und ist heute komisch.

In meiner Erinnerung war die Stimmung aus Aufbruch, Chaos, Suchbewegungen und Offenheit schon Mitte '68 vorbei. Danach gab es eine weltweite und geschlechterübergreifende Tendenz, wieder Ordnung herzustellen. Neue Einteilungen, Zugehörigkeiten, Laufbahnen, Wege, die geteert und betoniert worden sind. Inzwischen sind sogar die unordentlichen Vorstellungen mit Etiketten versehen und geordnet: in ›Chaos-Theorie‹ oder ›Schamanismus‹, ›Postmoderne‹ oder ›Entdeckung der emotionalen Intelligenz‹ – Individualismus als Konsumstrategie. Insofern sehe ich auch in Piercing und bunten Haaren eine Spätfolge unseres Umsturzes.

Es ist schwerer und leichter geworden, nicht dazuzugehören. Naturgemäß sind diejenigen, die nicht im Hauptstrom geschwommen sind, wenig sichtbar. Sie genießen nicht die Privilegien, und sie gewinnen keine Preise. Aber sie haben jene Distanz zur Macht, die seinerzeit der Ausgangspunkt für Opposition war. Die Fragezeichen, diese schlecht mit Etiketten zu versehenden Zwischenpositionen und Experimente mit ungewissem Ausgang sind das Thema meiner Nostalgie: Nicht Anpassung, nicht Nische, gesellschaftliche Teilhabe, aber nicht Teil der Macht, die Ordnung in Frage stellen und trotzdem nicht nur kläffen oder den Hofnarr abgeben.

Auf den Koffer mit Papieren von '68 und davor projiziere ich diese – durch Sehnsucht verfälschte – Erinnerung. Es geht mir dabei wie den Exilierten mit der Heimat: Ich trage eine Sehnsucht mit mir herum, die der Realität nicht standhalten muß. Wir wollten damals immer nur die Wahrheit und kämpften gegen die Lügen der Eltern und gegen die Finten der Politiker. Zur Zeit, das kann morgen schon wieder anders sein, finde ich es wichtiger, den Traum von einer Sache zu behalten. Deshalb bleibt der Koffer doch zu.

1 Hazel Rosenstrauch: Die Grazie der Intellektuellen. Natascha und der Faktor S. Mannheim 1995, S. 40f

III

Emanzipationen

Margit Püttmann

Let the good times roll ... oder: Welche Rolle spielte der Rock 'n' Roll für die Frauenbewegung? 1968 und die Folgen

Vorrede

1968 – ich schlage mein Kopfbilderbuch auf, vergilbte Schwarzweißfotos, verwischte Konturen. 30 Jahre, war das nicht erst gestern? Dann wieder kommt es mir vor, als wären nicht 30, sondern 300 Jahre vergangen.

Durchlebte, überlebte Gefühlspartikel tauchen an die Oberfläche des trüben Tümpels aus sentimentalen Erinnerungen, Freude und frühem Leid.

Weichgezeichnet und in mildes Licht getaucht: die gute alte Zeit. Damals. Trügerische Paradiese voller Vergänglichkeit und nicht eingelöster Versprechen. Doch, es gab sie durchaus, die magischen Momente, an zeitlosen Orten, in eine entgrenzte Zukunft hineingeträumt. Wortloses Miteinander in der Sprache der Musik, Verbundenheit auch, dieses Aufgehobensein im Zyklus der immer wiederkehrenden 12 Takte Musik. Die ganze Welt hatte Platz in einem Rocksong.

»I feel free« – ein Universum aus Love and Peace. Trost und Zuversicht und Hoffnung. Ein Traum.

Dann, das Erwachen zum Traum: Sex & Drugs & Rock 'n' Roll. 1968/69: Easy Rider, der Film zum Traum, Alptraumfilm. Der Soundtrack zum Aufbruch: »Born to be wild«, Steppenwolf. Wir lesen Hesse, ich verstehe nichts und fühle alles.

Besteige mein Velo Solex wie eine Harley Davidson und halluziniere einen Highway durch die Wüste von Arizona. Dabei fahre ich nur die Landstraße nach Coesfeld entlang. Egal. Gegen den Fahrtwind bei 25 km/h singe ich vor mich hin. Längst hab ich mir eine Anderswelt zusammengebastelt und bewohne sie fragmentarisch.

»Are you experienced?« fragt Jimi Hendrix. Ich werde es sein. Bald schon.

»Communication Breakdown« schreit der Sänger von Led Zeppelin zu hektischen Gitarrenriffs – und ich verstumme. Verwirrt lausche ich den raumgreifenden Monologen der zornigen jungen Männer, die damals mit 25 Jahren alt sind. Versuche, mich zu orten, zurechtzufinden, wiederzufinden in den Frauenbildern der Männer. »Dazed and Confused«, wieder Led Zeppelin, »Soul of the Woman was created below.« Bin ich damit gemeint?

Herbst '68 – in der Coesfelder Stadthalle spielen Cuby & The Blizzards, eine ziemlich bekannte holländische Bluesband. Da müssen wir hin.

»I feel so bad, feel like a dog on a rainy day.« Cuby hat den Blues. Das kenn ich doch. Schwitzend und stöhnend hält er den Mikrofonständer umklammert, seine strähnigen fettigen Haare verdecken sein Gesicht. Oh je, Cuby ist so bekifft oder betrunken oder beides, daß er mitsamt dem Mikroständer rückwärts in die Baßtrommel torkelt, sich aber zum Glück wieder fängt. Und dann die obligatorische Elmore-James-Nummer »Dust my Blues« ins Mikro röhrt, röchelt und grunzt. »I believe my time ain't long«. Unsere Idole. Schwanengesang zu schwerem Beat und Blues-Kadenzen.

1968. Soviel Aufbruch in den Traum von Leben und Lieben war nie. Soviel Ankommen in der Wirklichkeit auch nicht. Schrittweise Vertreibung aus dem Paradies der Utopien. Rock'n'Roll, Woodstock, Miniröcke und im Fernsehen der Beat-Club. Und es war bunt, schrill, laut, ekstatisch. Endlose Gitarren- und Schlagzeugsoli zerstückeln die Zeit und tauchen die Räume in vielfarbige Klänge.

Und es war leise, manchmal, in den magischen Momenten.

Ich bin also auf Spurensuche gegangen, und es ist wahrlich nicht schwer, hier fündig zu werden, trage ich doch Spuren jener Zeit noch überall in mir, an mir und um mich herum verteilt in allerlei gegenständlichen Zeugnissen, zu Haufen aufgeschichtet und weder chronologisch noch thematisch geordnet, ganz wie es der Bedeutung dieser Dinge in meinem Leben zukommt. Sie haben mir über eine lange Strecke meines Lebens dazu verholfen, mich auszudrücken in einer Weise, die Denken und Fühlen tendenziell zusammenführte. So würde ich es heute aus der Distanz heraus beurteilen, mit aufgelegtem grobem Raster.

Ich werde also im folgenden keine objektiven Wahrheiten und Forschungsresultate über Frauen und Rockmusik in den späten Sechzigern und frühen Siebzigern darbieten, sondern einige Schlaglichter auf die Musik von damals werfen und das Frausein bzw. das Frauwerden unter dem Einfluß dieser Musik. Alles gefiltert durch subjektive Erfahrung mit der Musik, ihren Machern und wenigen Macherinnen und meiner eigenen rockmusikalischen Praxis.

Exkurs Begriffsklärung: Rock'n'Roll bezeichnet eigentlich den Jugendmusikstil ab ca. 1954, der im wesentlichen eine Melange aus weißer Countrymusik und schwarzem Blues mit stark akzentuiertem Rhythmus ist (Contrabass und der Offbeat der Snaredrum). Seine Botschaft war die Teenager-Rebellion der weißen Mittelklasse. Es ging meist um erste Liebe, glücklich oder unglücklich, und den Versuch, diese auf dem Rücksitz von Daddy's Buick zu »praktizieren«. Sehr verkürzt und vereinfacht. Die musikalisch spannenden Momente dieser Musik können hier nicht besprochen werden. Eine äußerst männlich inszenierte und in Pose gesetzte Musik, in der die wenigen Frauen, die es gab (Brenda Lee, Wanda Jackson, die Girlgroups) einer quantitativ (keinesfalls qualitativ) hochüberlegenen Jungherrenriege gegenüberstanden. Das hat auch viel mit dem damals aufkommenden und schnell expandierenden Markt für populäre Musik zu tun, der bestimmte Käuferschichten bündeln wollte, und da waren die Künstler am besten männlich, weiß, jung und heterosexuell. Ausnahmen wie Little Richard oder Chuck Berry paßten sich dem weißen Rock'n'Roll-

Duktus an. Von den Rock'n'Rollerinnen hörte frau nach dem Aufkommen der britischen Beatmusik nicht mehr viel. Männer wie Jerry Lee Lewis oder Little Richard hingegen machen noch heute Platten und treten auf.

Als Rock'n'Roll wird aber seit Mitte der 70er Jahre jedwedes rockmusikalische Schaffen und Praktizieren bezeichnet, sozusagen stilübergreifend. Es bezeichnet das Machen von Musik in einer Band mit – mindestens – Gitarre, Baß, Schlagzeug ebenso wie das dazugehörige Lebensgefühl. Ob Hardcore, Heavy Metal, Punk, Countryrock etc. Alles ist Rock'n'Roll, er bezeichnet im weitesten Sinne nichts weiter als eine ganz bestimmte Schnittstelle zwischen bürgerlicher Existenz und allen möglichen Formen musikalisch-künstlerischer Lebensgestaltung. Wobei Markt und Marktgesetze inzwischen die Konkretismen bis zur Verzerrung aufgeweicht haben, das ganze zu einem riesigen Rock'n'Roll-Zirkus mutiert ist (Rolling Stones). Der bzw. die authentische Rock'n'RollerIn von einst (Merkmale: geistiges und physisches »On-the-road-Sein«, Schwitzen, solides musikalisches Handwerk, sexuelle Ausstrahlung, Ritualisierung des Antibürgerlichen usw.) ist ein Auslaufmodell, zahlenmäßig zwar noch reichlich vorhanden, altersmäßig gestreut von 20 bis 60, aber eben nicht mehr in dem Sinne, daß er flächendeckend eine wie auch immer geartete Gegenkultur bedient. Der Markt ist unübersichtlich, aufgesplittert in Stile und Trends, ganze Käuferschichten brechen durch ökonomisch-sozialen und mentalen Wandel weg. Die Branche befindet sich in einer Dauerkrise.

Als Rockmusik wird bezeichnet: alle populäre Musik der »härteren Gangart«, die nach der britischen Beat-Ära, also ab ca. 1967 einsetzt. Erst ab da wird eigentlich von Rockgruppen gesprochen, im Unterschied zu Beat, Folk, Country, Blues, obwohl all diese Elemente natürlich in der Rockmusik zu finden sind. Und um diese Art von Rockmusik soll es ja hier gehen.

Zurück zum Ausgangspunkt: Ich stehe also vor meinem ganz persönlichen Müll der Geschichte aus 30 Jahren. Einige hundert Schallplatten, die ich seit vielen Jahren nicht mehr höre, weil ich gar keinen Plattenspieler mehr besitze. Ich höre kaum noch Musik, die für mich wichtigen Sachen sind irgendwo in Herz und Kopf gespeichert, und für eventuelle Rückfälle hab ich die passende Medizin auf ein paar Cassetten kopiert. Ich bin sozusagen eine Überlebende des Rock'n'Roll und brauche den Rock'n'Roll nicht mehr. Zum Glück, möchte ich manchmal sagen, hab ich das hinter mir und zu anderen, stilleren Formen musikalischer Betätigung gefunden. E-Gitarre und Baß stehen in verstaubten Koffern in der Ecke neben dem alten Röhrenverstärker. Wehmut und Altersmilde haben mich melancholisch und gelassen gestimmt beim Anblick dieser verstummten Zeitzeugen. Als unkontrollierbaren Reflex auf meine Vergangenheit lese ich einmal im Monat den »Rolling Stone«. Alle Etiketten und Schubladen haben ausgedient. Der Fluß fließt weiter und bleibt trotzdem derselbe. Irgendwo zwischen Emmylou Harris, Jan Garbarek und spirituellen Gesängen versuche ich mich zu orten. Musik ist gut, wo sie die Vergänglichkeit und das Bleibende des Lebens ausdrückt, den persönlichen und historischen Wandel dokumentiert, zurückfindet zum Ursprung und zum Eigentlichen, zum Weglassen, zur Fülle im Wenigen. Dreißig Jahre sind eben doch eine lange Zeit, nichts paßt mehr so richtig akkurat aufeinander. Zu lange nicht auf die Zwischentöne gehört, die Ränder erzählen die Geschichte der Mitte, die Mitte selbst entzieht sich. Zeitlich: unendlich viele Verspätungen beim Erkennen des Geschehenen. Örtlich: lange Umwege und Steine auf dem Weg des Sich-Findens, des Einfindens bei sich selbst. Gab es mal ein anderes Ziel? Niemals, aber wir nannten es anders, damals. Denn bei uns selbst ankommen, das war noch nicht »erlaubt«.

Wie es anfing

»›Sitting in my bedroom late last night ...‹ Zwei Takte lang die noch etwas stolpernde Leadgitarre, und dann dreschen sie los, alle zusammen, hart auf dem Offbeat, ein Lärm, daß sich die Magenwände kräuseln und die Wäsche am Herd in der Wohnküche erzittert. Die Rolling Stones mit ihrem Song »Off the Hook«, der Stoff, der alles zum Klingen bringt. Eine Welt für sich, ein Kosmos der Klänge, ein Universum der Rhythmen, die, in ekstatischer Monotonie, alle nur ein und derselbe Rhythmus sind, vier Viertel vorwärts und zurück. Alles Beat, alles laut, alles Männer. Eddas Lieblingsband wird Them aus Irland, mit dem Sänger Van Morrison. Wie elektrisiert hört sie »Mystic Eyes«, den treibenden Beat, die magische Mundharmonika. »I can only give you everything«, »Gloria«, die wimmernde Hammondorgel, das klagende Altsaxophon bringen bis dahin namenlose Gefühle zum Fließen. Mystische, schweißtreibende Botschaften aus dem Jenseits der Wohnküche und ihrer drangvollen Enge. Botschaften von unmißverständlicher Klarheit, es geht um Liebe, Versprechen, Ewigkeit und Sex, was immer das auch sein mag, aber es muß wohl großartig sein, wenn doch alle Songs davon handeln, vom Wünschen, vom Enttäuschtwerden, vom Hoffen, vom Alleinsein, von Sehnsucht, von Versprechen, vom Weglaufen, vom Suchen, von ewiger Liebe.« [1]

Das war kurz vor Mitte der sechziger Jahre, und von da an nahm alles seinen Lauf. Die Musik wurde nicht nur mein Tor zur Welt, sondern gab diesem Durcheinander brodelnder Gefühle in mir eine Stimme, die nach etwas schrie, aber nicht eigentlich wußte, welchen Namen das alles hatte. In meinem ländlichen Elternhaus mit Nebenerwerbslandwirtschaft gab es außer der Bibel, Dr. Oetkers Kochbuch und diversen Gebetbüchern weder etwas zu lesen noch ein Musikinstrument. Und deshalb kaufte ich mir mit 14 nach einer Saison Erntehelfen beim Bauern vom Lohn ein uraltes Klavier, und nach 2 Jahren Unterricht war ich reif für den Blues, den ich mir – learning by doing – in der simpelsten aller Formen selbst beibrachte. Fast alle britischen Bands der Mittsechziger spielten nichts anderes als z.T. simplifizierten Rhythm & Blues, einige sehr virtuos wie Them oder Fleetwood Mac, es groovte und swingte, und Christine Perfect am Klavier von Chicken Shack wurde mein Vorbild. Außerdem hatte sie eine wunderbar sinnliche Stimme.

Bis ca. 1967 war der Blues und Rhythm & Blues das Betätigungsfeld britischer Bands schlechthin. Sie kopierten und coverten die Songs der schwarzen Musiker in Ermangelung eigener musikalischer Traditionen, auf die sie hätten aufbauen können. All die Magie, die Mystik, die Erotik und die unverhohlenen Sex-Metaphern und auch der schwarze männliche Sexismus wurden Ausdrucks- und Transportmittel für die Rebellion der weißen englischen Arbeiter- und Mittelstandskinder aus den Industriestädten. Die Rolling Stones in ihren Anfängen waren eine reine Rhythm & Blues Band mit hauptsächlich gecoverten Stücken, bevor sie eine Supergruppe mit eigenem Material wurden. Die Beat- und R & B-Ära wurde nahezu frauenfrei absolviert. Bo Diddley, eines der großen Vorbilder der britischen Bands, trat jedoch immer mit seiner Schwester, der Duchess, am Baß auf, besungen von Eric Burdon in seinem Song »Bo Diddley«. Überhaupt gehört Burdon zu den wenigen Musikern der Zeit, die in ihren Songs ihren Vorbildern die nötigen Credits gewähren. Das zeugt von seinem Bewußtsein über das, was er tut.

Der Blues muß tatsächlich als erste Quelle des Rock genannt werden, wurden doch Spielweise, Gestus und Text meist einfach übernommen oder geringfügig variiert. Das ist ein einzigartiges Phänomen und kann mit dem Begriff »Kulturimperialismus« (LeRoi Jones, Blues People) nicht hinreichend erklärt werden, denn die ganze sinnliche Dimension gerät dabei aus dem Blick. Obwohl natürlich der Akt des Sich-Aneignens als Fakt bestehen bleibt. Bis heute eigentlich.

1968 – The Beat goes on

»Our ears thirst for the sound of our heart's knowledge.«
Kahlil Gibran

Dieses Zitat soll am Anfang und am Ende meiner kurzen Betrachtungen über '68 stehen, es stellt für mich die Quintessenz und das Zentrum aller Deutungsversuche über Musik und ihre Wirkungsweise dar. Natürlich sind nicht nur die Ohren, sondern auch alle anderen Sinne an dieser Suche nach dem Wissen des Herzens beteiligt. Es ist die Suche nach sich selbst, nach Verbundenheit mit anderen, nach Ganzheit, Heilsein, Ankommen. Auf diesem Weg der Suche gibt es Umwege, Irrwege, die notwendig sind, um das Wesentliche erkennen zu können, eines Tages.

Das Jahr 1968 war gekennzeichnet von Anfang, Aufbruch, Aufbegehren, ein Dschungel der Vielfalt, in dem überall Irritation und

Verwirrung lauerte, besonders für uns Frauen. Es war der Beginn einer Suche, die niemals abgeschlossen sein wird, eine sich nach oben hin verjüngende Spirale, die sich langsam zum Eigentlichen, Wesentlichen, Wenigen hinbewegt.

Die Musik ist dabei mehr als nur Abbild der Verhältnisse, ist nicht nur Begleitmusik zur politischen und sexuellen Revolution, sie befindet sich in Wechselwirkung mit Politik und Sexualität und dem Kosmos der Gefühle überhaupt, erschafft aber darüber hinaus ein Eigenleben, eine eigene Dynamik, eine Welt in der Welt.

Die Endsechziger, das sind nicht nur die Beatles, die Rolling Stones, Bob Dylan und ein paar andere. Es ist eine ungeheure Vielfalt der Musikstile, die sich vermengen und fusionieren, ein nie wieder dagewesener Reichtum an Ausdrucksweisen und -möglichkeiten. '68 war auch das Jahr einer ganzen Reihe höchst innovativer Rockalben, die sich musikalisch und textlich zum Teil stark abhoben von allem bisher dagewesenen, zum Teil aber auch die Wurzeln von Blues und Country weiter vertieften. Die gesammelten Plattenkritiken der Musikzeitschrift »Sounds« aus den Jahren '68/'69 enthalten Bands wie T. Rex, Quicksilver Messengers, The Incredible String Band, Love, The Cream, The Jazz Composer's Orchestra, Grateful Dead, Janis Joplin, Jefferson Airplane, Rolling Stones, Beatles, Procol Harum, United States of America, The Godz, Pink Floyd, Pearls before Swine, Canned Heat, Moby Grape, Mother Earth, Frank Zappa, Blood, Sweat and Tears, Spooky Tooth, Creedence Clearwater Revival, Led Zeppelin, MC 5, Van Morrison, Bob Dylan, Velvet Underground, Leonard Cohen, Free, Soft Machine. Einige Bandnamen deuten schon hier ihre Bezüge zum Mystisch-Spirituellen oder zum Politischen an. Vertreten sind auf jeden Fall alle vorhandenen Stile populärer Musik einschließlich des Jazz in seiner aufkeimenden Variante des sogenannten Rockjazz. Wichtig ist im Gegensatz zu heute: Die progressive Rockmusik war zugleich die Musik, die *alle* hörten, war das, was in den Charts war, es gab in der Jugendkultur eigentlich noch nicht das, was heute Mainstream heißt. So gesehen war '68 auch musikalisch-inhaltlich äußerst revolutionär. In der Auflistung der Sounds-Plattenliste von '68 finden sich – auch das wesentlich für den Aufbruch – gerade mal eine Handvoll aktiv musizierender Frauen, Janis Joplin, Grace Slick (Jefferson

Airplane), Maureen Tucker (Velvet Underground). Der musikalische und der politische Aufbruch befinden sich in Männerhand.

Schon 1965 gab der Song »Satisfaction« von den Rolling Stones eine Ahnung davon, worum es demnächst gehen sollte: Der Song polarisierte und dualisierte das bestehende Ordnungsgefüge durch den wütenden Aufschrei eines zornigen jungen Mannes, dem die vorhandene Konsum- und Warenwelt die Befriedigung versagt.

Es ist ein Mann, der da schreit, also etwas tut und bewegt, Frauen kommen in dem Song als Objekte vor, die er ebenfalls so nicht mehr will, wie sie zu haben sind, und er beklagt ihre beliebige Austauschbarkeit ... Der Virus der Männerdomäne Rockmusik beginnt sich auszubreiten: Frauen kommen ständig vor als Erfüllungsgehilfinnen des ungebremsten männlichen sexuellen Wollens, aber es geht nicht um sie. Es geht auch nicht um Liebe.

Es wäre allerdings grob verkürzt, würden wir Sexualität zur einzigen rockmusikalischen Aussage von '68 machen, aber es ist eine eminent wichtige und macht vieles deutlich.

Auffallend ist, daß ausgerechnet '68/'69 Bob Dylan, der charismatische Lyriker der Rockmusik, ein nahezu reines Countryalbum vorlegt, »Nashville Skyline«, auf dem er unter anderem mit Johnny Cash im Duett singt. Während auf der anderen Seite die MC 5 aus Detroit den radikalen Bruch mit aller real praktizierten Gesellschaftlichkeit proklamieren. Das scheint mir aber nur oberflächlich betrachtet ein Widerspruch zu sein. Die wütende Anklage gegen ein korruptes System von Ausbeutung und Unterdrückung ist ebenso eine Etappe des Aufbruchs und der Suche wie das Betonen von Wurzeln, Heimat, Eingebundensein als Bedingung menschlicher Entfaltungsmöglichkeit, und sei es als sich selbst reproduzierender Wunsch. Alles ist Suche nach Heimat und Ankommen, jedes Lied ein Liebeslied. '68 war nicht zuletzt auch der Anfang einer neuen Hinwendung zu Religion und Spiritualität, in recht roher, wahlloser Form noch. All die Hippies, Drogenexperimentierer und politischen Aktivisten hatten wahrscheinlich nur eins gemeinsam, den Wunsch, sich zu befreien, ebenso flächendeckend wie ich-bezogen. Einige wollten auch einfach gar nicht mehr da sein, nicht so und nicht hier, wollten vor allem nicht erwachsen werden und sein, das Vermächtnis der Eltern nicht antreten und »beamten« sich mithilfe von allerlei bewußtseinserweiternden und -sprengenden Drogen in eine Anderswelt. Auch das ist in vielen Songs von '68 dokumentiert (z.B. in »White Rabbit« von Jefferson Airplane).

1968 – Politik, Musik, Sexualität ...

Die Kunst bestand ja darin, das eine mit dem anderen zu verbinden und nicht die Orientierung zu verlieren. Den Zusammenhang bewußtseinsmäßig herzustellen und nachzuvollziehen. Das war weitestgehend eine Überforderung. Bombardiert mit lauter Fragmenten von möglichen Lebensentwürfen überwog am Ende das, was wir als Hedonismus bezeichnen. Der scheinbar kürzeste Weg zum Ich.

Damals, ich erinnere mich gut, schwappten die großen Ereignisse aus den Metropolen der Welt auch in unser kleines Städtchen, und wir reflektierten sie auf unsere Weise, kleideten uns wie Hippies, rauchten die ersten Joints und saßen mit Gitarren und Bongos im Stadtpark und fungierten als Bürgerschreck im Bonsai-Format, organisierten eine Demo gegen den sowjetischen Einmarsch in Prag, an der ganze 25 Menschen teilnahmen. Zu der Zeit bekam ich auch meine erste Baßgitarre, einen halbakustischen Framus-Baß mit einem riesigen Korpus und einem ganz schmalen Hals. Stundenlang hab ich an diesem Instrument gesessen und den Geruch des Holzes eingeatmet, denn es roch so wunderbar, während ich die obligatorischen Bluesläufe meiner Lieblingssongs übte. Eines Tages stand ich dann tatsächlich in einem Übungskeller mit lauter Jungs, und mein Baß wummerte dumpf im Hintergrund, verstärkt über einen Dynacord. Ein Anfang war gemacht, ich war in einer Band. Von dem Tag an war ich ein entsexualisiertes Wesen, wurde von den Jungs nicht angemacht, gehörte aber irgendwie auch nicht so richtig zu ihnen dazu. Ich war eine Art Exotikum, das keinen richtigen Platz hatte. Die Freundinnen der Jungs saßen im Keller und beobachteten mich mißtrauisch, ich fühlte mich einerseits als Verräterin ihnen gegenüber, fand sie andererseits langweilig. Die Jungs hingegen behandelten mich mit übertriebener Kumpelhaftigkeit, was mich ebenfalls verwirrte und in

 Selbstzweifel ob meiner weiblichen Attraktivität stürzte. Ich saß bzw. stand zwischen allen Stühlen, schwankte zwischen übertriebenem Mackerimitationsgehabe einerseits und zur Schau getragener weiblicher Hilflosigkeit andererseits. Es sollte ein langer und zum Teil schmerzhafter Weg werden mit der Musik, dem Leben, dem Frauwerden. Aber besser ging es damals nicht, Männer pflasterten meinen Weg beim Musikmachen. Ich muß aber auch sagen, daß mir das Musikmachen immer sehr viel Spaß gemacht hat. Erst Jahre später, das war 1974 oder 75 sah ich zum ersten Mal auf einem Frauenfest die Flying Lesbians und geriet in euphorische Schwingungen. Das war zwar für mich als Blues-Puristin keine »richtige« Musik, aber die Atmosphäre auf den Frauenfesten kam einem allumfassenden Befreiungsschlag gleich.

Zurück zur großen Welt. 1968 gab es in der Rockmusik zwei Prototypen: den introvertierten und in sein Spiel versunkenen Sologitarristen (Eric Clapton, Peter Green, Jimmy Page) und den extrovertierten exhibitionistischen Sänger und Frontmann (Mick Jagger, Robert Plant) mit Sex-Appeal bis zum Kollaps. Den ersten Typus verehrten hauptsächlich die Männer wegen seiner musikalisch-technischen Fähigkeiten, den zweiten die Frauen, weil er roh, ungestüm, wild auf der Bühne seine Sexualität zelebrierte und so als Projektionsfläche auch für weibliche Wünsche nach Lust und Leidenschaft fungierte.

Nehmen wir als Beispiel den Sänger Jim Morrison von der kalifornischen Band The Doors. Wild und entfesselt, hemmungslos agierte er auf der Bühne seine sexuellen Obsessionen und seine Traumata aus, verkehrte die amerikanischen Mythen zum Alptraum. In seinen Songs ist die Frau nicht nur das Objekt seiner sexuellen Begierde, sondern gleichermaßen beschwört er die Zwangstrennung vom Weib als ewiger Mutter. Das Elend und Leiden des Mannes an seiner Unfähigkeit, seine weiblichen Teile zu leben. Der Fluch des Mann-Sein-Müssens. »Lästig der Zwang, mit seinem Äußeren in Einklang zu kommen, es zu verinnerlichen. Ich werde nicht heraustreten aus meinem Mutterleibparadies; ich hebe nur eben den Kopf über die Einfriedung. Im Mutterleib sind wir Olme. Mancher blieb gern in dieser

Grotte: weiß, ahnungslos, ohne Feinde.« (Jim Morrison, The Lord and the New Creatures. Poems.) Es hat den Anschein, als wolle er aus der Enge männlicher Sexualität und dem damit verbundenen Rollen- und Handlungszwang ausbrechen zugunsten eines allumfassenden transzendierten Sexus, der mit den Rollen spielt. In »American Prayer« hingegen besingt er inbrünstig seinen »Cock«.

Androgynität ist auch für Mick Jagger in den Endsechzigern unverzichtbarer Bestandteil seiner Präsentation. Eine Pose, hinter der er sein ungezügeltes Machotum ausleben kann? Oder ein Spiel mit verschiedenen Rollen und Codes zwischen Glamour und Angewidertsein. Bereits aus früheren Rolling-Stones-Tagen stammt der Song »Cocksucker Blues«, den es nur als Raubpressung gab, in dem sich Jagger als Strichjunge durch London vagabundieren läßt. Die Zeile »Waiting to get my cock sucked, waiting to get my ass fucked« war eine Ungeheuerlichkeit und hat mich schockiert, denn ich wußte von solchen Dingen wie Sex oder gar schwulem Sex nichts. Aber es machte die Figur Mick Jagger noch glamouröser, als er sich damals ohnehin schon gab, immer geschminkt und mit Samthosen und Rüschenhemden. Für ein 16jähriges Mädchen eröffneten die Jaggerschen Rollenspiele unendliche Phantasiewelten und eine breite Palette von Identifikationsmustern in der Grauzone zwischen männlich und weiblich. Aber es war eine Gratwanderung und ein Puzzle, aus dem eine – gerade auch sexuelle – Identität zusammengesetzt werden mußte, die mit ihren Brüchen, Nähten und Klebestellen jeder Glätte und Perfektion entbehrte.

1968 steht für Sex, Politik und Magie, Abkehr vom Bestehenden, Suche nach anderen, neuen Lebensformen. Das bahnbrechende '68er Album der Rolling Stones »Beggar's Banquet« enthält all diese Zutaten. Im »Stray Cat Blues« wird die Frau zur streunenden Katze, die ihm überall hin folgt und natürlich nur das eine von ihm will, alle Frauen wollen das von ihm, und er kann sie auch alle bedienen, Dauerthema des Mick Jagger für die nächsten 30 Jahre, mit dem er kokettiert, spielt, egomanisch sich selbst definiert als ewiges Desiderat weiblicher Phantasie und Lust. Oder aber wahlweise im Gegenzug stilisiert er sich als Opfer einer »bösen«, unberechenbaren Frau, die mit ihm nur ihr Spiel treibt. Aber es gibt auch wieder das Spiel mit diesen beiden Polen, die ironische, in Slapstick mündende Variante, z.B. in dem Song »Dear Doctor«, auch auf »Beggar's Banquet«. Die Ebene der Konfrontation Mann/Frau wird niemals verlassen, eine Begegnung im eigentlichen Sinne von liebevoller Annäherung und respektvoller Distanz im Wechsel kann es nicht geben. Männlich-weiblich bleiben unvereinbare Gegensätze, nur im männlichen Eroberungsakt kurzzeitig ausgelöscht, nicht aufgehoben. Befriedigung, Frieden gar, kann es dabei nicht geben. Der schnelle Wechsel von einer zur nächsten muß die neue Freiheit und grenzenlose Potenz symbolisieren. Die sexuelle Revolution als Quantensprung.

»Street Fighting Man« steht für den politischen Aufbruch, den Rolling Stones möchte man das dann doch eher als zeitgeistgemäße Inszenierung anlasten, denn eine politische Band waren sie auch damals nicht. »Sympathy for the Devil« markiert da schon eher den in vielfältige Richtungen agierenden Aufbruch von '68. Es geht um das Böse, das Magische, das Okkulte, die Abrechnung mit Geschichte, die eine Ansammlung männlicher Greueltaten ist. Als Akteur steht der Teufel selbst als ideeller Gesamttäter, der, um zu herrschen, zerstören und vernichten muß. Gleichzeitig wird die Lust an diesem Bösen betont, »I'm pleased to meet you«. Das düstere, bedrohliche Pathos des Songs weicht die klaren '68er-Fronten bereits im Vorfeld auf: hinter der rein politischen Aktionsebene gibt es andere Beweggründe: Triebe, Gier und Habenwollen als Motor des Handelns. Die Existenz des einen nur auf der Basis des Auslöschens und Zerstörens des anderen, keine lebendige Begegnung. Zumindest in diesem Song waren die Rolling Stones, was das Aufspüren und Benennen vielfältigster Beweggründe und Mechanismen menschlichen Handelns betrifft, »weiter« als die Aktivisten des politischen Kampfes, die fürs erste dualistischen Denk- und Handlungsmustern verhaftet und verpflichtet blieben. Daß immer im Richtigen das Falsche, im Guten das Böse verborgen ist, solange die Kategorien von Menschen gesetzt sind, ist auch vielleicht in einem Rocksong besser auszudrücken als unter politischem Handlungsdruck.

War die Antwort auf den bürgerlichen Krampf die antibürgerliche Verkrampfung, vor allem an den Schauplätzen des sogenannten Privaten? Diese Frage drängt sich im Rückblick unweigerlich auf.

Bleiben wir bei der Sexualität, der sexuellen Revolution, dem Kampfschauplatz Mann/Frau, der 1968 ff. vehement ins Blickfeld trat. Indem selbstverständlich unterstellt wurde, die sexuelle Befreiung des Mannes aus den Fesseln von Monogamie und Enthaltsamkeit impliziere auch gleichzeitig die der Frau.

Sexualität

»Auf diesem Hintergrund war die sogenannte sexuelle Revolution insofern sinnvoll und nötig, als daß sie die Sexualität dem zerstörerischen Einfluß der christlichen Religion entzogen hat. Aber leider nur, um die Sexualität in die nachchristlichen patriarchalen Leitbilder psychosozialen Funktionierens besser hineinzupassen. In diesen Leitbildern geht es um Sexualität als Leistungs- und Identitätsnachweis des postmodernen Individuums, es geht um Macht im Kampf der Geschlechter, es geht um Spannungs- und Frustrationsabbau durch sexuelle Betätigung, um Perfektion der sexuellen Technik, und es geht schließlich darum, daß der Mann sich klammheimlich über Sex seine emotionale Bedürftigkeit erfüllt, ohne dazu stehen zu müssen. Es geht nicht um die intime Kommunikation zweier Individuen, um Lust, Spiel und Phantasie, es geht nicht um Kunst und schon gar nicht um Hingabe, Leidenschaft und die spirituelle Erfahrung des All-Eins-Seins.

Vielen Frauen und auch einigen Männern ist so die Liebe bitter geworden ... eine Folge ist die Abspaltung der Liebe, Zärtlichkeit und Hingabe von der Sexualität. Eine ursprünglich männliche Antwort auf die Unwägbarkeiten der Liebe ist so zur ultima ratio einer ganzen Generation geworden [...] wir sind weiter weg denn je von einer Zivilisation der Liebe. Damit geht nicht nur ein kollektiver Verlust an Schönheit, Sinnlichkeit und letztlich Kultur einher, sondern auch ein zunehmender Verlust an Wissen über das Wesen und die Möglichkeiten der Liebe.«[2]

Besser ist das Dilemma mit der sexuellen Befreiung nicht auf den Punkt zu bringen. Die Männer mußten sich befreien vom unguten Erbe ihrer Väter, und die Frauen wurden einfach mitbefreit.

Nehmen wir einen anderen bahnbrechenden Song aus der Zeit, James Brown's »It's a Man's world«. Ein schwarzer Sänger, der Soulsänger schlechthin, der für Zusammenhalt und Befreiung der Black Community steht, für Revolution, für die Bürgerrechtsbewegung. »Say ist loud, I'm black and proud«, ein Showman, ein Mann, voll von Widersprüchen, erfolgreich im weißen System, ein typischer Amerikaner.

»Wenn man ihm (Brown) auch den ungezügelten Machismo zugesteht, der Teil und Mittel der Energie war, die ihn antrieb (ebenso wie Carmichael, Cleaver u. a.), dann hingen die schwarzen Frauen doch nur als Postskriptum an der Botschaft für die Männer. Wie Michelle Wallace in ›Black Macho and the Myth of Superwoman‹ feststellt, betrachteten diese Männer die Frauen als Mütter, Köchinnen und Dienerinnen der Revolution, nicht aber als Führerinnen. Ein Abweichen von diesem politischen Patriarchat sollte sich in der Zukunft bemerkbar machen, aber in den späten 60er Jahren waren feministische Themen nicht offen in die Pläne der Bürgerrechtsbewegung einbezogen.«[3]

Die Frauen

Aretha Franklin: »Ihr Song ›Respect‹ sagt deutlich, worum es geht für die Frauen. Es kann nicht eine Rollenvorgabe geben, gefangen im Sexus, in einer von Männern vorgegebenen und imaginierten Geschlechterrolle, die alles andere nachrangig werden läßt. ›Respect‹ war auf verschiedene Weise zu interpretieren: es geht um die Rassensituation, die politische Situation, die Situation zwischen Mann und Frau.«[4]

Rockmusik 1968: »Eine Fusion musikalischer Stile vom Blues, Soul über Folk bis hin zu indischen Ragas. Im Zuge der Veränderungen durften theoretisch auch Frauen experimentieren. Doch da sich die gesellschaftlichen Rollenerwartungen an Frauen nicht im selben Maße veränderten wie die Musik, waren solche Experimente unweigerlich ein Widerspruch, und Frauen, die diese Einstellungen in Frage stellten, mußten für ihren Mut meist bezahlen.«[5]

Janis Joplin schaffte es nicht, diesem Widerspruch eine positive Alternative entgegenzusetzen, was sie schließlich das Leben kostete. Liebe als unendliches Begehren nach ihr, die vollkommene Abwesenheit von Glück, statt dessen Sex in männlich genormter Pluralität.

»Trotz aller trauriger Berühmtheit (welcher Feuilletonist konnte ein Mädchen übersehen, das unbedingt wie eine F.-Scott-Fitzgerald-Legende trinken wollte?), hatte Janis ihre großen Momente. Da stand sie auf der Bühne, dieses ausgeflippte weiße Mädchen aus Texas, als erstes sagte sie ›Scheiße‹, und damit hatte sie alle für sich gewonnen. Dann stampfte sie mit dem Fuß, schüttelte ihr Haar und begann zu kreischen. Viele Leute liebten sie unheimlich, so wie viele Billie Holiday liebten, aber das war irgendwie nicht genug. Was wollte sie? Es war wohl etwas, von dem sie wußte, daß sie es nicht bekommen würde. Janis, das ›little girl blue‹, mit dem tapferen Versuch, einer von den Jungs zu sein.«[6]

Es ging immer um ihr Image, nicht um ihre Songs. »Vielleicht gefällt den Leuten meine Musik besser, wenn sie daran denken, daß ich mich selbst kaputt mache.«[7] Für Joplin als Frau hatte das schnelle Leben eine andere Bedeutung als für die männlichen Musiker. Es stellte sich heraus, daß die Rolle des »bad girl« genauso eingeschränkt war wie die des »good girl«, eine Melange konnte es ja nicht geben. Country Joe Mcdonald, einer ihrer Liebhaber, sagt dazu: »Der Sexismus hat sie umgebracht. Jeder wollte diese sexy Mieze, die echt sexy sang und total viel Energie hatte ... und die Leute sagten ständig, daß sie einfach wie einer von den Jungs war ... das ist doch die totale sexistische Scheiße, weil sie damit verarscht wurde ... sie war doch eine Frau. Sie war eine starke, irre Frau.«[8]

Janis Joplin als Rock'n'Roll-Märtyrerin, das ist die eine Wahrheit (im selben Jahr starben Jimi Hendrix und Jim Morrison), doch ihre Waghalsigkeit, die vorhandenen Rollenklischees zu durchbrechen und nach Alternativen zu suchen, stellt ein sehr viel würdigeres Vermächtnis dar.

Janis zelebrierte den Blues, ihr großes Vorbild war Bessie Smith, und der Blues hatte seit jeher für Frauen das Leiden an der Liebe, aber auch eine große Kraft reserviert.

Den »one good man« hat sie nicht gefunden. Trauer und Versöhnung in einem, dem Blues charakteristisch: »Time keeps moving on ...« (Kozmic Blues). Dann aber auch die direkte Aufforderung: »You know, that I need a man ... won't you move over«.

Gefangen im Blues. Im Aufbruch, im Anfang steckengeblieben, ausgebrannt vom Begehren ohne Erfüllung.

Taugten Frauen im Rock damals für uns zum Leitbild? Oder klammerten wir uns angesichts all des Leides nicht lieber an die einfacher zu handhabenden männlichen Frontfiguren, die ja auch ihr Elend und ihr Leiden an der Welt herausschrien, aber es tat weniger weh, sich das anzuhören.

Oder z.B. Billie Holiday, andere Zeit, anderer Ort, tolle Stimme, wunderbare Musik, aber wenn sie dann in »My Man« singt, daß er sie zu allem ohnehin schon Schrecklichen auch noch schlägt, aber daß sie ihn dennoch liebt, dann ist das einfach zuviel und kann unmöglich Identifikationspotentiale freisetzen. (»He isn't true, he beats me too, but I love him«).

Auch Tina Turner ist 1968 eine geschlagene Frau, die in ihrem Song »River deep, mountain high« ihre Sehnsucht nach Ankommen in der Liebe artikuliert, und ebenso auf Granit beißt. Anders Grace Slick von Jefferson Airplane, deren Repertoire schon eher eine Verbindung herstellt zwischen privatem Liebesleid und politischer Ernüchterung, konsequent ergreift sie die Flucht in psychedelische Ausdrucksformen (»Surrealistic Pillow«) in Verbindung mit politischer Anklage (»Volunteers of America«).

Bleibt zu konstatieren: Rockmusik in den Endsechzigern, das sind Wut, Unangepaßtheit, Rebellion, Wünsche, Sehnsüchte. Rockmusik ist eine Ausdrucksform von Sexualität, diese ist männlich geprägt. Frauen bleiben Objekt, sind für die Liebe zuständig, die Männer für Sex.

These: Wenn die Rockmusik einen Einfluß auf die Frauenbewegung gehabt hat, dann den der Konfrontation mit männlichem Sex, mit der Tatsache, daß es überhaupt Ausdrucksformen und Grenzüberschreitungen im Bereich von Sexualität gibt, daß sie artikuliert werden können, selbstbewußt und aggressiv und offensiv. Mit wenigen Ausnahmen fehlen weibliche Leitbilder in der Musik.

Ich denke im Rückblick, daß es die Funktion einer Initialzündung gehabt hat, dieses Anschauen, Konsumieren und Verarbeiten männlicher Aktivitäten, ob in Musik oder Politik. Es ist eine Art Schockerlebnis gewesen, das durchaus den Anfang markiert für den eigenen Aufbruch, die Bewußtwerdung in einem langen Prozeß, daß das nicht der Zug war, auf den wir einfach aufspringen konnten. Daß es nicht unser Lied war, das da gesungen wurde. Und dennoch war diese Station auf der Reise hin zu uns von eminenter Wichtigkeit. Wie sonst hätten wir positiv entwickeln können, was wir nicht in der Negativfolie hautnah, in unseren Herzen und an unseren Körpern erlebt hätten? Ein schmerzhafter Prozeß dennoch, und einer voller Widersprüche und Brüche im Handeln, Denken, Fühlen. Das sich einzugestehen ist im Rückblick möglich, damals im Strudel der Ereignisse paralysierte uns die Unmittelbarkeit des Erlebten nur allzu oft. Sich langsam befreien aus der Verpuppung, sich langsam herausschälen aus der Haut der Frau, die wir sein sollten. Auch ein oft einsamer Weg auf der Suche nach einem Namen, den wir selbst uns geben wollten.

Was der Rock ins Rollen brachte

Neben aller Vielfalt der in der 68er-Rockmusik behandelten Themen (Sex, Drogen, Politik, Mystik) bleibt festzuhalten: Rockmusik, das war '68 hauptsächlich Männermusik, die in Männerbünden praktiziert wurde, ungeachtet der Tatsache, daß es so phantastische Musikerinnen wie Carole King oder Joni Mitchell gab. Was hat dann die Rockmusik bei uns Frauen tatsächlich bewegt?

»In den späten 60er und frühen 70er Jahren schien meine ganze Kultur auf die Pubertät fixiert zu sein, und ich war entschieden ein Teil meiner Kultur. Ich und alle um mich herum flohen so schnell wir konnten vor Verantwortung und Gesellschaft. Da das Erwachsensein ein nicht erstrebenswertes Durcheinander aus Langeweile und Gewalt zu sein schien, entschieden wir uns, das Ganze einfach zu vermeiden und uns aus seinen Reichweiten in die früheren Lebensstadien zurückzuziehen.«[9]

Rockmusik ist untrennbar ein Bestandteil der Jugendkultur der 60er und ihr Sprachrohr in einem umfassenderen Sinn als je zuvor oder danach.

Aber Rockmusik, das sind nicht nur verbale Botschaften, die uns berühren, zu etwas auffordern oder animieren, woraufhin wir etwas ganz bestimmtes tun. Rockmusik, das ist vor allem auch Rhythmus, der Puls des Lebens, Energie. An dieser Stelle hat der Rock etwas ins Rollen gebracht, eine große Kraft freigesetzt, die über den Umweg von Verwirrung und Desorientierung sich langsam ihren Weg bahnen mußte.

Musik ist die Kunst der Zeit, des Augenblicks, ungeachtet der unbegrenzten Möglichkeiten ihrer Reproduzierbarkeit und Konservierung. Sie trifft und bewegt Dich, während sie passiert, und nur da. Sie trifft auf das, was schon in Dir ist und sich bewegen will. Rock ist eine rhythmische Musik, ein amerikanisches Gemisch aus afrikanischen und ethno-europäischen Volksmusiken, akzentuiert im Beat und im Offbeat. Schwer das eine, leicht das andere, erdverbunden im Hier der Beat, transzendierend, nach vorn treibend der Offbeat. Das Dynamische, Pulsierende der Rockmusik resultiert aus der Verbindung beider Elemente, die einander wechselseitig ablösen, in die Arme fallen, sich trennen und so weiter. Das eine ist immer die Basis des anderen. Es ist letztlich der Herzschlag, das Auf und Ab, der Atem, das Leben. Es sind unsere eigenen Rhythmen, die wilden, die sanften, die fließenden. Unsere Zeit und unser Tun in ihr ist rhythmisiert, die Musik greift unsere eigenen Rhythmen auf, bewegt sie weiter. Das ist in unserem Zusammenhang insofern wichtig, als die abendländische Kulturgeschichte der Neuzeit eine der Unterdrückung, Zurichtung, Negation rhythmischer Körperlichkeit und körperlicher Rhythmen zum Zwecke der Kontrollierbarkeit und bis zur Künstlichkeit stilisierten Ästhetik des Gleichmaßes ist. (Beispiel: der weibliche Körper im klassischen Ballett.)

Rockmusik ist anders: Trotz des scheinbar monotonen Auf und Ab von Beat und Offbeat als Grundstruktur bietet die rhythmische Synkopierung genug Spannungselemente, um auszubrechen und sich aber auch wieder einzufinden. Es ist ein Bild für das, was auch im Leben passiert, wenn Denken und Fühlen sich nicht im Gleichmaß oder in Gleichzeitigkeit befinden, was letztlich Grund für alle Dynamik des Fortschreitens bei ständigem Rückblicken ist. Der Fluß des Lebens.

Rockmusik eröffnete für uns Frauen einen Weg zu unserer Sinnlichkeit und Körperlichkeit. Auch und gerade deshalb, weil es '68 – und nicht nur da – um Einsicht in bestehende Verhältnisse ging, aus der ein Handlungsdruck resultierte. Das mußte im Kopf vollzogen werden, die sinnlichen Aspekte sollten durch die sexuelle Befreiung angekoppelt werden. Das konnte so nicht gutgehen. Die »Befreiung aus der Befreiung« war der nächste Schritt.

Die »Botschaft« der Rockmusik war durchaus eine versteckte, jenseits aller Verbalität, jenseits auch von Geist und Psyche. Deshalb auch nicht ad hoc mit den Mitteln des Geistes zu entschlüsseln.

»Rock'n'Roll spricht zu der Seele der Freiheit. Es ist der moderne Schamanenruf – zurück zum Rhythmus, zum Herzschlag, zurück zum Körper, zurück zur Basis. Rockkonzerte sind die modernen Stammesrituale, wo gemeinschaftlich erlebte Ekstase eine reale Möglichkeit ist – der Moment, in dem die Menge und die Musik eins sind im Rhythmus. Das ist religiöse Erfahrung, heilige Kommunion. Die jungen Leute hungern nach Einheit, und hier liegt ihre Chance. Wie wunderbar, daß das alles in einem Kontext stattfindet, wo uns überall T-Shirts verkauft werden – kein Schuldgefühl, keine Verpflichtung, keine Hierarchie, keine Einengung, kein Dogma. Nicht jeder Rockstar ist ein Schamane. Aber es ist ein Guter Platz für einen modernen Schamanen ... Rock'n'Roll-Schamanen skizzieren ihre Reise mit Poesie und Klang, aber überwiegend mit Energie. Sie sprechen uns unterhalb der Psyche an.«[10]

In besonderer Weise trifft das für die Musik der Endsechziger zu, für diesen brodelnden Kessel aus Underground, Psychedelic, Soul und Blues. Die wirklich gute Rockmusik hat überdauert, nicht nur in der Werbung für den jeweils neuesten Opel. Die Verbindung zu uns Frauen mag wohl da liegen, wo sich ein Feld von Einsichten, Möglichkeiten, Gefühlen erstmals eröffnet hat, das starken Ausdrucks- und Handlungsbedarf signalisierte und so den Stein ins Rollen brachte auf dem Weg zu uns.

Rockmusik, das war in den guten Momenten »The Cry of Love«, wie ein Song von Jimi Hendrix, einem echten Rock-Schamanen, heißt. Aber es war auch »The Cry for Love«, der Ruf nach Liebe in einem wesentlich umfassenderen Sinn als dem sexuellen Alltagsgeschäft der mit allen Tabus brechenden Revolte. Rock war die Musik zum Aufbruch in die Befreiung. Daß auch diese Medaille zwei Seiten hat, versteht sich. Ich empfehle, sich Neil Young's Song »Rockin' in the Free World« anzuhören, wo er zu einem pulsierenden Beat und düsteren Riffs den Preis der Freiheit besingt.

Die Botschaft des Rock war damals und ist heute immer eine persönliche, allerdings mit einer starken kollektiven Bedeutung. Rock'n'Roll war eine wichtige Kraftquelle. Er kann Schmerz lindern oder auch verstärken, kann Freude steigern, kann heilen. Sein Hauptzweck bestand wohl darin, uns die Entdeckung und Erforschung unserer eigenen Landkarte zu ermöglichen und zu erlauben.

1 Margit Püttmann: Das Radio und andere Geschichten vom Land. In: Blaue Feder (Hrsg.): Schönes Wochenende. Frauen aus Münster schreiben Geschichte, Münster 1998, S. 34

2 Deluciana: Aphrodite. Die Wege der Liebe. Unveröffentlichtes Manuskript, Stuttgart 1998, ohne Seitenangabe

3 Nelson George: Der Tod des Rhythm & Blues, Wien 1990, S. 132

4 Ebd., S. 133

5 Gillian G. Gaar: Rebellinnen, Hamburg 1994, S. 120

6 Ralph Gleason: Noch eine Kerze erloschen. In: Klaus Humann (Hrsg.): Walk on the Wild Side. Rockgeschichten, Hamburg 1993, S. 199

7 nach: Gillian Gaar, a.a.O., S. 125

8 Ebd., S. 126

9 Gabrielle Roth: Das befreite Herz, München 1990, S. 169

10 Ebd., S. 44

Bibliographie

Es gibt eine große Zahl an Literatur zur Musik der 60er und 70er Jahre. Im folgenden nur das Wesentliche bzw. das, was ich für den Text verwendet habe, was aber nicht unbedingt »nur« mit Musik zu tun hat.

Pamela Des Barres: Light my Fire. Bekenntnisse eines Groupies, Berlin 1989

Eric Burdon: Am Anfang war es tierisch ..., München 1988

Gisela Breitling: Der verborgene Eros. Weiblichkeit und Männlichkeit im Zerrspiegel der Künste, Frankfurt 1990

Samuel B. Charters: Der Country Blues. Songs und Geschichten, Reinbek 1982

Robin Denselow: The Beat goes on. Popmusik und Politik – Geschichte einer Hoffnung, Reinbek 1991

Reinhard Flatischler: Die vergessene Macht des Rhythmus, Essen 1988

Gillian G. Gaar: Rebellinnen. Die Geschichte der Frauen in der Rockmusik. Mit einem Vorwort von Yoko Ono, Hamburg 1994

Sheryl Garratt/Sue Steward: Signed Sealed and Delivered. True Life Stories of Women in Pop, London 1984

Nelson George: Der Tod des Rhythm & Blues, Wien 1990

Charlotte Greig: Will you still love me tomorrow? Mädchenbands von den 50ern bis heute, Reinbek 1991

Mickey Hart: Die magische Trommel. Eine Reise zu den Quellen des Rhythmus, München 1993

Gerald Hündgen (Hg.): Chasin' a Dream. Die Musik des schwarzen Amerika von Soul bis HipHop, Köln 1989

Klaus Humann (Hg.): Walk on the Wild Side. Rockgeschichten, Hamburg 1993

Leroi Jones: Blues People, Schwarze und ihre Musik im weißen Amerika, Darmstadt 1975

Laura Joplin: Love Janis. Janis Joplin. Biographie mit unveröffentlichten Briefen, Köln 1993

Konkursbuch 25: Partitur der Träume. Über Musik und Klänge. Hg. von Andrea Hoffmann und Kim Riemann, Tübingen 1990

Karl Lippegaus: Die Stille im Kopf, Zürich 1987

Greil Marcus: Mystery Train. Der Traum von Amerika in Liedern der Rockmusik, Reinbek 1981

Jim Morrison: The Lords and the new creatures. Gedichte, Gesichte und Gedanken, Frankfurt 1977

Charles Shaar Murray: Purple Haze. Jimi Hendrix. Die Legende der Rockmusik, Wien 1990

Paul Oliver: Die Story des Blues, Reinbek 1978

Rolling Stone Nr. 9/97, enthält ein Special zur Musik der 60er (Rock, Blues, Country, Soul).

Rolling Stone Nr. 9/98, enthält ein Blues-Special; mit dem Blues und Rhythm & Blues fing alles an; um Rock, seine Wurzeln, seine Entwicklung zu »verstehen«, muß Frau und Mann das lesen.
Gabrielle Roth: Das befreite Herz, München 1990
Arnold Shaw: Rock'n'Roll. Die Stars, die Musik und die Mythen der 50er Jahre. Reinbek 1978
Klaus Theweleit: Rock for Grown-Ups. In: taz vom 27. 11. 1992 (über Jimi Hendrix)
Tina Turner (und Kurt Loder): Ich, Tina. Mein Leben, München 1986
Michael Ventura: Shadow Dancing in the USA, Los Angeles 1985
Vom Voodoo zum Walkman. Geschichte(n) der Rockmusik von Michael Ventura. Der Grüne Zweig 134, Löhrbach/Odenwald o.J. (Ein wahnsinnig gutes Buch über das, worum es eigentlich geht in der Musik und wo sie herkommt.)
Peter Wicke: Bigger than Life. Rock und Pop in den USA, Leipzig 1991
Frank Zappa: I am the American Dream, München 1991

Discographie

Im folgenden eine Auswahl der »wichtigsten« Rock-Platten (LPs) aus den Jahren 1967 bis 1969.

Vieles ist als Remix wieder auf CD erhältlich, z.T. auf anderen Labels. Außerdem gibt es jede Menge Kompilationen von Rock-Gruppen aus den 60ern. Es ist nur ein Ausschnitt mit Akzent auf Rock. Nicht berücksichtigt sind eine Vielzahl von Platten aus Blues, Soul, Country, Folk, Jazz, die eigentlich ebenso genannt werden müßten, um die ganze Vielfalt der späten sechziger Jahre widerzuspiegeln. Aus Platzgründen kann dies hier aber nicht geleistet werden.

Amon Düül: Phallus Dei, 1969, United Artists
The Band: Music from Big Pink, 1968, EMI
The Beach Boys: Friends, 1968, Capitol
Wild Honey, 1967, Capitol
The Beatles: The Beatles, White Album, 1968, EMI
Blood, Sweat & Tears: (Titel wie Name) 1969, Columbia
James Brown: Sex Machine, 1969, Polydor
Eric Burdon & The Animals: The Twain Shall Meet, 1968, Polydor
The Byrds: Sweetheart of the Rodeo, 1968, Columbia
Joe Cocker: With a little Help from my Friends, 1969, Tube (Teldec)
Leonard Cohen: The Songs of L.C., 1968, Columbia
The Cream: Wheels of Fire (Doppelalbum), 1969, Polydor

Creedence Clearwater Revival: Bajou Country, 1969, Fantasy
Donovan: In Concert, 1968, Epic
The Doors: The Doors, 1967, Elektra
    Strange Days, 1967, Elektra
    Waiting for the Sun, 1968, Elektra
Julie Driscoll (mit Brian Auger & Trinity): Open, 1968, Polydor
Bob Dylan: Jon Wesley Harding, 1968, CBS
    Nashville Skyline, 1969, CBS
Marianne Faithfull: Love in a Mist, 1967, Decca
    The World of ..., 1969, Decca
Family: Entertainment, 1969, Reprise
The Flock: The Flock, 1969, CBS
Aretha Franklin: Queen of Soul, 1968, Harmony
    Once in a Lifetime, 1969, Harmony
Grateful Dead: Anthem of the Sun, 1969, Warner Brothers
Jimi Hendrix: Are you experienced?, 1967, Polydor
    Axis: Bold as Love, 1967, Polydor
    Smash Hits, 1968, Polydor
    Electric Ladyland, 1969, Polydor
Iron Butterfly: In-A-Gadda-Da-Vida, 1968, Atlantic
Jefferson Airplane: Surrealistic Pillow, 1967, RCA
    After Bathing at Baxter's, 1968, RCA
    Crown of Creation, 1968, RCA
Janis Joplin: Big Brother and the Holding Company, 1968, Mainstream
    Cheap Thrills, 1968, CBS
    Kozmic Blues, 1969, CBS
The Kinks: Arthur or the Decline and Fall of the British Empire, 1969, PRT
Led Zeppelin: Led Zeppelin I und Led Zeppelin II, beide 1969, Atlantic
Love: Forever Changes, 1968, Elektra
The Mamas & The Papas: Ohne Titel, 1968, Warner Brothers
    Golden Era Vol.II, 1968, Warner Brothers
John Mayall: Bare Wires, 1968, Decca
MC 5: Kick out the Jams, 1969, Elektra
Melanie: Born to be, 1968, Buddah
Steve Miller Band: Sailor, 1968, Capitol
Joni Mitchell: Ohne Titel, 1968, Reprise
    Clouds, 1969, Reprise
Moby Grape: Wow/Grape Jam, 1968, CBS
Moody Blues: In Search of the lost Chord, 1968, Deram (Polygram)
Van Morrison: Astral Weeks, 1969, Warner Brothers
Mother Earth: Living with the Animals, 1969, Mercury
The Nice: Ars Longa, Vita Brevis, 1969, Immediate

Laura Nyro: Eli and the 13th Confession, 1968, Columbia
Pentangle: Basket of Light, 1969, Metronome
Pink Floyd: Ummagumma, 1969, EMI
Procol Harum: Shine on Brightly, 1968, A&M
A salty Dog, 1969, A&M
Quicksilver Messenger Service: Happy Trails, 1969, Capitol
Otis Redding: The Otis Redding Story, 1967, Atlantic
The Rolling Stones: Beggar's Banquet, 1968, Abkco
Let it bleed, 1969, Abkco
Santana: Santana, 1969, CBS
Simon and Garfunkel: Bookends, 1968, CBS
The Small Faces: Ogden's Nut Gone Flake, 1968, Label unklar
Spirit: The Best of Spirit, 1968, Epic
Spooky Tooth: Spooky Two, 1969, Island
Dusty Springfield: The Look of Love, 1968, Philips
Dusty in Memphis, 1969, Philips
Brand New Me, 1969, Philips
Steppenwolf: Steppenwolf, 1968, MCA
Rod Stewart: An old Raincoat won't ever let you down, 1969, Vertigo
Ten Years After: Undead, 1969, Deram
The Incredible String Band: The Hangman's beautiful Daughter, 1968, Elektra
The United States of America: (Titel wie Name) 1968, CBS
Three Dog Night: Suitable for Framing, 1969
Tina Turner: River Deep – Mountain High, 1967, A&M
Outta Season, 1969, United Artists
Van Dyke Parks: Song Cycle, 1968, Warner Brothers
Velvet Underground: The Velvet Underground and Nico, 1967, Verve
White Light/White Heat, 1968, Verve
The Velvet Underground, 1969, Verve
The Who: Tommy, 1969, Polydor
Neil Young & Crazy Horse: Everybody knows this is nowhere, 1969, Reprise
Frank Zappa: We're only in it for the Money, 1968
Hot Rats, 1969, Capitol
Uncle Meat, 1969, Capitol

Quellen:

Sounds Plattenkritiken 1966–77, Hamburg 1979
Barry Graves, Siegfried Schmidt-Joos: Rocklexikon, Reinbek 1990 (erweiterte Neuausgabe)

Cristina Perincioli

Anarchismus → Lesbianismus → Frauenzentrum
Warum mußte die Tomate so weit fliegen?

1968	Tomatenwurf; Spaltung der '68er Bewegung: KPD, DKP, Undogmatische Basisgruppen
1969	Auflösung des Aktionsrats zur Befreiung der Frauen
1970	Sozialistischer Frauenbund Westberlin (SFB) Anarchistinnen: Frauenfront, Militante Panthertanten, Frauenkommune
1971	Frauenfilme, Schwulenfilm, § 218-Selbstbezichtigungsaktion
1972	Lesben + Schwule: Homosexuelle Aktion Westberlin (HAW)
1973	Lesben + Heteras: Frauenzentrum

Warum dauerte es so lange, bis der Tomatenwurf Wirkung zeigte?

Vom Wurf 1968 dauerte es immerhin fünf Jahre, bis endlich Frauenzentren, Frauenprojekte und eine selbständige Bewegung entstanden. Dabei hatte es doch so rasant begonnen mit Aktionsräten, Kinderläden und vielen Arbeitsgruppen. Was in welcher Reihenfolge passierte, will ich am Beispiel der Entwicklung in Berlin verdeutlichen.

Die Frauenbewegung und die nach demselben Konzept arbeitende Umweltbewegung haben die Gesellschaft entscheidend verändert. Will man etwas darüber erfahren, wie ein Modernisierungsschub initiiert wird, lohnt es, den Beginn der Frauenbewegung zu kennen, was zuallererst heißt, ihn ausreichend dokumentiert zu finden. Zählt man die ganze Literatur über die Entstehung der neuen Frauenbewegung in Deutschland zusammen, ergeben sich kaum 200 Seiten, und die sind fast durchweg von Frauen geschrieben, die die feministische Bewegung selbst nur aus Publikationen kennen. Deshalb begann ich, meine eigenen Erinnerungen aufzuschreiben und die von 30 Berliner Aktivistinnen, die ich zur Entstehung des Frauenzentrums und der

 Lesbenbewegung befragte. (Unterstützt wurde die Arbeit durch ein Stipendium des Förderprogramms »Frauenforschung« der Senatsverwaltung für Arbeit, berufliche Bildung und Frauen. Unter dem Titel »Funkenflüge« und mit einer CD der Flying Lesbians als Beilage hoffe ich es 1999 als multimediales Buch zu veröffentlichen.)

Zurück zur Frage, warum der Tomatenwurf so lange brauchte, bis er Wirkung zeigte. Die Frauenbewegung wird gern als Produkt der 68er-Bewegung gesehen. Tatsächlich stand der größte Teil der Linken feministischem Politikverständnis extrem feindlich gegenüber. Die spätere erbitterte Abgrenzung zwischen sozialistischer und feministischer Frauenbewegung erklärt sich aus diesem entgegengesetzten Politikverständnis. Wie kam es dazu?

Im Jahre 1968 wurde die 1956 verbotene KPD diesmal als DKP wieder zugelassen. Gretchen Dutschke schreibt heute: »Rudi Dutschke glaubte, daß die Regierung damit einen Zweck verfolgte. Die neue Partei sollte einen Teil der sich auflösenden APO schlucken und die Jusos einen anderen, um zu verhindern, daß autonome, sozialistische Positionen weiterlebten«[1]. Und genau das geschah. Die DKP absorbierte mit ihren 100.000 Mitgliedern den größten Teil des oppositionellen Potentials. Dagegen formierten sich die maoistischen Gruppierungen: KPD/ML, KPD, KB und später der KBW. Diese Gruppen rangen um die Anerkennung durch Mao, die Orthodoxen der DKP hielten zum Warschauer Pakt und wurden Sprachrohr der DDR-Führung in Westdeutschland.

In diesen auf Weltpolitik und Weltrevolution ausgerichteten Gruppen hatte die Frauenfrage keinen Platz. Hier, wo die »Revolution auf der Tagesordnung« stand – das ist ein Zitat! –, waren Disziplin und Unterwerfung gefragt.

Wer damals trotzdem Frauenfragen stellte, z. B. Frauenfilme realisierte wie Helke Sander, Elsa Rassbach und ich, wurde in öffentlichen Sitzungen richtiggehend niedergemacht. Die Tatsache, daß die Kamerafrau Gisela Tuchtenhagen und ich 1969 als reines Frauenteam arbeiteten, brachte uns an der Filmakademie den Spitznamen

Szene aus »Die Satansweiber von Tittfield« von Russ Meyer, 1967 (Originaltitel: »Faster Pussicat! Kill! Kill!« 1967)

ein: »Satansweiber von Tittfield« – deutscher Titel eines Films von Russ Meyer. Wir zwei autonom arbeitenden Filmstudentinnen wurden also von unseren linken Kommilitonen mit einem Trio sexbesessener männermordender Dominas aus diesem Film gleichgesetzt.

Der Vorwurf der Genossen: Wir spalteten mit Frauen-Themen die Arbeiterklasse und dienten damit der Reaktion. Unter diesem Druck brachen heftige Richtungskämpfe auch im Aktionsrat aus, und Ende '69 wurde er aufgelöst. Jene Frauen des Aktionsrats, die sich einer Schulung unterziehen wollten, gründeten dann den Sozialistischen Frauenbund SFB. In ihrem Selbstverständnis versicherten sie 1970:

»Wir organisieren uns zunächst separat als Frauen, um in theoretischer Arbeit die Ansatzpunkte zur spezifischen Frauenagitation herauszufinden. Wir sehen dies als Voraussetzung, um unter der Führung der Kommunistischen Partei unsere Aufgabe im Klassenkampf zu übernehmen.«[2]

Der damals schon gängigen Parole »Frauen gemeinsam sind stark« setzten sie hinzu: »Frauen und Männer gemeinsam sind stärker.«

Valerie Solanas
(Foto: Rückseite von »Manifest zur Vernichtung der Männer«, März Verlag, Darmstadt 1969)

Nur eine Handvoll Frauen widersetzte sich diesem Trend. Unter dem Namen »Frauenbefreiungsfront« meldeten sie sich kurz darauf in der Zeitung »883« zu Wort:

»Viele Frauen protzen damit, auf einen Parteiexpress aufgesprungen zu sein, ohne zu merken, daß die alte Kiste erst elektrifiziert werden muß, bevor sie abfahren kann. Statt Kampf haben sie Sicherheit gewählt.

Wir bekämpfen die Hierarchie, die Herrschaft von Menschen über Menschen. Dieser Kampf ist nur uns Frauen möglich, weil auch der unterdrückteste Prolet immer noch Unterdrücker seiner Frau und Kinder und jedes Mädchens auf der Straße bleibt. [...]

Andere Genossinnen verhärten sich bei dem Versuch, sich allein durch Akkumulation von Wissen gegenüber den Männern zu behaupten [...] Aber es gibt auch Frauen mit einem duften Selbstbewußtsein, die zusammen was machen wollen. Wo bleibt die Weiberbande? Was ist mit Euch los? Wenn ihr die Sachen drauf habt, müßt ihr sie auch machen. [...]

Leyla Khaled
(Foto aus »Wild + Zahm – die siebziger Jahre«, S. 36, ohne Quelle, Elefantenpress, Berlin 1997)

Die Frauenbefreiungsfront wird in enger Zusammenarbeit mit den Genossinnen und Genossen in den verschiedenen Basisbereichen Aktionen planen und ausführen und Zellen in der ganzen Stadt aufbauen. Sie wird aus dem Dunkel geräuschlos auftauchen, zuschlagen und wieder verschwinden.

REVOLUTION BIS ZUM SIEG.
MÄNNERGEWALT BEKÄMPFEN HEISST,
DEM VOLKE DIENEN.«

Sie gestalteten eine Doppelseite mit Bildern und Texten ihrer Leitfiguren:

Leyla Khaled an der Schreibmaschine, Emma Goldmann (Anarchistenführerin in den USA zu Beginn des Jahrhunderts), Valerie Solanas, die Bilder einer blutüberströmten Studentin, einer Afrikanerin, einiger Vietnamesinnen und verschiedener Comicfiguren, u. a. Barbarella.

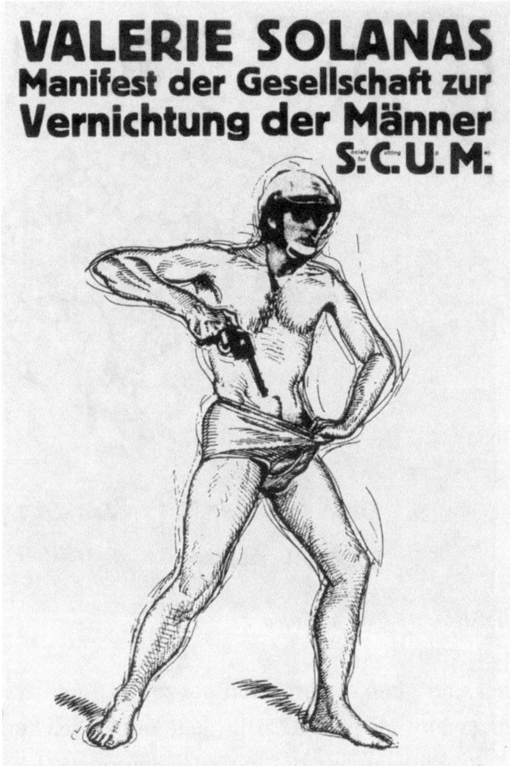

Titelseite von »Manifest zur Vernichtung der Männer«, März Verlag, Darmstadt 1969

Frauenkommune Cosimaplatz

Bald nach dem Aufruf der Frauenfront bildeten vier Frauen die Frauenkommune Cosimaplatz: Verena Becker und Angela Luther kamen aus der Basisgruppe Spandau. Dort hatten sie gemeinsam »Das Manifest zur Vernichtung der Männer« von Valerie Solanas gelesen und Aktionen zum §218 gemacht: Buttersäure und Sprühaktionen gegen Gynäkologen, die Frauen vergewaltigten.

Wie in anderen Kommunen hatten auch wir die Matratzen in einem Raum zu einem großen Bett zusammengelegt, worin wir oft alle schliefen. Die WG hatte etwas von einem großen Nest, schon der starke und vertraute Geruch beim Betreten der Wohnung. Wir koch-

Aufkleber der Panthertanten

ten und aßen, verbrachten ganze Tage und Nächte zusammen. Es herrschte eine innige Zärtlichkeit: mit Verena konnte man raufen, mit Angela küssen und das bei jeder Begegnung in der Wohnung, bis ich ihr eines Nachts verriet, daß ich lesbisch sei. Ich weiß noch, wie sie im Dunkeln erstarrte und schließlich meinte: Jetzt kann ich dich ja gar nicht mehr küssen.

Verena erinnert die Zeit so: »Wir haben auch so nette Sachen gemacht, wie hinter Typen herfahren und pfeifen – Fenster auf, und offen angemacht, bis die Angst bekamen und wir immer hinterher, ›Ach Kleener, brauchst doch keine Angst haben!‹ Ich hatte ooch so einen Django-Hut uff, hat einfach Spaß gemacht.«

Täglich übten wir auf Klautouren kriminelle Fertigkeiten, Umsicht und Kaltblütigkeit, die wir für militante Aktionen brauchten. Dann hielten wir Ausschau nach Zielen, an denen mittels direkter Aktion Mißstände verdeutlicht und Widerstandswille demonstriert werden könnten. Unsere Phantasie beflügelten Filme wie »Die glorreichen Sieben« oder »Die sieben Samurai«. Wir diskutierten und schrieben

Frauen beim Karatetraining (Foto: Cristina Perincioli)

nicht, unser Medium war »die Tat« – die Presse unser Vervielfältigungsapparat. Und das weibliche Publikum war begeistert – auch unpolitische Frauen ließen sich hinreißen von dem Kitzel, daß es in der Stadt Frauen gab, die zuschlugen. (Das war 1970 – bevor RAF und 2. Juni zeigten, wohin diese Militanz schließlich führte.) Denn Militanz erfüllte für uns Frauen noch einen anderen Zweck: wir probten ein neues Rollenverständnis. Wir zeigten: Frauen hören auf zu lächeln, zu bitten und Verständnis zu üben – sie zeigen Zähne.

Wir lernten Karate und sahen uns schon nach der ersten Lektion in eine Kneipenschlägerei verwickelt.

Unsere theoretischen Vorbilder waren nicht Bakunin, Marx, Bebel, Engels, Lenin, Mao, Simone de Beauvoir oder Betty Friedan, sondern die Black Panther.

Ihr Programm: Aufhören mit Jammern und Erdulden. Statt dessen Stolz und Würde wiedergewinnen. Die Entschlossenheit, sich nicht mehr erniedrigen zu lassen, öffentlich zeigen. Ihre Mitglieder patrouillierten im Ghetto bewaffnet und uniformiert zum Schutz gegen die

Übergriffe der weißen Polizei. Gleichzeitig schulten sich die Mitglieder in ihren Grundrechten und in Rechtshilfe, damit sie bei einer Konfrontation mit der Polizei dieser keinen Vorwand für eine Verhaftung lieferten.[3] Es war diese Mischung aus strikt legalem Vorgehen und mutigem, selbstbewußtem Auftreten, was sie in kurzer Zeit zu Symbolen schwarzer Würde und Hoffnung machte.[4]

Ihre Inspiration bezogen die Black Panther aus dem Buch »Die Verdammten dieser Erde", in dem der Psychiater Frantz Fanon auf Grund seiner Erfahrung im algerischen Freiheitskrieg die selbstzerstörerischen Mechanismen von Unterdrückten beschrieb: Wenn einer unterdrückten Gruppe die Identität geraubt und ihr die Kultur der Unterdrücker oktroyiert werde, verliert sie ihre Selbstachtung. Die Folge sind Minderwertigkeitsgefühle, Selbsthaß, unnatürliche Unterwürfigkeit, Autoritätskomplexe, sexuelle Neurosen. So zugerichtet, lenkt diese Gruppe Wut und Frustration nicht gegen die Unterdrücker, sondern gegen sich selbst.

Diese Analyse bezogen wir auch auf uns und folgerten, daß auch wir Frauen erstmal ein eigenes Bewußtsein, eine eigene von Männern unabhängige Identität entwickeln und lernen müßten, mit Frauen solidarisch zu sein.

Heute scheinen das banale Erkenntnisse, untrennbar mit der autonomen Frauenbewegung verbunden. Für sozialistische Frauen, die zur selben Zeit die marxistisch ökonomischen Befreiungstheorien vertraten, war das aber die reine Ketzerei.

Mich faszinierte, daß bei den Black Panther direkt und in menschlichen Dimensionen gehandelt wurde. Wohingegen hier die ehemaligen Rebellen in Kaderparteien warteten, bis das Proletariat sich dazu bequemen würde, die Führung der Revolution zu übernehmen. Zehntausende Linke verbrachten so die Jahre ab 1969.

Andererseits waren die Black Panther auch nicht wie wir ein loser Haufen »Panthertanten« oder »Haschrebellen«, Leute ohne Basis und innere Verpflichtungen. Also trennte ich mich von Verena, die sich dann dem 2. Juni anschloß und Angela, die wegen eines Bankraubs untertauchte, und suchte mir eben jene Basis.

Frauenfilmteam (Foto: Cristina Perincioli)

Frauenfilm

Mit Max Willutzki drehte ich einen Dokumentarfilm über die Verhinderung einer Exmittierung im Märkischen Viertel, schloß mich dem Mieterrat an. Dort redeten nur Männer – Frauen schwiegen und strickten – und beschlossen eines Tages ein Go-in im Bezirksamt und der Wohnungsbaugesellschaft. Als es losging, war kein einziger Mann da – die Frauen mußten es alleine tun. Sie stürmten in die Büros und trugen ihren Forderungskatalog vor mit einer Eloquenz und Verve, die ich in diesen Frauen – die ich ja nur als stumme Strickerinnen kannte – nie vermutet hätte. Sie waren stark, laut, wütend und einig. Ich war tief beeindruckt, einen solchen Auftritt von Frauen hatte ich noch nie gesehen, nicht einmal im Film.

Es gab sie also doch: kämpferische Frauen! Mit diesen Frauen wollte ich meinen Abschlußfilm drehen, aber nicht nur das, wir würden ihn auch gemeinsam entwickeln: ein Sprachrohr für diese tollen Frauen, die bisher nie zu Wort gekommen waren.

Einige Frauen aus dem Mieterrat begeisterten sich für diese Idee und trafen sich nun den ganzen Sommer 1971 jeden Sonntagnachmittag mit mir im Märkischen Viertel, entwickelten gemeinsam eine Geschichte. Eine Gruppe Verkäuferinnen fordern gleichen Lohn und treten in einen wilden Streik – soweit das linke Schema. Das besondere aber war: Wir zeigten, wie Frauen ihre Vorbehalte überwinden, wie sie über persönliche Gespräche solidarisch werden können.

Im Herbst drehten wir dann den halbstündigen Spielfilm »Für Frauen – 1. Kapitel«, der bei den Oberhausener Kurzfilmtagen den ersten Preis erhielt und im Fernsehen mehrerer Länder ausgestrahlt wurde. Beachtet wurde »Für Frauen 1. Kapitel«, weil er humorvoll und frech war. Linke Filme waren damals durchweg stur, dröge und pathetisch: In der Regel endeten sie mit roten Fahnen und dem Absingen der »Internationalen«.

Wie reagierten die linken Männer? Sie machten den Film nieder: Spaltung der Arbeiterklasse, befanden meine Kommilitonen und der extra dazu eingeladene Arbeiter.

Vergeblich hatte der linke Filmemacher Max Willutzki zuvor versucht, den Frauen Bange zu machen: hatte jede einzeln besucht und ihr mitgeteilt, ich sei lesbisch. Ein linker Arbeiter, Ehemann einer der Frauen, schrieb an den Direktor der Filmakademie, daß das Filmprojekt gestoppt werden müsse, da ich ja »keine richtige Frau sei«. Doch für die Frauen machte mich das um so interessanter; ihre sexuellen Erfahrungen in der Ehe und mein Anderssein bildeten ein Hauptthema unserer »Quatschgruppe«, die übrigens noch lange nach dem Film weiterbestand. Diese erste Zusammenarbeit hatte die Frauen so beflügelt, daß sich die eine scheiden ließ, trotz sieben Kindern, und eine andere mit drei Kindern das Abitur nachmachte und ein Studium begann.

So positiv unsere Zusammenarbeit war, ich wußte, was wir brauchten, war ein Ort, wo diese Frauen von sich aus hingehen können, einen öffentlichen Raum für Treffen, für Diskussionen unter Frauen – ein Frauenzentrum eben. Doch bis dahin sollte es immer noch ein langer Weg sein.

Um das verständlich zu machen, möchte ich hier kurz die geistige Verfassung der Linken der 70er Jahre in Erinnerung rufen. Die Teilung der Studentenbewegung in dogmatische und undogmatische Fraktionen war auch an der Sprache ablesbar. Dies soll die folgende Gegenüberstellung in aller Kürze deutlich machen:

»Unterordnung des Einzelnen unter die Partei, Unterordnung der unteren Ebene unter die höhere, Unterordnung der gesamten Partei unter das Zentralkomitee« (KPD-Statut)	»Werdet wild und tut schöne Sachen. Have a joint. Alles, was Ihr seht und es gefällt Euch nicht, macht es kaputt. Habt Mut zu kämpfen, habt Mut zu siegen.«
»Kommunistische Partei Deutschlands«	»Zentralkomitee der umherschweifenden Haschrebellen«
»Rote Garde«	»Rote Hilfe«
Zentralorgan »Rote Fahne«	»Hundert Blumen«
»Sozialistischer Frauenbund Westberlin«	»Brot + Rosen«

Die Statuten der KPD ließen keine Zweifel daran, daß persönliche Befreiungswünsche, wie z.B. die Frauenbefreiung im Kampf um die Macht nur stören würden. Auch einem Schwulen, der sich als solcher zu erkennen gab, beschied die KPD-Leitung: »Genosse, du mußt verstehen, du bist ein Nebenwiderspruch«. Ohne sichtbare Ergebnisse zu hinterlassen, lösten sich all die maoistischen Parteien nach etwa zehn Jahren wieder auf.

Die »Spontis« oder »undogmatischen Gruppen« stellten dagegen weiterhin alle Autoritäten (auch die marxistischen) in Frage, bildeten militante Zellen, Betriebs- und Stadtteilgruppen. Diese halfen den Menschen im Stadtteil, ihre Rechte wahrzunehmen und lernten dabei die Lebensverhältnisse weniger privilegierter Schichten kennen. Gleichzeitig erweiterten sie das verengte Berufsverständnis, wie es an der Uni gelehrt wurde. Es blieb aber eine Bewegung von oben nach

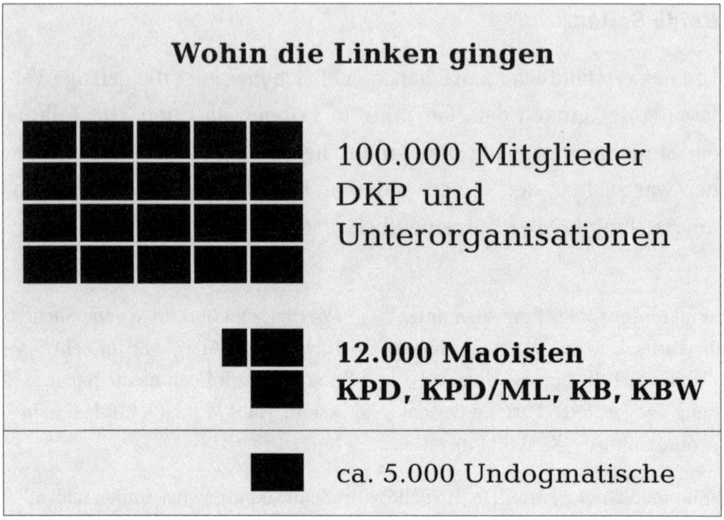

Größenverhältnis der Fraktionen

(nach Gerd Langguth, »Protestbewegung Entwicklung – Niedergang – Renaissance. Die Neue Linke seit 1968, Köln 1983)

unten, von Akademikern an die Betroffenen herangetragen; so lösten sich die meisten Gruppen ebenfalls nach wenigen Jahren auf.

1973, zur Zeit der Gründung der ersten Frauenzentren, verfügte die

- DKP und deren Unterorganisationen über 100.000 Mitglieder
- 12.000 waren in maoistischen K-Gruppen organisiert
- lediglich 5.000 waren undogmatisch, und damit antiautoritär geblieben.

Aus diesem winzigen Rest rekrutierte sich die feministische Bewegung.

Selbstorganisation

Aus heutiger Sicht erscheint der Schritt zur Selbstorganisation als Selbstverständlichkeit – ja warum nicht früher, könnte man fragen, warum erst dann?

 Noch mühten sich Frauen in gemischten Stadtteilgruppen um einen angemessenen Platz für ihre Belange, für Frauenpolitik – während Lesben sich bereits frei fühlten vom Rechtfertigungsdruck durch linke Genossen. Sie ließen sich mit dem Vorwurf des »Separatismus« und der »Spaltung der Arbeiterklasse« nicht mehr zurückholen. So waren es denn die Lesben und Schwulen, die als Erste den Mut fanden, sich in eigener Sache zu organisieren; das begann im November 1971.

Rotlichtmilieu

Wie erklärt man Jüngeren heute, wie Lesben und Schwule vor der Befreiung, der Selbstorganisation lebten?

Nur wer in Großstädten lebte, konnte die versteckten Zirkel und Bars finden, in denen Mann oder Frau sich traf. Für uns Lesben in Berlin gab es das »Sappho« – ein versteinerter Ort. Da wurde »Rollengetue« gepflegt, nur Paartanz war erlaubt, tanzten wir offen, flogen wir raus. Trugen wir ein Palästinenser-Tuch, flogen wir raus. Einmal wehrten wir uns gegen die männlichen Voyeure – sogleich erschienen Rausschmeißer, die alle aufmüpfigen Lesben hinausprügelten.

Wir waren das Schlußlicht im Rotlichtmilieu.

Krankheit

Kontaktanzeigen akzeptierte nur die Zeitung »Der Telegraf«, und nur mit Formulierungen wie »sportliche Freundin sucht Gleichgesinnte«, das Wort »lesbisch« war nicht erlaubt.

Suchten wir Literatur, fanden wir lediglich Beschreibungen vom »Krankheitsbild Homosexualität«.

In Filmen sahen homosexuelle Männer sich als Schwuchteln und Lesben als KGB-Monster (»James Bond«) oder sadistische Massenmörderin (»Modesty Blaise«). Der Film »Infam« von William Wyler mit Shirley MacLaine und Audrey Hepburn 1962 war der infamste: Eine Lehrerin kommt in Verruf, lesbisch zu sein; im Laufe des Kampfes gegen das Gerücht dämmert ihr und auch dem Zuschauer, daß sie vielleicht wirklich lesbisch fühlen könnte. Als Konsequenz nimmt sie sich das Leben.

Ich sah den Film als 16jährige und wußte nun: Ich war nicht nur krank, sondern verrückt, und meine Lebensperspektive – Selbstmord.

Recht auf Widerstand

Doch dann kam die 68er-Revolte und mit ihr die Überzeugung, daß jede und jeder ein Recht auf Widerstand gegen die eigene Unterdrückung habe. Angefangen hatte unsere Empörung mit Vietnam und Persien, dann entdeckten wir auch in unserer Umgebung Mißstände. Nun muckten die Frauen auf, erklärten das Private für politisch. Als Filmstudentin drehte ich damals Dokumentarfilme, in denen zum ersten Mal Straßenkinder, Rocker und Knackis zu Wort kamen. Diese unbeschreibliche demokratische Aufbruchstimmung verlangte, auch in eigener Sache ein Coming Out zu wagen, jener Gruppe von Unterdrückten endlich eine Stimme zu geben, zu denen ich selbst gehörte.

Film

Ich begann zu recherchieren. Mein Dozent, Klaus Wildenhahn, unterstützte mich, meinte aber, wir müßten Helke Sanders Meinung zu dem Projekt einholen; sie war ja eine Autorität in Frauenfragen. Helke Sander tat mein Projekt »Schwulenfilm« als »luxurierend« ab; ich solle mich besser den wirklichen Problemen der Frauen zuwenden.

Der kleine Vorfall zeigt exemplarisch den Zustand der Linken um 1970: Die persönliche Befreiung wie die Befreiung als Frau wurden als »kleinbürgerlich« gegeißelt, in meinem Fall gar als »luxurierend«.

Rosa von Praunheim hatte da als selbstbewußter Außenseiter und umgeben von Gleichgesinnten bessere Chancen. Im Jahr darauf zur Berlinale '71 brachte er den Film »Nicht der Homosexuelle ist pervers, sondern die Gesellschaft in der er lebt«, der dann den Startschuß gab für die Schwulenbewegung in Deutschland.

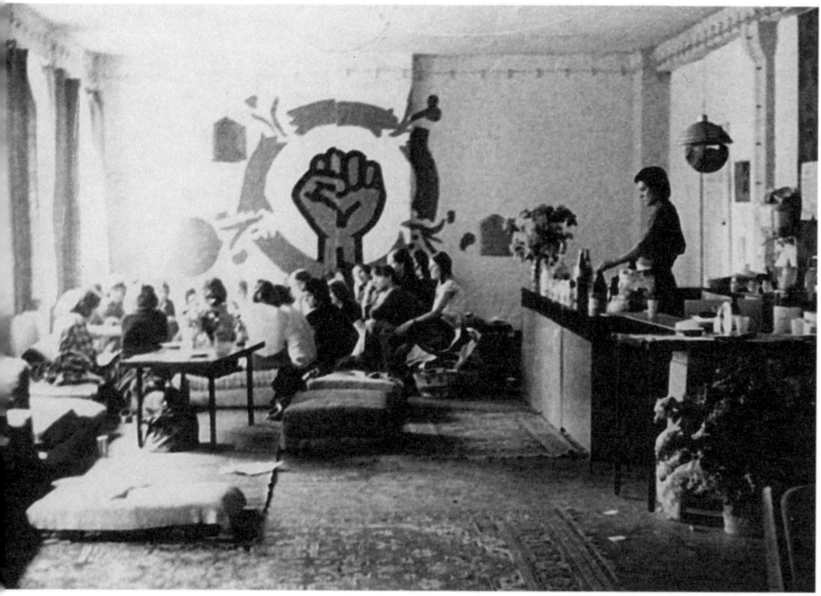

Matratzen im Lesbischen Aktionszentrum (Foto: Cristina Perincioli)

Kultur

In den 70ern hatte Kultur noch eine mobilisierende Funktion, die Konzerte und Tourneen der Flying Lesbians sind ein Beispiel dafür. Auch Filme konnten Bewegung bringen: Nach einem Film blieb damals das Publikum noch zusammen, um zu diskutieren, wie es weitergehen sollte, was man ändern könnte und wie.

Ich erinnere mich noch genau, wie ich an diesem Augusttag nach der Premiere von Rosas Film vor dem Kino stand, in einer Menge schwuler Männer, die heiß diskutierten und gerade dabei waren, sich zu organisieren. Als Frau konnte ich dort nicht mitmachen, aber unterstützen wollten sie mich schon.

Zettel

Es erforderte Mut, im »Sappho« für eine Organisierung der Lesben zu werben. Aber es mußte in der »Höhle des Löwen« sein, wo sonst würden wir – eine Handvoll Freundinnen – andere Lesben finden?

Ausschnitt vom Plenum im Frauenzentrum (Foto: Cristina Perincioli)

Da wir wußten, daß uns Zettelverteilen Lokalverbot einbringen würde, hatten wir winzige Flugblätter gedruckt, so klein, daß man sie in der geschlossenen Hand verbergen und sie so im Lokal unbemerkt weitergeben konnte. Auf dem Zettel stand ein einziger Satz und Ort und Zeit unseres ersten Treffens.

Im März '72 waren wir schon an die Hundert Frauen und bezogen mit den schwulen Männern unser neues Kommunikationszentrum, eine verrottete Fabriketage in einem Hinterhof in der Dennewitzstraße in Schöneberg. Ein Dreivierteljahr später im Herbst '72 initiierten wir – die Lesben – dann das Frauenzentrum in Berlin.

Auf diesem Bild oben ist nicht allzuviel zu erkennen; nur daß wir alle am Boden sitzen, was im Nachhinein bedeutsam erscheint: die Linken reproduzierten sich in der Hauptsache über Papiere – »Papers«, wie man das damals nannte. Dazu brauchten sie Tische. Tische brauchten sie auch für die Schulung, denn die lief ja ebenfalls über »Papers« und die bekannten blauen und roten Bände.

 Nur die Anarchistinnen hatten immer auf Matratzen getagt. Mit Matratzen richteten sich auch die Lesben ein, und so auch das Frauenzentrum. Meines Erachtens zeigt eine Gruppe damit an, daß sie in ihrem Raum keine Hierarchie aufkommen lassen will. Alle sitzen auf einer Basis, eine Basisbewegung eben.

Bürgerinitiativen lernen von der Frauenbewegung

Wie es dann mit der Frauenbewegung weiterging, braucht hier nicht erläutert zu werden; aber sie lieferte Modelle für eine folgende, noch größere Emanzipationsbewegung: die Bürgerinitiativen. Vorab ein paar Zahlen zur Größe:

1977 gab es etwa 1000 Bürgerinitiativen mit über 300.000 Mitgliedern allein im BBU (Bundesverband Bürgerinitiativen Umweltschutz), 1980 waren nach Angaben des Bundesumweltamtes 5 Millionen Bürger in 11.238 regionalen und 130 überregionalen Umweltschutzgruppen organisiert.[5]

Die erste große Bürgerbewegung begann mit dem Widerstand gegen das Atomkraftwerk Wyhl. Dieser formierte sich 1974 – und zwar ganz ohne Anleitung durch linke Parteien – aus der Bauernschaft heraus: also eine von Betroffenen organisierte Bewegung.

In einem Kursbuchartikel untersuchen Thomas Kuby und Christian Marzahn die Unterschiede zwischen Bürgerinitiativbewegung und APO. Ich nutze hier die von ihnen herausgearbeiteten Charakteristika der Bürgerbewegungen und stelle die These auf: Die Anti-Atom- und alle folgenden Bürgerinitiativen realisierten sich entlang der Strukturen, die nicht die APO, nicht die Linken, sondern die Frauenbewegung in den Jahren zuvor aufgebaut, erprobt und verteidigt hatte, nämlich:

- Basisdemokratie

  Autonomie statt Befehlshierarchie

  »Demokratische Kommunikations- und Entscheidungsstrukturen. Es gibt keine formalisierten, hierarchischen Befehlskompetenzen oder Unterordnungsgebote und daher auch keine Denkverbote, keine Selbstzensur«.[6]

- Meinungsvielfalt

  Gemeinsame Ziele statt einheitlicher Linie: »Einigkeit im Ziel [...] ansonsten Vielfalt der Meinungen. Bürgerinitiativen verzichten darauf, [...] einen einheitlichen politischen Standpunkt durchzusetzen«.[7]

- Selbstbildung statt Schulung

  Lerninhalte erwachsen aus den Lebensinteressen der Lernenden. Die Antiatombewegung wurde zur umfassendsten »Volks-Schulung« der deutschen Nachkriegsgeschichte.

- Aufklärungsbewegung

  »APO und Bürgerinitiativen sind Aufklärungsbewegungen. Sie durchbrechen und zerstören Denktabus. Sie machen Geheimes offenbar – z. B. die Katastrophenpläne.«[8] Das gilt noch mehr für die Frauenbewegung: mit Selbstentblößung und Selbstbezichtigung (beispielsweise der Abtreibung im Fernsehen), öffentliches Sprechen über Mißbrauchs- und Gewalterfahrungen und mittels Frauenhäusern zerrte sie unhaltbare Zustände ans Licht und brach jahrhundertealte Tabus.

Zusammenfassend läßt sich sagen: Frauenbewegung wie Bürgerinitiativen können als spätes Echo auf die antiautoritäre Studentenrebellion von 1968 gesehen werden. Nicht aber als direkte Folge; denn nach der Rebellion wandte sich ein Großteil der Linken zurück in hierarchische, autoritäre, dogmatische Gruppen. Diese Strukturen saugten rebellisches Potential auf und erstickten es.

Frauenbewegung und Bürgerinitiativen mußten nochmal ganz von vorne beginnen: Sie setzten bei ihren eigenen Belangen an und schufen erfolgreich ein neues Politikverständnis. Diesen Weg wollte ich hier beschreiben.

1 Gretchen Dutschke: Wir hatten ein barbarisch schönes Leben, Köln 1996, S. 232

2 Pelagea, Heft 2, Berlin 1971

3 Die Black Panther Party for Self-Defense wurde von Huey P. Newton und Bobby Seal im Oktober 1966 in Californien gegründet. Im Gegensatz zur »Black Power«, die sich als »Bewegung« verstand, war dies eine zentralistisch geführte Partei mit strengen Regeln. Diese waren auch nötig, denn sie agitierte weder an den Hochschulen noch in der »schwarzen Bourgeoisie«, sondern im schwarzen Ghetto.

4 Einer Umfrage vom Mai 1970 zufolge, flößten sie 64 % der Schwarzen ein »Gefühl von Stolz« ein. (Der Spiegel, 22. März 1971. S. 119)

5 Nach Gerd Langguth: »Protestbewegung. Entwicklung – Niedergang – Renaissance. Die Neue Linke seit 1968. Bibliothek Wissenschaft und Politik, Bd. 30, Köln 1983

6 Thomas Kuby/Christian Marzahn: Lernen in Bürgerinitiativen gegen Atomanlagen, Kursbuch 48, Berlin 1977, S. 161

7 Ebd, S. 168

8 Ebd, S. 161

(Dieser Beitrag ist ein Auszug aus meiner Forschungsarbeit »Funkenflüge: Anarchismus → Lesbianismus → Frauenzentrum«. C.P.)

Cillie Rentmeister

Frauenfeste als Initiationsritual

The Flying Lesbians spielten zum Tanz der freien Verhältnisse

»FLYING LESBIANS.
Stamm von, wie ihr Name schon sagt, fahrenden Liebesgefährtinnen. Die Flying Lesbians kommen aus Germanien und haben überall Liebesgefährtinnen. Als Sängerinnen und Musikantinnen verdanken sie ihren Ruhm der Tatsache, daß sie in der Raserei, die die Gloriose Zeit einläutete, erste Gruppe von fahrenden Lesbierinnen waren.«[1]

Zum ersten Mal – in Berlin 1974

Die *Flying Lesbians* wurden tatsächlich in rasendem Tempo zu fahrenden Lesbierinnen. Welche andere Rockband hat sich schon über Nacht gebildet, zweimal geprobt und dann vor 2000 Personen gespielt? Und drei Monate später schon vor 30.000 im Ausland? Was mußte dazu geschehen sein?

April 1974. In Berlin ist ein Frauenzentrum seit einigen Monaten neu gegründet und benötigt dringend Geld; Alice Schwarzers TV-Beitrag in »Panorama« über eine schonende Abtreibungsmethode wird vor der Sendung abgesetzt; man kommt auf die Idee, daß ein großes Frauenfest das Geld einbringen (nach dem Vorbild der linken Festivals, wie »Laßt 1000 Gitarren knarren!« der Berliner *Rockfront*) und daß man den Panoramabeitrag auf dem Fest den Frauen zeigen könnte. Last but not least: Die eigentlich gebuchte englische Frauenmusikgruppe sagt in letzter Minute ab.

So ergibt eine Premiere die andere: Das erste Frauenkalenderkollektiv veranstaltet für das erste Frauenzentrum in der Kreuzberger Hornstraße die erste »Rockfete im Rock«, das erste große öffentliche Frauenfest in der Alten TU-Mensa. Die Frauen tanzen zum ersten Mal zur Musik der ersten deutschen Frauenrockband in den 11. Mai 1974.

Alte Mensa der TU Berlin – Rockfete im Rock 1974, Aufkleber

Die Band aus sieben Berlinerinnen nennt sich bald *»Flying Lesbians«* und bleibt drei Jahre lang die Stimme und die »Stimmungsband« der »amazonischen Zeit« der Frauenbewegung: der radikalen, bewegten, euphorischen Gründerinnenzeit.

Aus dieser Zeit sollen nicht nur die »großen Themen« im Gedächtnis bleiben, nicht nur Demonstrationen und Projekte, nicht nur »218« und »Männergewalt«:

Ich möchte den Blick auf die groovende, die hedonistische Seite der Frauenbewegung lenken: die Rhythmen und Rituale der Frauenbewegung, die tanzenden Kongresse, die Megaparties; wie wir – alle Beteiligten – durch (Rock-) Musik die Verhältnisse zum Tanzen und uns in Bewegung und außer Atem brachten.[2] Denn die Frauenmusik, die Festkultur – auch dies sind Leistungen der Frauenbewegung und Teile des rebellischen Gesamtkunstwerkes, zu dem viele Frauen damals ihr Leben machten.

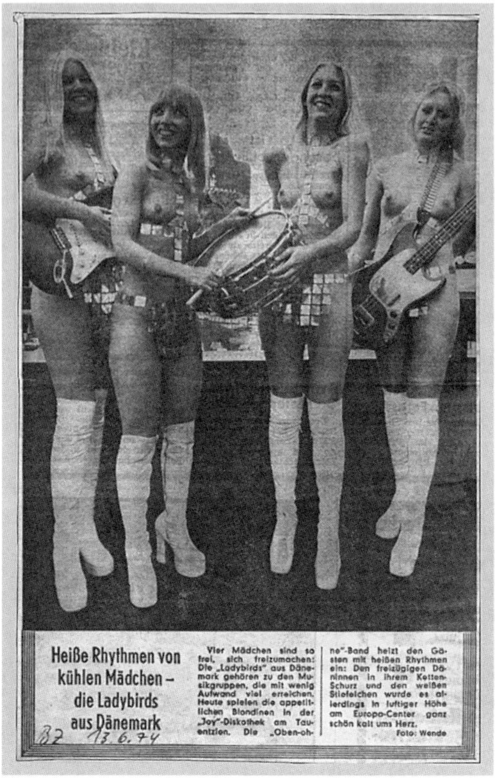

Heiße Rhythmen von kühlen Mädchen – die Ladybirds aus Dänemark

Vier Mädchen sind so frei, sich freizumachen: Die „Ladybirds" aus Dänemark gehören zu den Musikgruppen, die mit wenig Aufwand viel erreichen. Heute spielen die appetitlichen Blondinen in der „Joy"-Diskothek am Tauentzien. Die „Oben-ohne"-Band heizt den Gästen mit heißen Rhythmen ein: Den freizügigen Däninnen in ihrem Ketten-Schurz und den weißen Stiefelchen wurde es allerdings in luftiger Höhe am Europa-Center ganz schön kalt ums Herz.

Foto: Wende

BZ 13.6.74

»Vier Mädchen sind so frei, sich freizumachen ... Heiße Rhythmen von kühlen Mädchen – die Ladybirds aus Dänemark.« BZ, 13. 6. 74

»... dann sollen sie meinen Hintern haben!« Musikszene vor 1974

Was war los in der Musikszene vor der ersten deutschen Frauenrockband, vor dem ersten Frauenfest? Um den Unterschied zu verstehen, eine kurze Rückblende auf 1974: Selbst in den soeben gegründeten, frischgestrichenen Frauenzentren wurde auf den Parties zum Cock Rock der *Stones* getanzt, vielleicht sogar zu »I put you under my thumb« oder zu »Midnight Rambler«, wo sie einen Vergewaltiger besingen.[3]

Im deutschen Musikgeschäft waren Rock-Frauen nicht in Sicht – jedenfalls nicht als Musikerinnen. Für die sogenannten »Rockladies« oder »Rockmiezen« gab es praktisch nur die Rolle der Sängerin.

Liverbirds

Frauen sollten gesehen, nicht gehört werden – und sich freimachen, nicht sich befreien. Wenige Wochen nach der ersten Berliner »Rockfete im Rock« präsentiert die BZ/Berliner Zeitung die *Ladybirds* aus Dänemark mit der Bildunterschrift: »Vier Mädchen sind so frei, sich freizumachen – Heiße Rhythmen von kühlen Mädchen.«
Selbst Schlagersängerinnen verkauften sich schlecht, denn die meist weiblichen Käuferinnen wollten Männer hören.[4] Joy Fleming mit der großen Soul-Stimme wurde als »singende Hausfrau« bespöttelt. Tina Turner trat noch mit Ike auf, ihrem prügelnden Ehemann, und hatte gerade gesagt: »Wenn mein Hintern die Leute dazu bringt, meiner Stimme zuzuhören – dann sollen sie meinen Hintern haben.«

Aus Liverpool hatte es mit den *Liverbirds* einen Hoffnungsschimmer gegeben. Die waren 1963 zu John Lennon im Cavern-Club in die Garderobe gegangen und sagten: »Wir fangen auch 'ne Band an!«. John Lennon sagte: »Ja? Alles Mädchen? Na, macht mal – das wird bestimmt nie was!«[5] Die *Liverbirds* hatten mit ihrer geradlinigen Musik Erfolg, vor allem in Deutschland – fünf Jahre lang bis 1968.

Erste Rockfete im Rock, TU Mensa 1974, Saal, Fest-Bühne 1 (Foto: Cristina Perincioli)

Die Frauenbewegung tanzt

»frauen kommt her wir tun uns zusammen
gemeinsam sind wir stark!
solang du allein, wirst du getreten
solang du allein, kannst du dich nicht wehren
solang du allein, mußt du dich fügen
tag und nacht ...
... frauen werden autonom, frauen schwimmen gegen den strom,
frauen bringen frauen viel, zwischen frauen ist ein ganz
spezifisches gefühl« Flying Lesbians

Ab 1974 vergewisserten sich die bewegten Frauen der neuen Stärke und Gemeinsamkeit nicht nur auf Demonstrationen, sondern auch im Frauenfest. Es bestätigte die neue »frauenidentifizierte« Identität

»HAW-Fete«, Berlin, Alte TU-Mensa 1974, Plakat

durch Tanz, Musik, Essen, Trinken, Lust, in wilder Mischung mit politischen und kulturellen Darbietungen, und gelang manchmal zum Gesamtkunstwerk.[6] Mit ethnologischem Blick würde ich es als selbstgeschaffenes Initiations-Ritual einer neugeschaffenen »Wir-Gruppe« bezeichnen – aber auf diese Bedeutung komme ich später zurück.

Frauen sprachen sich alle Stärken der Welt zu, trauten sich alles zu, waren neugierig und bereit, (fast) alles zu lernen. Das galt auch für die »eigene Musik«:

So konnten wir – Monika Savier und ich – ziemlich unbefangen für das erste Frauenfest über Nacht eine 5-Frauen-Band zusammentrommeln. Alle fünf hatten nur ein paar Vorerfahrungen in der Amateur-Musik-Szene[7], besaßen keine Musik-Anlage, keine verstärkten Instrumente – bekamen aber solidarische Hilfe von Männerbands: *Ton-Steine-Scherben* stellten das Schlagzeug, Udo Arndt und *Os Mundi* die *PA* – Anlage, Verstärker, Mischpult – und Instrumente.

Kvindefestival (Frauenfestival) Kopenhagen 1974 (Foto: Cristina Perincioli)

In einem SFB-Feature von Cristina Perincioli erinnern sich die *Flying Lesbians* 1976: »... Eine Anlage, die aussah, als ob Chicago spielt! Eine Riesenanlage, keine Ahnung von Technik, kaum Ahnung von Musik und Gesang, noch ein paar selbstgefertigte Texte in der Tasche ... Einen Tag vorher konnten wir nochmal proben, und am nächsten Tag ging das Fest los. Und das war ganz toll. Aber es war eben auch deswegen so toll, weil die Frauen so toll waren, die auf dem Fest waren. Die wußten genau, wir sind da das erste Mal, ... haben getanzt wie die Irren auf alles was irgendwie tanzbar war! ... Am Mischpult hatten wir auch schon zwei Frauen sitzen ... die hatten alle Regler festgeklebt (Lacher). Das hatten die Männer vorher eingestellt, und die waren mit Tesa festgeklebt, die Regler! Aber einer nach dem anderen wurde dann gelöst!!! (Lacher)«[8]

Auf dem Fest trug eine Welle der Euphorie die *Flying Lesbians* über alle schrägen Töne. Dieselbe Welle trug sie in den folgenden drei Jahren durch viele Städte West-Deutschlands und ins Ausland, und die

LP-Cover der Flying Lesbians

Flying Lesbians spielten in den drei folgenden Jahren auf mehr als 50 Festen und Festivals. Jahrelange »Kellerphasen« – in Westberlin spielten damals etwa 1000 Bands in eierpappengedämmten Übungsräumen in feuchten Kellern und übten oft jahrelang bis zur ersten Auftrittsmöglichkeit – blieben den *Flying Lesbians* erspart. (Wir kamen eher zu wenig hinunter zum Üben.)

Aber nicht nur die Vielzahl der Feste, sondern auch ihre Größe ist erstaunlich: Es kamen meist zwischen 1000 – dies auch in kleineren Städten wie Heidelberg – und 2000 Frauen zusammen.

Im Sommer 1974 spielten wir auf dem »Kvindefestival« in Kopenhagen, zu dem sich 30.000 Teilnehmer – Frauen, Männer, Kinder – einfanden. Die Däninnen zeigten sich dort als Avantgarde des pragmatischen, handlungsorientierten europäischen Feminismus und bewiesen mit dem Großereignis, welche beeindruckende Öffentlichkeitswirkung sie bereits erzielen konnten.

Die Flying Lesbians als »Stimme der Bewegung« Die *Flying Lesbians* funktionierten nach denselben Prinzipien wie andere Frauengruppen auch, sie wollten ein Kollektiv sein, egalitär, alle sollten alles machen; alle sollten die Musiktechnik beherrschen, die Anlagen schleppen, die Kabel löten, die LKWs mit den Anlagen selber durch die Lande fahren, vor dem Fest selber aufbauen, hinterher – meist weit nach Mitternacht – abbauen und am nächsten Morgen weiterchauffieren zum nächsten Gig. Das gehörte zur Befreiung von männlichen Hilfestellungen. Und: Alle sollten improvisieren, texten und komponieren dürfen, und folgerichtig »verschmolzen« alle auch urheberinnenrechtlich in dem Pseudonym »Emily Pankhurst«. (Kreativzentrum war unter anderem die Badewanne in der Frauenwohngemeinschaft Cosimaplatz.) Immerhin haben fünf Frauen Texte eingebracht und vier auch solo gesungen.

Hexenmusik oder »Bastardmusik«?

In der US-amerikanischen feministischen Zeitschrift »Off our Backs« schreibt Miriam Frank 1977: »*Flying Lesbians* ist wunderbare deutsche Frauenmusik ... *Die Flying Lesbians* sind die deutsche Frauenbewegung, ausgedrückt in Musik. Jeder Song reflektiert eine wichtige Idee, Kritik oder Problem, das gerade in den Frauenzentren oder Projektkollektiven abgehandelt wird oder über das in den Kneipen gesprochen wird ...«[9]

Wir spielten viel auf Rock'n'Roll-Basis, nach dem Bluesschema, Balladen oder Boogie. Frei nach Meri Franco Lao, der italienischen Musiktheoretikerin, würde man unsere Musik vielleicht als »Bastardmusik« und Travestie bezeichnen: Männliche Musik verkleidet im neuen weiblichen Gewand. Wir suchten nicht nach weiblichen Wurzeln in der Rockmusik, fanden Moll nicht weiblich und Dur nicht männlich, – wir wollten elektrisch verstärkte Musik machen, tanzbare Rockmusik auf Festen und keine »Hexenmusik« mit Schellenklappern. Mich als Keyboarderin z.B. interessierten die neu aufkommenden elektronischen Instrumente, deren neue Sounds und Ausdrucksmöglichkeiten brennend, und so setzte ich auf der LP von 1975 auch schon einen analogen Synthesizer ein.

»Die eigene Musik« war sicher nicht die Stärke unserer Amateurband, und auch nicht Hauptanliegen. Wir verstanden uns immer selbst – mit leicht ironischem Unterton – als »Stimmungsband«.

Es gab andererseits Kritiken, die auch musikalische Ideen im einzelnen würdigten; einen wichtigen stilistischen Unterschied findet Miriam Frank in »Off our backs«:

»Die *blatantly* lesbischen Songs der Flying Lesbians sind gewiß verschieden von der kuscheligen Süßlichkeit lesbischer Musik in den letzten Jahren in den USA. Sie sind erfrischend aggressiv und kontrovers ...«[10]

Wir waren frei von männlicher Watt-Gigantomanie und errichteten auf der Bühne keine »phallokratischen Powertürme«. Das hatte zugegebenermaßen auch praktische Gründe – wir wollten keine Roadies, sondern schleppten – wie ich schon anmerkte – immer selber die Anlage.

Wir waren nicht frei von den heißen Wünschen, auch die berühmten Instrumente mit den magischen Namen zu spielen, und wir haben uns diese Wünsche so schnell wie möglich erfüllt: die Stratocaster, den Twin Reverb, die Wurlitzer, das Rhodes Piano mit dem Glockenklang ... (dem mitten im Fest garantiert eines der Hämmerchen brach, das dann festöffentlich herausoperiert wurde, und danach mußte das E-Piano neu gestimmt werden).

Das Eigene: die Texte

In den Texten waren wir freier und »eigener« als in der Musik. Wir texteten meist auf deutsch – damals in der Rockmusik durchaus noch nicht üblich. Die Themen kamen aus unserer eigenen und der gesamten aktuellen, frauenbewegten Erfahrungswelt. Der Song »Battered Wife« »entstand dadurch, daß Cristina nach England gefahren ist und diese Häuser der geschlagenen Ehefrauen, der Battered Wives, gesehen hat. Da fing das erst an, in unserem Bewußtsein ein Begriff zu werden, was das heißt, ›mißhandelte Ehefrauen‹. Da haben wir uns Zeitungen geschnappt und geguckt und gesehen, da steht: Ehemann übergießt seine Frau mit Benzin und steckt sie in Brand, Ehemann überrollt seine Frau mit dem Auto – Frauen, die versuchen sich zu

30 Pf
B·Z
Schock am Wochenende
Die größte Zeitung Berlins

Zwei Berliner Firmen sind über Nacht zusammengebrochen: Eine Schokoladenfabrik und eine Baufirma. Alle Arbeiter und Angestellten wurden entlassen – zum Teil ohne einen Pfennig Lohn. Die BZ sprach mit Frau Hanna Meyer aus Schöneberg, Naumannstraße 30. Sie gehört zu den Entlassenen und berichtet, wie es ist, wenn man plötzlich „auf der Straße" liegt.

Ich bin seit heute arbeitslos

Bericht auf den Innenseiten

»Ich bin seit heute arbeitslos«
BZ-Titelblatt vom 1. 12. 1973

trennen, sich zu scheiden ... und normalerweise sieht sich die Polizei außerstande, die Frauen da rauszuholen ... Tierschutzvereine gibt's, aber für geschundene Ehefrauen gibt's nichts ... Fazit: Wie so oft – und in England eben auch -: Es passiert nichts, wenn die Frauen nicht anfangen, die Sache in die Hand zu nehmen ...«[11]
Monika Savier wirkte gerade an der »Erfindung« der deutschen Mädchen- und der Prostituiertenarbeit mit, und ihre Frauen-WG am Berliner Cosimaplatz bot immer wieder von Heimunterbringung bedrohten Kindern Zuflucht: So kam »Trebermädchen« zustande. Beim Song »Arbeitslos« haben wir fast wortwörtlich das Titelblatt der BZ (Berliner Zeitung) abgesungen: »Ich bin seit heute arbeitslos. Zwei Berliner Firmen sind über Nacht zusammengebrochen: Eine Schokoladenfabrik und eine Baufirma ...«

Beliebter Kunstgriff war – wie schon bei der ersten Frauenplatte »Von heute an gibts mein Programm« – die Verfremdung vorhandener, bekannter Texte, zum Beispiel unser freundlich ironischer Song über »die Bisexualität«: »Ab und zu, hin und wieder muß ein

Aufkleber zum Tribunal und Fest »Gewalt gegen Frauen«, Berlin 1976

Abend mit Frauen, ein Abend mit Frauen einfach sein ...« Dazu ein Brief von G. T. aus Heidelberg, 15.8.77: »Eure Platte höre ich sehr gern, um so erboster war ich, als ich neulich das Lied von der ›Bisexualität‹ etwas verändert auf einer anderen Platte wiederfand. Dort heißt es: Ab und zu – hin und wieder – und ganz allgemein – muß ein Abend mit Willy, ein Abend mit Willy einfach sein. Die Melodie ist ganz wenig verändert. Ich schreibe Euch das, weil es mich einfach ärgert, wenn ein Abend mit Frauen einfach zu einem Abend mit Willy wird ...«

Natürlich war der Abend mit Willy das Original, und wir hatten seinen Erfinder ganz korrekt um Adaptions-Erlaubnis gefragt und zahlten GEMA-Gebühren für die »Verfremdung«.

Das »Freie und Eigene« bestimmte auch die Plattenproduktion, eine echte »Indi«-Produktion, ermöglicht durch Darlehen vieler einzelner wagemutiger und solidarischer Frauen und des »Frauenkalender-Kollektivs« und finanziell durchaus eine Erfolgsgeschichte: 15.000 verkaufte LPs waren für damals und für eine Indie-Produktion außerordentlich und selbst im Vergleich zu kommerziellen Produktionen eine stolze Zahl.

Das Frauenfest als Initiationsritual? Der Blick der Ethnologin

Eine Ethnologin würde das Frauenfest der siebziger Jahre als ein Übergangsritual beschreiben – genauer gesagt: als wichtiges Initiationsritual.

Was ist ein Initiationsritual? Rituale schaffen und bestätigen Identität, und haben gruppenbindenden und gruppenbestätigenden Charakter; Initiationsrituale begleiten und gestalten die »Krise« beim Übergang in eine neue Identität, in eine neue Gruppe, einen neuen Status.

Die Wandlung, die man in einem Initiationsritual erfährt, gliedert sich gemäß der klassischen Theorie von Arnold VanGennep in drei Phasen: 1. Loslösung – 2. Schwellenzustand – 3. Inkorporation/Eingliederung.[12] Diese drei Phasen entdeckt die Ethnologin auch im Frauenfest.

1. Phase: Loslösung

Die Etikettierung »Nur für Frauen!« hatte eine im positiven Sinn provozierende Wirkung. Frauen lösten sich aus der Männer- und »gemischten« Welt und betraten einen Raum nur für Frauen. Es kamen viele, die ein Frauenzentrum nicht ohne weiteres betreten hätten. Heterosexuelle Frauen hatten einen Grund – oder einen Vorwand –, ohne (ihre) Männer auf eine Party zu gehen.

Die Einladung des Frauenzentrums spielte auf diese Freiheit an: »Wir wissen auch aus den gemachten Erfahrungen, daß unser Verhalten freier ist, wenn Männer nicht dabei sind. Darum, Frauen, kommt an diesem Abend allein. (Wenn ER euch wirklich mag, dann hat er Verständnis dafür.)«

2. Phase: Schwellenzustand

Im engeren Sinne markierte das Betreten des Festsaales den Schwellenzustand, der Weg über die Schwelle, die 50 oder 100 Meter von der Kasse bis in den Saal.

1. Rockfete im Rock, Berlin TU Mensa 1974 (Foto: Cristina Perincioli)

Im übertragenen Sinn konnte dieser Zustand natürlich auch anhalten, wenn ambivalente Gefühle auftraten. Bei Neulingen mochte sich zuerst eine gewisse Orientierungslosigkeit einstellen, Irritationen und Aufregung: Heteras fanden sich mit Lesben konfrontiert, viele Möglichkeiten lagen in der Luft, aber auch leise Ängste, aufgeregte Neugier.

3. Phase: Inkorporation, Eingliederung

Im Verlauf des Festes fand die Aufnahme, die Eingliederung in das große »Frauen gemeinsam sind stark!« statt, in den Einklang der Feiernden, in die »communitas«, in die Frauenbewegung. Die Konflikte, die es in den Gruppen gab, blieben an diesen Abenden vor der Saaltür.

Neue Frauen wurden integriert; die »Programmischung« trug bei, daß jede etwas für sich fand. Der SPIEGEL schrieb: »[...] die Abwesenheit von Spruchbändern und Agitation, von ›Linie‹, hatte auch ihr Gutes. So kam man zu Wort und konnte das eigene Wort verstehen. Überall gab es Quatschgruppen, in denen Frauen mit seltener Offenheit über Sexualität und die Folgen sprachen. Verschüchterte gingen aus sich heraus, Betrunkene, Aggressive gab es kaum. [...] Da wurde zusammen- und auseinandergetanzt, da gab es Klamottentausch und Informationsstände und einen Apparat für die Musikverstärkung. Eine improvisierte Frauenrockband aus Berlin zog ein paar respektabel harte Nummern ab [...] In der Bar nebenan lief immer wieder der im Fernsehen abgesetzte ›Panorama‹-Beitrag zum Paragraphen 218. Wegen dieses Films, der einen Schwangerschaftsabbruch nach der schonenden ›Absaugmethode‹ zeigt, [...] hatten sich so manche überhaupt auf das Frauenfest getraut ...«[13]

Für manch eine ereignete sich auf diesem und folgenden Festen auch ein Übergang in lesbische, bisexuelle Erfahrungen.

»Die Barrieren waren weg, die es vorher bei Diskussionen im Frauenzentrum gegeben hatte!« (Roswitha Burgard, Mitveranstalterin 1974)

»Das war der Tango zwischen Heteras und Lesben!« – und es war »... Rhythmus und Krach! Raus aus dem Schweigen!« (Monika Savier, *Flying Lesbians*)

Es war auch körperlich »der Tanz der freien Verhältnisse«:

»Es entstand Adrenalin hoch drei, eine explosive Mischung ... Es war eine aufgeheizte, sehr erotische Atmosphäre! Es knisterte ... Zu fortgeschrittener Stunde zogen sich viele Frauen aus, tanzten halbnackt. Sich Ausziehen war möglich! Ein Ausdruck von Körper und Freiheit, weil man nicht angegafft wurde, weil man frei von Voyeuren war.« (Monika Mengel, *Flying Lesbians*)

Entgrenzung

Nach der Kulturanthropologin Ina-Maria Greverus sind »echte Rituale« durch Entgrenzungsvorgänge gekennzeichnet.[14] Tatsächlich lösten sich auf den Frauenfesten die Grenzen zwischen Zuschauerinnen und Darstellerinnen, Publikum und Bühne zeitweise auf; zumal wenn – allerdings nur bei den ersten Festen, später machten wir uns doch Sorgen um die Instrumente – zu fortgeschrittener Stunde Frauen in

 Scharen auf die Bühne strömten, um mitzutrommeln, um eigene Songs zu singen. Jede durfte ans Mikro und an die Tasten. Im Saal wurde auf allen denkbaren Gegenständen mitgetrommelt.

Dazu erinnert sich Monika Savier: »Die Grenzen zwischen dem Publikum und uns waren aufgehoben. Das war für uns die Bestätigung, daß wir von der Menge aufgenommen waren.« Auf einem späteren Fest und mit einer anderen Band erlebte sie, wie die Festteilnehmerinnen auf Flaschen und Gläser wie in Trance eintrommelten, bis alles zerborsten war und sie am Ende glücklich in einem Saal saßen, der völlig mit Scherben übersät war.

Die Größe der Feste, die Masse, die Tatsache, daß ein- oder zweitausend Frauen zusammenkamen, trug mit zu ihrer identitätsbestätigenden Funktion bei. Die Beteiligten schauten in diesen Spiegel und sahen: »Wir sind Frauen, wir sind viele ...«

Weitere Ritualbausteine ...

Auch das »Zubehör« eines klassischen Übergangsrituals läßt sich ausmachen:

- die sogenannten »Paraphernalia«: Transparente, Wandzeitungen, Büchertische mit Raubdrucken und selbstverlegten Eigenproduktionen;
- gemeinsame Symbole und Gesten: Fahnen und Plakate mit Frauenfäusten, gesprengte Frauenzeichen, Lesbenzeichen, Doppelaxt usw.; die Symbole und Gesten werden getanzt und auch auf Fahnen, Plakaten, Graffiti, Schmuck, Kuchenform, in allen denkbaren Materialien sicht- und hörbar gemacht;
- Rauschmittel: Bier, Wein und andere Rauschmittel;
- Rhythmen, Tanz und Texte: Die Flying Lesbians fungierten als Rock-Schamaninnen und Initiations-Patinnen, die die »Heiligen Texte« – die Parolen der Frauenbewegung – als Vorsängerinnen rezitierten; die Tanzenden entwickelten freie Formen und Bewegungsmuster, einzeln, in Paaren, in sich immer neu zusammensetzenden Gruppen, im Kreis, in spontaner Kettenbildung durch den ganzen Saal.

Sophie von Behr beschreibt in ihrem SPIEGEL-Artikel »Das große Weiche dominierte – über das erste öffentliche Frauenfest in West-Berlin« die Gefühle am Ende des Festes, die Rückkehr in eine Welt, die sie als »normal empfindende Frau« nun plötzlich als Männerwelt wahrnimmt: »Auf Dauer laufen Feste ohne Männer sicher nicht. Und doch: Wenn man als normal empfindende Frau morgens um drei durch ausgestorbene Großstadtstraßen nach Hause fährt, ist die Welt noch in Ordnung. Sie ist selbst zu dieser Nachtzeit auf penetrante Weise von Männern bestimmt und gemacht und daher plötzlich fremd.«[15]

Für Männer: Provokation

Männer tauchten auf Frauenfesten in verschiedenen »Gestalten« auf, in der Realität und im Spiegel der Presse. Hausmeister fanden immer einen Grund für einen Inspektionsgang und tauchten wie ein *Running Gag* vorhersagbar auf; daneben gab es die Feuerwehrleute, den Koch, den Heidelberger Schloßverwalter ...

Der von radikalen Feministinnen »angemachte Mann« wurde zum Typus, und kaum ein Pressebericht mochte auf ihn verzichten.[16]

Die Mischung aus gleichzeitig politisch agierender und sich dann noch miteinander amüsierender feministischer »Geheimbündelei« zog große Aufmerksamkeit auf sich: pikierte, indignierte, klischierte und manchmal durchaus scharfsichtige Beobachtungen und Kommentare. Die Schlagzeilen lauteten alle ähnlich:

»Emanzipationsfete – ohne Männer. Heidelbergs Frauengruppe als ›geschlossene Gesellschaft‹ im Königssaal«. (Rhein-Neckarzeitung, 21.10.76)

»1700 Emanzipierte feiern unter sich – aber ein EXPRESS Reporter war heimlich dabei: Bei Frauenfest war auch der ›stramme Max‹ tabu.« (Kölner Express, 4.10.76)

Selbst in den Presseberichten über das »Erste internationale Tribunal über Verbrechen gegen Frauen« 1976 in Brüssel spiegelt sich, wie

1700 Emanzipierte feierten unter sich – aber ein EXPRESS-Reporter war heimlich dabei

Bei Frauenfest war auch der „stramme Max" tabu

exp Köln — Die hübsche Rothaarige zieht die Pfeife aus dem Mundwinkel, beugt sich hinüber zu ihrer jungen Freundin und drückt ihr einen langen Kuß auf den Mund. Die beiden wähnten sich unter sich. Denn beim Frauenfest in dem Kölner Lokal Wolkenburg war der Zutritt für Männer strengstens verboten. Bis auf einen: EXPRESS-Redakteur B. Pruski hatte sich eingeschmuggelt:

Motto der 1700 beim Frauenfest: Jubel, Trubel, Weiblichkeit.

Das mulmige Gefühl in der Magengegend war nicht wegzuleugnen. Es wurde auch nicht besser, als ich flüchtig die Transparente in der Eingangshalle studierte: „Jeder Mann ist ein potentieller Vergewaltiger!" Und was, wenn die Damen mich in Vorbeugehaft schicken?

Aber das war nun nicht mehr rückgängig zu machen. Um das Frauenfest mit den Augen eines Mannes zu studieren, hatte ich mich als Bierkasten-Schlepper verdingt. Denn dieser Job — so sahen die Veranstalterinnen ein — war selbst für emanzipierte Damenhände zu rauh.

Zu Recht. Denn die rund 1700 Frauen aus allen deutschen Landen zwischen 17 und 70 Jahren konnten es in Sachen Trinkfestigkeit schon mit gestandenen Mannsbildern aufnehmen. Und so zwängte ich mich schweißgebadet durch die Menge der Tanzenden, die zum Rock-Song „Wir sind die homosexuellen Frauen ..." der „Flying Lesbians" durch den Saal hüpften.

Die Damen machten mir den Job nicht leicht! Pfiffe hinter mir (wann hat ein Mann das schon einmal erlebt?) und kernige Sprüche: „Igitt, ein Mann" oder „Na, da haben wir ja einen, wenn mal Not am Mann ist."

First Lady des Festes war unbestritten Alice Schwarzer, bundesdeutsche Chef-Emanze. Strahlend flanierte sie zwischen ihren Schäfchen umher — Alice im Wunderland.

Der Eintritt darein kostete sieben Mark — ein Beitrag zum Teppichboden des Kölner Frauenzentrums.

Ein Küßchen hier, ein Küßchen da, einige Filme, Diskussionen mit Gleichgesinnten und zwischendurch ein Häppchen zur Stärkung. Zum Beispiel „Stramme Walküre", denn der „Stramme Max" war hier eindeutig verpönt.

Und so ging's hoch her bis vier Uhr morgens, getreu der Parole, die ein Plakat am Eingang ausgab: „Eine Frau ohne Mann ist wie ein Fisch ohne Fahrrad." Mann, oh Mann ...

Kölner Express, 4. 10. 1976

provoziert sich Journalisten – stellvertretend für das männliche Geschlecht – fühlten. Die Inhalte des Tribunals, die Verbrechen gegen Frauen in aller Welt, kamen in den Berichten erst an zweiter Stelle. Von den *Kieler Nachrichten* bis zum süddeutschen *Teckboten* stellten die meisten den Tribunal-Ausschluß der Männer und den »männerlosen Frauenball« in die Titelzeilen: »Das Feindbild ist klar: Männer – abends ein Ball«.

Für Frauen: Das Fest als »Coming-Out-Party«

Auf den Frauenfesten wurde die Bedeutung des Separatismus, der »männerfreien Räume«, für den »Tanz der freien Verhältnisse« sinnlich erfahrbar: ohne Gaffer tanzen, sich halbnackt ausziehen, sich betrinken ohne Gefahr, Erotik darstellen oder auch ausleben und erfahren, wie gut man sich unter Frauen amüsieren kann. Das Frauenfest war in mehrfachem Sinn eine »Coming-Out-Party«. Der Begriff kommt ja aus den USA, steht dort für Debütantinnen und Debütan-

ten, die auf einer »Coming-Out-Party« ins erwachsene gesellige Leben und »in die Gesellschaft eingeführt werden«.
Auf den Frauenfesten bildete sich sozusagen die Frauengesellschaft, die Frauenkultur. Hier begaben sich Frauen aus sehr verschiedenen Szenen zum ersten Mal in Frauen(bewegungs)kreise, Frauen aus sozialistischen Gruppen, Studentinnen, Angestellte, Künstlerinnen, auch »Parteifrauen« und Gewerkschafterinnen, und zeigten sich frauenöffentlich.

Heteras trafen auf Lesben und umgekehrt. Lesben kamen heraus aus dem Verstecken im »Sub«, in der Provinz, aus der Isolierung und der Vorstellung, daß sie die einzigen weit und breit seien. »Sie konnten sich mit Selbstbewußtsein auf dem Parkett zeigen!« (Monika Mengel)

Zum Befreienden, zum »Coming Out« gehörte auch unser Name: *Flying Lesbians* – stolze Selbstbezichtigung statt anklagender Fremdbeschuldigung. Wir wollten den Begriff »Lesben« sichtbar und hörbar machen mit Vergnügen und Lust und mit spielerischem Verweis auf den Zirkus. Nebenbei war der Name auch eine bewußte Zumutung an Fest-Veranstalterinnen. Einige mußten sich überwinden, ihn gut lesbar aufs Plakat zu setzen.

Für die LP 1975 hatten wir überlegt, ob wir zum Selbstschutz Pseudonyme verwenden sollten, entschieden aber, uns mit vollem Namen zu *outen*.

»Die *Flying Lesbians* waren eine »Handreichung« an die Frauen, ein *role model*. Wir wollten ein Rollenmodell sein, mit der Methode der »Selbstbezichtigung«, einem klassischen Verfahren der Gegenkulturen, gegen die verlogene Adenauerzeit. »Ich habe abgetrieben.« Wir gaben Unterstützung beim *Outen* – ein pädagogischer Akt. Die *Flying Lesbians* fungierten als »Verstärker«. Wir waren ein verbindendes Element. Wir sagten bei den Festen z.B. unsere Namen, stellten uns als Lesben vor, und unsere Schlagzeugerin sagte dann auch immer, daß sie **nicht** lesbisch ist. Das war wichtig! Wir waren radikal in unseren Darstellungen, aber nicht in irgendeiner Abgrenzung von Heterofrauen!« (Monika Savier)

Rückseite des LP-Covers der Flying Lesbians

Einige Jahre später (kein Schluß)

Nach drei Jahren ebbte die Woge, die uns getragen hatte, ab. Die Musik veränderte sich: »In der Musik suchte man Ausgefeilteres, Diffizileres, und *Lysistrara* fing an Kunstmusik zu machen, komplizierter zu werden, feinere Instrumente dazuzunehmen, Geige, Flöte, ...ausgefeiltere Arrangements. Und dann war erstmal Schluß; dann kam aus der Frauenbewegung erst einmal keine Musik mehr und in der Bewegung war auch Ruhe, weil alle an bestimmten Sachen gearbeitet haben, und bei mir persönlich, was Texte betrifft, – ich konnte nicht mehr die alte Euphorie haben ...«[17]

Wir hörten nach drei Jahren auf, als in der Frauenbewegung und bei uns Alltag einkehrte. Dies scheint im Nachhinein ein ähnlicher Vorgang wie bei den *Liverbirds*. »Musik machte in erster Linie Spaß. Die vier *Liverbirds* hatten nicht den Ehrgeiz, sich zu perfektionieren; als das kollektive Erlebnis ausblieb, hörten sie auf.«[18]

Wer würde behaupten, daß Instrumentalistinnen jetzt, 25 Jahre später, sich die Hälfte der aktuellen Rock- und Popmusik, der U-Musik erobert hätten? Elektronik, Ethno, Weltmusik, House, Rap, Techno – betrachtet

Tribunal untersucht Verbrechen gegen Frauen:

Tausend Feministinnen klagen an

Männer bei Geheimtagung ausgeschlossen – Radikale Emanzipation gefordert

Frauenfestival – Hausverbot für alle Männer ...

sxp Brüssel — Ein Kongreß von mehr als tausend Frauen tagt und tanzt in der belgischen Hauptstadt Brüssel. Es sind Feministinnen aus zahlreichen Ländern, die fünf Tage lang über die Ursachen und Folgen der Verbrechen an Frauen diskutieren. Strikt verboten ist die Anwesenheit von Männern. Auch Journalisten mußten nach Kongreßeröffnung das Lokal verlassen.

Höhepunkt des Tribunals ist ein Ball, bei dem wiederum die Männer und auch männliche Musiker unerwünscht sind: zum Tanz spielt eine Frauen... Der Katalog den

Brautkauf in Israel, über das Mitgiftsystem und die Frauensklaverei in Indien und über Zwangssterilisierungen in Puerto Rico diskutiert werden. Die Europäerin-

Empfängnisverhütung auf Kosten der Gesundheit und gegen Mißhandlung von Frauen durch ihre Ehemänner. Weitere Anklagepunkte sind die Verfolgung von

Das Feindbild ist klar: Männer

Frauen wollen Verbrechen gegen Frauen brandmarken – Abends ein Ball

Alle Männer mußten aus dem Saal

„Internationales Tribunal über Verbrechen gegen Frauen" in Brüssel eröffnet – Auch beim Abschlußball unter sich

Beim Kongreß der Feministinnen haben Männer keinen Zutritt

Erstes internationales Tribunal über Verbrechen gegen Frauen

Zeitungsüberschriften vom 5.3.76 zum Internationalen Gewalttribunal Brüssel

man die Berühmten und Arrivierten, entdeckt man noch immer wenig Frauen, erzeugen sie noch lange nicht die Hälfte der Klangwelten. Was ist eine Marusha gegen die vielen männlichen DJ-Schamanen?

Dennoch: In jeder der folgenden Richtungen und Stile machten auch Musikerinnen von sich hören, von Punk bis NDW (Neue Deutsche Welle). Im Jahre 1988 z.B. gab es eine Welle von Sängerinnen und Songschreiberinnen, und sie wurden von Musikindustrie und Publikum »mit offenen Armen willkommen geheißen«.[19]

Zu Anfang seines Artikels »Wer rettet die Welt? Die Rückkehr der Songschreiberin« schreibt Johannes Paetzold im Berliner *Zitty*:

»Wofür die Frauenbewegung seit Jahrzehnten kämpft, die Anerkennung in einer von Männern beherrschten Welt, das scheint seit Anfang dieses Jahres in der Musikbranche ganz einfach: Ein Heer von Songschreiberinnen drängt auf die Musikszene und spaziert sogar munter die Hitparaden hinauf ...« Tanita Tikaram – damals 18 Jahre und schon ganz oben in den internationalen Charts – erklärte das so:

»Seit den Feministinnen und der Frauenbewegung können Frauen mehr Selbstvertrauen in ihre künstlerischen Fähigkeiten haben.«[20]

1 Monique Wittig/Sande Zeig: Lesbische Völker. Ein Wörterbuch, München 1981

2 Die Erinnerungen habe ich aufgefrischt durch Lektüre von Briefen, Zuschriften an die Flying Lesbians, Verträgen zu den Gigs, Zeitungsberichte über die Feste, Plattenrezensionen und Gespräche mit Monika Savier und Monika Mengel von den Flying Lesbians, mit Roswitha Burgard – wie auch Monika Savier einer Mitveranstalterin des ersten Berliner Frauenrockfestes – und Cristina Perincioli, die zu unserer Gründung wichtige Impulse gab und später Rundfunksendungen mit uns machte. Die »logistischen Kenntnisse« zum ersten Frauenfest brachte Monika Savier ein.

3 Es war schon vor 1974 »Frauenmusik« zu hören, auch schon die erste LP »Von heute an gibt's mein Programm«; aber im Prinzip handelte es sich um eine Songkultur, um »Lieder zur Klampfe«. Es hatte auch schon Frauenfeste gegeben, als Abschluß von Frauen-Kongressen, und auch schon Parties in den neugegründeten Frauenzentren. Frauen tanzten zu Musik von Platten von all-male-Bands.

4 Der STERN titelte am 12.6.1974: »Die Damen bleiben liegen« – in den Regalen der Plattengeschäfte. Selber schuld, meinte der STERN, denn: »... 80 Prozent aller Schallplatten in Deutschland werden von Frauen gekauft; 80 Prozent aller verkauften Platten und Kassetten sind von Männern besungen.«

5 Brigitte Rokohl: Rockfrauen, Reinbek 1979, S. 22

6 Vgl. ausführlicher dazu Cillie Rentmeister: Frauenwelten: fern, vergangen, fremd? Die Matriarchatsdebatte in der Neuen Frauenbewegung, in: Ina-Maria Greverus (Hrsg.): Kulturkontakt - Kulturkonflikt, Frankfurt/M. 1988

7 Als Sängerin Monika Mengel, mit Auftritts-Erfahrungen als Blues-Sängerin in Bands; als Drummerin und Sängerin Operngesangsstudentin Swetlana, als Tastenfrau und Sängerin Cillie Rentmeister, als Bassistin Monika Savier mit Vorerfahrungen in Männerbands und als Gitarristin Christel Wachowski. Ich probte bereits seit etlichen Monaten und noch ohne großes Konzept – angeregt von Cristina Perincioli, die auch mit einem Radioaufruf die Suche unterstützte – mit einigen Frauen in den Räumen unserer Frauenkommune am Paul-Lincke-Ufer, zur Freude der Nachbarn auch bereits mit Schlagzeugerin, aber sonst unverstärkten Instrumenten.

8 Erzählung der Flying Lesbians, O-Ton aus der Sendung »Frauenrock: Die Flying Lesbians« von Cristina Perincioli, SFB 18.7.1976

9 Off our backs, Sept. 1977, P. 14 (hier übersetzt von C. Rentmeister)

10 ebd.

11 Cillie Rentmeister in einem Feature von Cristina Perincioli, SFB 18.7.1976

12 Arnold VanGennep: Übergangsriten, Frankfurt/Main, New York 1986, Kap.1–3

13 Sophie von Behr: »Das große Weiche dominierte« – DER SPIEGEL, Mai 1974, S. 54. Der Panorama-Beitrag war von Alice Schwarzer.

14 Ina-Maria Greverus: Kultur und Alltagswelt, Frankfurt/M. 1978

15 von Behr, a.a.O., S. 54

16 Die »angemachte Festbesucherin« wurde seltener erwähnt: Sophie von Behr beschreibt im SPIEGEL Männerreaktionen zur ersten »Frauenrockfete im Rock« im Mai 1974: »... Zwanzig Männer standen am Hauseingang herum, neugierig bis feindselig (»Ihr seid faschistisch«), und drängten auf Einlaß ... Doch bis auf den älteren Hausmeister, der einmal durch den Saal ging, blieb das Fest männerfrei bis zum Ende.« Ebd., S. 54

17 Cillie Rentmeister in der Hörfunk-Sendung von Cristina Perincioli: »Frauenmusik – Musik der Frauenbewegung?«, SFB 1981

18 Rokohl, a.a.O., S. 34f

19 Johannes Paetzold in: zitty, Heft 17/1988, S. 39

20 ebd., S. 40

Franziska Groszer

Aufbruch und andere Brüche
Die Kommune 1 Ost – Eine Collage

Als Schreibende von Berufswegen frage ich mich nicht unbedingt bei jedem Ansinnen einer Medien- oder sonstigen Instanz, ob ich zum genannten Thema auch wirklich etwas sagen möchte. Mitunter sind gerade die Themen, auf die ich nicht verfalle, Denk- und Reflexionsanstöße und führen mich in abgelegene Zonen, die mir andernfalls vielleicht verschlossen geblieben wären. Mithin – sie sind willkommen, weil sie mich aus meinem eigenen Sumpf herauskatapultieren – können, könnten. Und hier fängt die Einschränkung an. Denn der Unterschied zwischen etwas sagen wollen oder sagen müssen und herauszufinden, was eventuell zu sagen wäre, kann am Ende einer sein zwischen Literatur und Geschwätzigkeit oder der zwischen Wahrhaftigkeit und Beliebigkeit, oder sie kann mich in ein Dilemma stürzen.

Der Titel des Kongresses »Wie weit flog die Tomate? 68erinnen-Gala der Reflexion« erschien mir im bezeichneten Sinne durchaus nicht fragwürdig. Und der Vorschlag, über die Kommune 1 Ost, die ich mit begründet habe, zu schreiben, traf auf ein länger schwärendes Nachdenken, lag mir selbst auf der Hand, im Herzen, auf der Seele. Schließlich ist das ein Teil meiner eigenen Geschichte, und zwar ein Teil, der im besonderen eine Art des ständigen Aufbrechens, eine bestimmte Gangart, eine künftige Affinität zu biographischen Brüchen in Bewegung setzte. Aber auch Wunden hinterlassen hat.

Schon während ich an den Notizen saß, während ich ältere Texte las, Tee trank, Tagebuchaufzeichnungen studierte, während ich las, was von den anderen ehemaligen Kommunarden in Artikeln oder Sendungen und in den Stasi-Protokollen geäußert worden war, während ich meine Vergangenheit aus Aktendeckeln und der Erinnerung zerrte, überfielen mich alte Gespenster und Schatten, zersplitterte eben diese meine eigene Geschichte in tausend Teile. Da liegt sie dann, die eigene Geschichte, die sich im Laufe der Jahre anfüllt, zunächst Vergangenes überlagert mit neuem Erleben und Erkennen, sich dann entleert und wieder neu zusammensetzt. Und du suchst verzweifelt nach dem Phönix in der Asche. Ich fragte mich jetzt – und zwar ziemlich beklommen –, was ich denn wohl gedacht haben könnte, was mir wohl vorgeschwebt hatte zu erzählen. Ich fragte mich – und wiederum beklommen –, *wem* ich denn etwas erzählen wollte. Das muß bedacht sein, arbeitet man nicht gerade im eigenen Auftrag und läßt es dahingestellt, wen es am Ende interessiert. Ich saß in der Asche und malte Figuren. Und fand jede Konstruktion, die ich mir aus den Fingern saugte, untauglich. Ich wünschte mir Zeit, viel Zeit, die ich nicht hatte. Ich träumte davon, an der Schreibmaschine zu sitzen und Satz für Satz wohldurchdacht, so ein leises schwebendes, weises Denken, das sich von selbst ergibt, traumwandlerisch wie eine Pianistin auf die Tasten zu klimpern. Ich wünschte mir für heute einen Kreis von Freunden und Freundinnen herbei, die wissen, wovon ich rede.

Setzen wir einmal voraus – und ich tat es –, daß unter den 68erinnen und 68ern ausnahmslos diejenigen verstanden werden, die im weiten Westen Fahnen schwangen, sich die Köpfe heiß diskutierten, Tomaten warfen usw., und augenblicklich haben wir alle die entsprechenden Bilder vor Augen. Die 68erinnen und 68er aus dem weiten Osten hingegen sind weitgehend aus dem Bewußtsein ausgespart und rufen, wenn wir sie herbeizitieren, keinerlei bewegte Bilder vor das Auge, sondern Fragezeichen. Annette Simon brachte es in ihrem schönen Aufsatz »Vor den Vätern sterben die Söhne« auf den Punkt: »Anders als im Westen sind die 68er in der DDR als Generation nicht identifiziert worden.«

Ja, gab's die überhaupt? Und wenn, in welcher Weise? Und was teilen sie mit uns? Welche Erfahrungen? Welche Aufbrüche? Welche Brüche? Und worin unterscheiden wir uns voneinander? Soll ich *das* beantworten? Soll ich weiße Flecken füllen? Soll ich Proportionen zurechtrücken? Für den Osten sprechen? Und hoppla, eh ich's mich versah, war ich mittendrin in einem dieser fruchtlosen Selbstpalaver, das mich auf der Stelle zurückversetzte in die Stimmungslage der späten 70er und der 80er im Westen, wenn es darum ging zu erklären, richtigzustellen, in Erinnerung zu rufen: Hallo, wir sind auch noch da!

Und schon geht's vom Ich zum Wir und zu dem einschüchternden Wort ›relevant‹. Annette Simon wagt in ihrem Aufsatz den Vergleich zwischen den West- und den Ost-68ern. Ein Wagnis deshalb, weil nur verglichen werden kann, was sich einigermaßen ähnelt. Und weil es erst dann, wenn Ähnlichkeiten und Unterschiede benannt sind, wirklich interessant wird. Und schließlich, weil nur wirklich fruchtbar wäre, wenn es den direkten Austausch gäbe, das Gespräch, die wechselseitige Neugier.

Gedachte Adressaten sind für Briefe unentbehrlich, für meinen Aufsatz taugen sie zu nichts. Alte Verletzungen heimzuzahlen, stellt immer eine Verführung dar, der ich mir bewußt bin und der ich nicht erliegen will. Eine sozusagen furchtlose Sachlichkeit walten zu lassen, liegt mir nicht und ist im übrigen mit klopfendem Herzen unmöglich. Das Dilemma ist nicht aufzulösen; noch dieser Text, der es beklagt, wird es gleichwohl transportieren.

Ich spreche für mich.

Wir waren Anfang 20. Während ich meinen dicken Bauch vor mir herschob, vergnügte sich der Mann mit der Nachbarin, die gerade ihren Fernsehapparat gegen ein Che-Guevara-Plakat getauscht hatte. Im Sommer '68 kam meine Tochter Josefine zur Welt. Mein Sohn Oli wurde im Herbst zwei Jahre alt. Das Baby stand im Kinderwagen draußen im Garten, eine Blume auf der Decke, die von ihrem leiblichen Vater stammte, der nicht derselbe Mann war, mit dem ich verheiratet war. Mir gefiel die Ehe als Idee, aber ich sah darin keinen besonderen Sinn. Ich sah den Zweck, die nahezu einzige Möglichkeit, zu einer eigenen Wohnung zu kommen, ich sah die Abgrenzung zur Welt der Familie, der fertigen Erwachsenen. Ich sah die Ehegemeinschaft als unbestritten zweifelhaften und ungenügenden, aber dennoch Schutzraum in einer bedrohlich miefigen Welt voller Schrankwände, ausgeleierter Trainingsanzüge und Menschen mit der geistigen Beweglichkeit von »Fröhlichsein und Singen«.

Wir lebten zu viert in eineinhalb Zimmern zur Untermiete. Um die Kinder des Nachts nicht zu stören, pinkelten wir mitunter aus dem Fenster. Wir stritten uns in unserem Kämmerlein, wir hörten Lieder von Biermann und Joan Baez und alte Harfenmusik, wir lasen uns Bobrowski vor und Hölderlin. Ich langweilte mich furchtbar mit den kleinen Kindern den Alltag über, diese ewigen Spaziergänge Tag für Tag. Und die Wehrlosigkeit und Abhängigkeit und Offenheit der Kinder zerriß mir das Herz. Wir wußten nicht, was wir von Treue, Verrat, Familie zu halten hatten, wir schmeckten gerade erst die eigenen Erfahrungen und Erkenntnisse und probierten aus. Und waren uns einig, daß unsere Eltern uns herzlich wenig fürs Leben übermittelt hatten, das wir hätten brauchbar finden können oder sinnvoll. Wir debattierten mit den Freundinnen und Freunden über die Vision eines Sozialismus mit menschlichem Antlitz. Wir lasen Klemperers LTI und verglichen sie mit der Sprache des realen Sozialismus. Bücher über antiautoritäre Erziehung, Literatur, Kunst, Politik – das waren die Türen, die wir uns aufstießen, Türen, die uns mit der übrigen Welt verbinden sollten. Dafür, für diesen Rest der Welt, war uns das Bewußtsein und das Verständnis näher als den später in den Mauern Geborenen. Wir hatten noch so etwas wie eine Erinnerung: vor der Mauer – nach der Mauer. Und unser Aufbegehren in der Enge unserer Welt war auch der Versuch, uns einzubeziehen in das Aufbegehren außerhalb als etwas uns allen Gemeinsamem. Wir klebten an den Bildern von der Welt, die uns aus dem Fernsehen einer anderen Nachbarin entgegenflimmerten: Studentenunruhen, Paris, Berlin, der Krieg in Vietnam, ein Interview mit Dutschke.

Die Zeit war voller dramatischer Momente, verzweifelter Suche und grandioser Empörung. Wir waren uns einig, nichts und niemals etwas hinzunehmen, nur weil es uns vorgelebt wurde, nur weil es als das Normale galt. Und wir rochen es. Wir spürten es. Wir hörten es. Da liegt ein ständiges Raunen von Mahnungen in der Luft: Betreten verboten. Überschreiten verboten. Hinauslehnen verboten. Wenn das nun alle täten. Und wir schrien: Ja, sollen es doch endlich alle tun!

Die Ehe währte, als eine zeitweilige Gemeinschaft verstanden, vielleicht ein paar Wochen. Dann hatte ich sie satt, dann war sie zu eng, dann brach ich aus, dann brach ich ein, dann ging sie nahtlos über in die Kommune 1 Ost, die einzige mir denkbare Alternative zum Allein-mit-den-Kindern-Leben. Ohne zu wissen natürlich, daß der Enge einer Ehe zu entrinnen eine andere Enge, die einer Wohngemeinschaft beispielsweise, nicht ausschließt. Dem aber war der August 1968 vorausgegangen. Ein geschichtlicher und biographischer

Fixpunkt, das böse Erwachen, eine Art Initiation, das Ende von Kindheit und Jugend – allgemein das Ende der politischen Unschuld. Spätestens jetzt verwandelte sich die feindselige Welt der Schrankwände in eine feindselige Welt von Gittern. Annette Simon beschreibt das so: »Die politischen Orientierungspunkte für uns im Osten waren vor allem die Versuche der Demokratisierung des Sozialismus in der CSSR. Das Trauma der '68er der DDR war die Okkupation dieses Landes im August '68. Ende Oktober wurden im Neuen Deutschland die Urteile veröffentlicht, die über eine Gruppe von jüngeren Leuten verhängt worden waren, weil sie durch Flugblätter und Protestparolen an Hauswänden gegen den Einmarsch der Warschauer-Pakt-Staaten in die CSSR protestiert hatten. ... Urteile von zwischen mehreren Monaten und mehreren Jahren Haft. Es waren exemplarische Urteile. Zum Teil schickte die herrschende Klasse ihre eigenen Kinder ins Gefängnis. Der Vater von Thomas Brasch, als jüdischer Emigrant aus London in die DDR zurückgekehrt, war stellvertretender Kulturminister. Der Vater von Erika Berthold war Direktor des Instituts für Marxismus-Leninismus beim ZK der SED, also des Ideologieinstituts der DDR. Hier wurde Zukunft für die eigenen Kinder verschlossen. Die Verurteilten mußten ihre Strafen nicht absitzen. Sie wurden nach ein paar Tagen oder Monaten zur Bewährung ausgesetzt. Dies wurde dann aber nicht im ND veröffentlicht.«

Über eine dieser komplizierten Transaktionen, die in der DDR üblich waren und Wohnungstausch zwischen mehreren Beteiligten hieß, kamen wir – ich spreche von mir und Mann und Kindern – an eine für unsere Verhältnisse traumhafte Wohnung von drei Zimmern mit Bad, großer Wohnküche, einem Kämmerchen und einem langen Flur, in dem die Kinder Rennen und Rollschuh- und Rollerfahren übten. Zu uns zogen Erika Berthold mit dickem Bauch und Frank Havemann. Wir nannten das ganze Kommune 1 Ost und freuten uns diebisch. Selbstverständlich und folgerichtig hatten wir sofort die beflissene Staatssicherheit vor der Tür, an unserem Küchentisch und auf den Sofas. Mal traten sie als naive Wißbegierige auf, mal als Sittenwächter (Schlafen die am Ende alle in einem Raum?), mal als besorgte Tanten von irgendeiner kommunalen Einrichtung (Werden die Kinder auch nicht vernachlässigt?), mal traten sie auf als Polizisten, die uns von der Straße weg ins nächste Revier zu dadaistischen Verhören schleppten, mal unverhüllt als das, was sie waren. Wir lachten hämisch. Zwar forderten wir kein Jahrhundert in die Schranken, aber doch die Bürger vor die Schrankwände. Wir waren großäugig und großmäulig und hatten nie ganz den Märchenglauben verloren, daß das Gute am Ende natürlicherweise siegt oder unserer eigenen Beharrlichkeit wegen. Wir hatten keinen Begriff davon, daß die Bösen nicht nur den Hintergrund abgeben für eigenes gutes Tun, sondern außerdem noch unser Spiegel sind. Wir waren sehr moralisch, sehr fordernd – aber immer auch in aller Verrücktheit mit diesem Hauch von Vernünftigkeit und Ernst und Selbstgerechtigkeit, ähnlich der heutiger Altoppositioneller, die meinen, sich für immer eine Wolke im Himmel verdient zu haben. Kultur und Politik waren keine gegensätzlichen Pole. Das war dieselbe Luft, derselbe Geist oder Ungeist und hatte dieselbe Bedeutung: uns nämlich aus den eigenen Grenzen unseres Lebens immer wieder hinauszuschleudern.

In einer Sendung des Deutschlandfunks »Hippies, Lauben, Sommergäste, eine Kommune in Ostberlin« von Petzold/Kaiser klingt das so: »Das Unerhörte geschah vor 29 Jahren und ziemlich unspektakulär. Unter dem Dach eines bröckligen Mietshauses in der Ostberliner S.-Straße, in einer heruntergekommenen Altbauwohnung, drei Zimmer, Ofenheizung, Außenklo, saß im Frühling '69 in vertrauter Runde eine kleine Gruppe Ostberliner Jungintellektueller. Bei Kerzenlicht und bulgarischem Rotwein. Mit langen Haaren und echten Bluejeans, die in der DDR schwer zu bekommen und deshalb kein Kleidungsstück, sondern eher eine Art leibhaftiger Weltanschauung waren. Auf dem Plattenteller drehten sich abwechselnd ihre Lieblingsscheiben, ›Brainbox‹ und Wolf Biermanns kratzende Dissidentengesänge. Eine Szenerie, fern von staatsbürgerlicher Korrektheit. Die jungen Leute blätterten in abgewetzten Wagenbach-Ausgaben oder lasen in eingeschmuggelten Undergroundmagazinen über die wildblühenden Kommuneexperimente auf der anderen Seite. Zeugnisse eines rebellischen Lebensgefühls, das in dieser Zeit nicht nur Erika Berthold, Gert und Franziska Groszer, Frank Havemann und Klaus Labsch, sondern eine ganze Generation miteinander verband. Was diesen Abend so folgenreich machte, war sein Ergebnis: die Freunde gründeten die erste Kommune auf dem Boden der DDR.« Ich höre jetzt mal auf mit der Folklore. Was die Verfasser sich aus den Fingern gesaugt oder von Interviews übernommen haben, muß dahingestellt bleiben, für diesen Ostkitsch zeichnen sie jedenfalls verantwortlich.

Hier der Auszug aus einer Schrift ganz anderer Verfasser: »Verwaltung für Staatssicherheit, Groß-Berlin, Abteilung XX/2. Auskunftsbericht Franziska Groszer, Vorstrafen: keine. Franziska Groszer wurde '68 im Rahmen der operativen Nachkontrolle des feindlich in Erscheinung getretenen Personenkreises des operativen Vorgangs Diskussionsclub bekannt. Sie und ihr Ehemann Gert Groszer hatten ihre Wohnung den gerichtlich wegen staatsfeindlicher Hetze verurteilten Personen Havemann und Berthold zur Verfügung gestellt. In dieser als Kommune 1 Ost bezeichneten Großfamilie wurde ein Programm zur politischen Selbstbetätigung und kollektiver politischer Arbeit festgelegt. Darin war das Studium der Arbeiten Robert Havemanns, der Schriften Marcuses, Che Guevaras, der Werke der Klassiker mit revisionistischer Zielstellung vorgesehen. Häufig kam man durch gegenseitige Besuche mit Robert Havemann und Wolf Biermann zu politischen Gesprächen und Partys zusammen. Nach einem festen Rhythmus veranstaltete die Großfamilie Zirkelabende und Politinformationen, mit denen sie ihren politischen Einflußkreis unter Jugendlichen der Hauptstadt ständig zu erweitern trachteten. Durch operative Differenzierungsmaßnahmen und zum Teil durch demonstratives Vorgehen gegen diese Personen wurden mehrere Provokationsversuche in der Öffentlichkeit bereits im Keime erstickt.«

Eins meiner Lieblingsworte ist Aufbruch, in dem das herausfordernde »Auf! Auf!« steckt und sich auf höchst verruchte Weise mit dem »Bruch« verbindet. Aufbruch ist meine Lieblingsbewegung. Mich festzusetzen hasse ich. Und lebe doch mit beidem. Jedes Zeitalter hat sie, jedes Jahrzehnt, jede Biographie: ihre Hauptworte. Eines der Hauptworte der '68er Zeit ist Aufbruch. Aufbruch beschreibt keinen Prozeß, nennt keinen Weg und kein Ziel, sondern den simplen Vorgang einer Bewegung. Erst dieser Bewegung folgen Weg und Ziel. Einen Rucksack schultern und auf die Straße gehen, von der Illusion in die

Wirklichkeit; eine Ruhe beenden, um etwas Bewegendes und Bewegtes zu beginnen. Wenn wir aufbrechen, dann in einer Art Gewaltakt. Es bleibt nichts in der gleichen Weise zurück, wie es vor dem war. Ein wirklicher Aufbruch geht vonstatten, indem verkrusteter Boden um uns her aufreißt. Im Aufbruch brechen wir mit alten Gewohnheiten, mit Konventionen, mit schön Vertrautem – Aufbruch ist Abschied.

Im Osten aufzubrechen, bedeutete etwas anderes als im Westen aufzubrechen. Die Aufbrüche der jungen Generation im Osten hatten immer etwas mit dem Trauma der Eingesperrten zu tun. Grenzüberschreitung meinte immer die metaphorischen Grenzen und die geographischen Grenzen. Ein verinnerlichtes und verdrängtes Bewußtsein von der Welt und ihrem Außensein. Die Verdrängung geschah im Abschwächen, als käme es doch nicht so drauf an, als zählte immer und sowieso nur grade der Ort, auf dem die Füße stehen. Tun wir, was wir können und tun müssen: hier. Die große Welt, was ist das schon? Naja, Afrika, Amerika, der Ku'damm; andere Länder, andere Sitten. Vielleicht ist Kuba ein Ort zum Leben? Aber da kommen wir ja auch nicht hin. Oder: In Wahrheit, Würde, Anstand lebt der Mensch, egal, wo er ist – oder er lebt eben nicht. Zufall, Schicksal, daß wir da sind, wo wir sind.

Welt, wie ich sie meine, ist keine Idee, keine Fiktion und auch nicht etwas so Grandioses wie, daß alle Menschen Schwestern und Brüder wären, was sie tatsächlich in jedem guten und in jedem schrecklichen Sinne sind. Welt tritt in Erscheinung im Moment unserer Geburt. Der Bauch, das Bett, das Zimmer, das Haus, die Straße, die Stadt, das Land sind Stationen einer ewigen Wiederholung, die ebensowenig mit der Geburt beginnt, wie sie mit dem Tod endet. Und können wir nicht Teil von ihr sein, sind wir amputiert.

Die euphorische Anfangszeit mit ihren geistigen Höhenflügen und erotischen Entdeckungsreisen und dem revolutionären Pathos endete nach kurzer Zeit und zunächst in einem Wust von Banalitäten und Krämerhaftigkeit, den Szenen einer Ehe nicht unähnlich. Auf irgendeine und mir selbst immer noch im Ganzen unbegreifliche Weise vollzog sich dann jedoch eine Wandlung, die vom Aufbruch in den Bruch mündete.

»Verwaltung für Staatssicherheit Groß-Berlin, Abteilung XX/2. Im Jahre 1970 setzte unter einem Teil der vorgenannten Personen ein politischer Klärungsprozeß ein, der einen konsequenten Abbruch der Beziehungen zu Robert Havemann und Wolf Biermann zur Folge hatte. Franziska Groszer verharrte auf ihrer politisch negativen Position. Während sie den Kontakt zu Havemann, Berthold und weiteren Personen, die ihre bisherige politische Haltung einer ernsthaften selbstkritischen Prüfung unterzogen, abbrach, behielt sie ihren engen Kontakt zu Havemann und Biermann bei. Sie unterhält Kontakte nach Polen, in die CSSR und in die BRD. Nach inoffizieller Feststellung wurde sie durch Rudi Dutschke aufgesucht.« Petzold/Kaiser beschreiben selbiges auf ihre Weise: »Die Distanz zur Dissidenz äußerte sich in der S.-Straße auch familiär auf fast tragische Weise. Frank Havemann distanzierte sich 1970 von seinem Vater, nachdem dieser in der Kommunardenwohnung ohne kollektive Erlaubnis ein Spiegel-Interview gegeben hatte. Über zehn Jahre verweigerte der Sohn daraufhin jeden Kontakt. In den täglich angesetzten Diskussionsrunden debattierte die Kommune sogar darüber, ob Frank seinen Familiennamen ändern müsse, damit die Gruppe bei den staatlichen Organen nicht mit dem Oppositionellen in Verbindung gebracht werden könne. So wurden die einstigen Vorbilder zu Klassenfeinden. Die Kommunarden erteilten Havemann und Biermann schließlich Wohnungsverbot. Nur Franziska Groszer, die später Kommune und Land verließ, räumte den beiden in ihrem Zimmer weiterhin ein Gastrecht ein. Bei einem ihrer Besuche konnten sie an der Kommune-Wandzeitung ein Dekret der besonderen Art lesen: Beschluß des Wohnkollektivs. In Erwägung, daß Havemann und Biermann in der Theorie vom Marxismus-Leninismus zum Revisionismus übergewechselt sind, beschließen wir 1. Havemann und Biermann nicht mehr in unsere Wohnung hineinzulassen; 2. falls Franziska versuchen sollte, sie hier zu empfangen, dies als offene Provokation aufzufassen.« Warum der Dissens zur Dissidenz eintrat, weiß keiner so recht zu verdeutlichen. In den Schilderungen der Altkommunarden findet sich kein Hinweis, in Interviews und Zeitungsartikeln ist nebulös von Entwicklung und Wandlung und Einsichten die Rede. Faktisch bildete der Eklat um Robert Havemanns Spiegel-Gespräch den Auftakt zu der kurze Zeit später in tagelanger Arbeit von Gert Groszer und Frank Havemann verfaßten Absage an Biermann und Havemann, ein in Politkauderwelsch verhüllter Vater-Sohn- und Autoritätenkonflikt, der dann eine Eigendynamik entwickelte. Der große Freundeskreis schlug sich entweder auf in die Büsche oder auf meine Seite oder bildete mit Groszer, Havemann, Berthold und Labsch zusammen eine Gemeinschaft. Fortan war der Ort, an dem ich lebte, keiner, wie Adorno es formulierte, an dem man ohne Angst als jemand von anderen Verschiedener leben konnte. Während ich verzweifelt nach einer Wohnmöglichkeit für mich und die Kinder suchte, wurde die Wohnung gegen eine größere eingetauscht. Eine eigens für mich entwickelte Hausordnung legte fest, wann ich mich wo aufhalten dürfe und wann und wo nicht, gestattete mir gnädig, mich selbst um meine Kinder zu kümmern und gipfelte im zitierten Hausverbot. Rosa Luxemburgs Forderung nach der Freiheit der Andersdenkenden, kurz zuvor noch auf ein Transparent gepinselt, galt hier nicht. Sämtliche Bücher von Havemann und Biermann sowie anderer gegenüber dem Realsozialismus kritischer Autoren wurden im Ofen verbrannt. O-Ton Berthold: »Hiermit überantworte ich dem Feuer die Schriften von ...« In meinen Akten fand ich den fassungslosen und ungläubigen Bericht eines Stasi-Spitzels über die Bücherverbrennung. So schnell hatte der Staatssicherheitsapparat die Kehrtwendung der Kommunarden gar nicht begriffen. Sendung Petzold, Kaiser, O-Ton Klaus Labsch: »Es war eine unglaublich radikale Politisierung, die aber auch alle anderen Lebensbereiche erfaßt hat. Das Zusammenleben wurde ziemlich formalisiert. Es gab zum Beispiel ein sehr strenges Regime, was den Umgang mit dem verbliebenen Zeitbudget anging. Wir haben das auch als völlig normal empfunden. Revolutionäre haben keine Freizeit. Wir haben auch kein Privatleben. Das klingt jetzt alles ein bißchen ironisch, aber es war damals wirklich sehr ernst. Es gab so einen ironisch gemeinten Spruch auch unter DDR-Funktionären: Wer lacht, hat noch Reserven.«

Annette Simon in ihrem Essay »Vor den Vätern sterben die Söhne«: »Nach ihrer Verurteilung wurde Erika Berthold von der Schule geschmissen und konnte das Abitur nicht ablegen. Sie machte eine Lehre als Bibliothekarin und lebte zusammen mit ihrem Freund in einer der beiden Wohngemeinschaften, die es überhaupt in Ostberlin gab. In dieser WG versuchten sich die Mitglieder auf verschiedene Weise mit der DDR auseinanderzusetzen und spalteten sich. Der eine Teil ging mit Ausreiseantrag in den Westen, die Gruppe um Erika Berthold entschloß sich, in der DDR zu bleiben und ihre Institutionen zu nutzen. Das führte zeitweise auch zu einer scharfen Abgrenzung von den einst idealisierten Vorbildern. Berthold trat in die SED ein, arbeitete später in einem Großbetrieb und dort in der FDJ-Leitung mit. Sie habe immer versucht, für Leute etwas zu tun, Verhältnisse menschlicher zu machen; mit unterschiedlichem Erfolg, sagt sie heute. Im Herbst '89 wollte sie den Erhalt einer veränderten DDR. Jetzt steht sie der PDS nahe, ohne Mitglied zu sein. [...] so merkwürdig können ostdeutsche Biographien sein.« Weiß Gott.

Ich benutze hier, Annette Simon möge mir verzeihen, nur deswegen diesen Ausschnitt aus ihrem Text, weil er aus Erika Bertholds eigenen Worten gespeist ist. Ein Mosaikstein, ein Bruchstück der Wahrheit, ein Splitter, der sich im Auge des Betrachters entweder entzündet oder nicht wahrgenommen wird.

Während ich mit meinen Erinnerungen und denen anderer befaßt war, las ich bei Elliot Weinberger dies: »Wordsworth und Proust gehen bei ihren Suchen nach der verlorenen Zeit davon aus, daß das Gedächtnis ein Strom ist, ein Strom, dem sie flußaufwärts folgen. Doch die Erinnerung ist ein Strudel, eine Gleichzeitigkeit. Ganz gleich, um welches Thema es sich handelt, die Erinnerung denkt stets an etwas anderes, schöpft ständig neue Stilleben, Collagen. Die reine, unmögliche Biographie oder Autobiographie schafft nur Konstellationen aus diesen Assoziationsketten, Abschweifungen und unverständlichen Gedankensprüngen. Sie kümmert sich nicht um Zeit. Die Technik der Rückblendung ist im Kern ein künstliches Umarrangieren der chronologischen Abläufe. Mit Erinnerung hat das nichts zu tun. Das Erinnern denkt an den Beginn, den Verlauf und das Ende zugleich. Der Sinn für Zeit besteht nur in ihrem Verlust.«

Nachdem ich unversehens zum Klassenfeind avanciert war, pendelte ich zwischen der Wohnung und den winzigen Behausungen von Freundinnen und Freunden hin und her. Meine Tochter Finchen kam mit Stoffwechselstörung für eine Woche ins Krankenhaus. Ich konnte den Kindern keine Fröhlichkeit, keinen Mut, kaum Wärme und Geborgenheit bieten. Eine Wunde, die nie ganz vernarbt ist. Dieser Teil einer gemeinsamen Geschichte kommt in den Erinnerungen der anderen Kommunarden nicht vor. Da verschwinde ich ganz einfach mit den Kindern irgendwie im Westen. Tatsächlich war von Ausreise, die 1977 nach massivem Druck, Verhören und Hausdurchsuchungen erfolgte, zu diesem Zeitpunkt nicht entfernt die Rede. Meine größte Sorge zu dieser Zeit war die: Vor dem Scheidungsgericht hatte Gert Groszer das Sorgerecht für die Kinder beantragt, da ich »nicht willens und nicht imstande sei, die Kinder im sozialistischen Sinne zu erziehen«. Daß es dazu nicht kam, verdanke ich einer Richterin, die eine solche Argumentation nicht überzeugte. Mein Wohnungsproblem löste ausgerechnet die Stasi. Für mich ein Glück und das Ende eines Alptraums. Die Stasi machte der Kommune ein Ende, indem sie sich auf irgendwelche Gesetze, den Wohnungstausch betreffend, berief, und wies allen in der Wohnung polizeilich gemeldeten Personen getrennte Wohnungen zu.

O-Ton Labsch: »Wir waren bestrebt, die letzte Hürde zu nehmen, die letzte Bestätigung für uns war wirklich, in die Partei zu kommen. Wir haben regelrecht gekämpft darum. Gekämpft und – das ist jetzt vielleicht ein wenig schmerzhaft – wir haben regelrecht gebuhlt. Wir haben uns klein gemacht. Daß die Staatssicherheit an uns alle einzeln herantrat und uns um Mitarbeit bat, war für uns natürlich der allerletzte Beweis: Jetzt haben wir es geschafft. Nicht im Sinne von Karriere, sondern im Sinne unserer sehr naiven Vorstellung: wir könnten radikal etwas verändern. Wenn die Leute, die uns vorher jahrelang beobachten mußten, uns zur Mitarbeit bitten, das war für uns: jetzt sind wir endlich mittendrin. Jetzt sind wir nicht mehr die Außenseiter und ewig Beargwöhnten. Jetzt sind wir endlich da, wo wir hin wollten. Nun ist die Frage, was wir dann gemacht haben, als wir letztendlich im von uns angenommenen Zentrum der Bewegung drin standen. Vielleicht können wir jetzt formulieren: von dem Punkt an ging es bergab.« (Petzold/Kaiser)

Zum Schluß noch ein Blick in meine Stasi-Akten. Gert Groszer: »Der 21. August 1968 war für mich ein sehr wesentlicher Tag, denn ab diesem Tag wurde ich zur politischen Aktivität provoziert. Durch Westfernsehen hatte ich die Vorstellung von einem sehr »menschlichen« Sozialismus, ich meinte, dem Individuum würde endlich mehr Freiheit zugebilligt. Als ich von den Maßnahmen seitens des sozialistischen Lagers hörte, war ich empört und der Ansicht, man müsse dagegen etwas tun. Zusammen mit (geschwärzt) schrieb ich auf die Straße von Köpenick nach Müggelheim die Losung: Es lebe Dubcek. Am anderen Tag schrieben meine Frau Franziska und ich Losungen auf Flugblätter wie: Russen raus aus Prag! Freiheit für die CSSR und ähnliches.« Unterzeichnet ist dieses Papier mit: »IM Walter.«

Mich hat als Kind schon immer die Frage fasziniert: Wohin das alles geht, was von der Welt verschwindet. Und ich stellte mir vor, wie am Ende unsichtbare Dinge unsere Welt bevölkern und sichtbare Dinge im All umhertreiben. In bestimmter Hinsicht habe ich die Vorstellung beibehalten. Ich glaube, daß alles, was einmal geschehen ist, Liebe und Verrat und Grausamkeit und Güte auf immer in der Welt bleiben und in unser geistiges und psychisches Leben eingehen und zum Bestandteil des ganzen Gefüges werden, das wir Welt nennen. Und wenn nun die 80er-Tomate für etwas steht, das droht übergangen zu werden, bin ich dafür, sie auf die Umlaufbahn zu schicken.

Irene Stoehr

Feminismen und politische Kultur. Die westdeutsche Frauenbewegung als Generationenproblem[1]

»Sind die 30jährigen dabei, das Erbe der Frauenbewegung zu verschleudern, an dem die 50jährigen verbissen festhalten, während die 40jährigen fortfahren, den Berufsfeminismus zu etablieren?« Wegen dieser polemischen Frage, die ich vor fünf Jahren an den Beginn eines Aufsatzes stellte, bin ich mehrfach getadelt worden, wobei die Frage bereits als Antwort genommen wurde. Gewissermaßen als Gegenleistung für diese kleine Unfairneß sorgten sich die aus meiner Generation stammenden Kritikerinnen nicht um sich selbst. Generös über die ungalante Formulierung ihnen gegenüber hinwegsehend, beschwerten sie sich über meine (vermeintliche) Unnachsichtigkeit gegenüber der Jugend. Auch diese Reaktion gehört zum inzwischen bereits recht komplexen Generationenproblem in der Frauenbewegung.[2]

Ich möchte jedoch nicht über Animositäten und Konflikte sprechen, auch über solche nicht, die sich z.B. in Frauenprojekten zwischen den feministischen Müttern und Töchtern daraus ergeben, daß die letzteren angeblich immer alle Erfahrungen wiederholen müssen, oder daraus, daß die Alten die Jungen angeblich nicht »ranlassen« wollen, oder eben daraus, daß die Mütter um die Gunst der Töchter buhlen (indem sie sich z.B. selbst als die verständnisvolleren Mütter von den »bösen« Müttern abgrenzen).

Wenn ich die Frauenbewegung als »Generationenproblem« behandele, dienen mir die Generationen vielmehr als Hilfskonstruktion, um die Geschichte der Neuen Frauenbewegung von 1968 bis heute zu analysieren. Die Konstruktion dieser Geschichte als einer feministischen Generationenabfolge kann bei aller Holzschnittartigkeit möglicherweise verhindern, daß sie nur unter dem Gesichtspunkt eines gradlinigen Rückzugs oder Zerfalls gesehen wird.

 Ich unterscheide also drei Generationen, die für Entwicklungsstadien stehen sollen. Außerdem haben sie Generationenbewußtheiten als »politische Kulturen« ausgebildet, die gleichzeitig nebeneinander bestehen, sich vermischen und Konflikte produzieren.

1.

Die heute Ältesten in der westdeutschen Frauenbewegung verstehen sich gerne als besonders politisch und werfen den Jüngeren häufig vor, unpolitisch zu sein. Der Generation der in den 40er Jahren geborenen Männer – und mitgemeinten Frauen – wird diese Selbsteinschätzung neuerdings wissenschaftlich bestätigt. Sie wird von der sozialwissenschaftlichen Generationenforschung als »politische« (Fend) oder »theoretische« bzw. »wissenschaftliche« Generation (Göschel) bezeichnet.[3]

Diese »politische« Generation forderte als erste in ausdrücklicher Reaktion auf die Nazidiktatur demokratische und soziale Rechte ein. Sie übernahm von den älteren Studenten – etwa der Gründergeneration der Freien Universität Berlin – die Figur der Gegenüberstellung von Verfassungsnorm und Verfassungswirklichkeit, die sie allerdings durch eine Wiederentdeckung des Marxismus theoretisch neu fundierte. Sie kritisierte die Werte der Adenauer-Ära: den Antikommunismus, die USA-Hörigkeit, die Arbeits- und Familienorientierung.[4]

Viele 68erinnen haben sich von der männlichen Studentenbewegung (und den K-Gruppen) abgegrenzt und z.B. in Berlin den Aktionsrat zur Befreiung der Frau gegründet, der mit einigen Brüchen zur Frauenzentrumsbewegung führte. Der Anlaß war die Entdeckung der Unwahrhaftigkeit der Genossen, die eine herrschaftsfreie Gesellschaft propagierten, aber sich zu Hause als Paschas aufführten und die Frauen mit der – antiautoritären – Kindererziehung alleine ließen.

Den Gründerinnen der Neuen Frauenbewegung ging es nicht darum, das Persönliche für politisch zu erklären, sondern um eine Politisierung des Privatlebens in einem zunächst marxistischen Sinn. Davon versprachen sich die Pionierinnen eine »Aufhebung« der im Privatleben unsichtbar, unöffentlich und deshalb unbehelligt wirkenden Herrschaftsverhältnisse zwischen Männern und Frauen, aber auch eine Aufhebung der Repressionsmechanismen z.B. in der Kindererziehung. Daraus ergab sich eine andere Prioritätensetzung bei der Zielbestimmung der politischen Bewegung: Kinderladenarbeit rangierte vor Lehrlings- und Schülerarbeit, also vor der Politisierung anderer, und vor NATO- oder Bundeswehr-Kampagne.

Den heute 50–60jährigen »68ern« wird ein »gebrochenes Verhältnis« zum Genuß,[5] der Hang zur Askese und zur »protestantischen Ethik« nachgesagt. Dieser Zug scheint mir bei ihren feministischen Dissidentinnen nicht eindeutig zu sein. So wurde die Forderung »Lohn für Hausarbeit« (LFH), die – Mitte der 70er Jahre von einigen Feministinnen (zu denen ich gehörte) aus Italien und den USA übernommen wurde – als »Lohn gegen Hausarbeit« übersetzt oder gar als »Lohn für Luxus« gewendet. Es muß zwar zugegeben werden, daß gerade dieser hedonistische Zug der LFH-Kampagne bei der Mehrheit der ersten beiden feministischen Generationen auf großes Unverständnis stieß; andererseits gilt jedoch, daß die frühe Konsumfeindlichkeit der Pionierinnen nicht primär aus einer Verachtung äußeren Wohllebens geboren war. Sie entsprang übrigens auch noch nicht ökologischen oder »ökofeministischen« Motiven. Der »Konsumzwang« wurde damals ausschließlich als Abhängigkeit von männlichen Normen kritisiert.[6] Immerhin war wohl die prägende Erfahrung der Gründerinnengeneration die Auflehnung gegen ihre männlichen Generationsgenossen und gegen deren Unsinnlichkeit, d.h. gegen die Verheimlichung des männlichen Privatlebens vor der Politik. »Genossen, eure Veranstaltungen sind unerträglich«, beschimpfte Helke Sander 1968 die Delegierten des Sozialistischen Deutschen Studentenbundes (SDS) in jener berühmten Rede, deren Wirkung durch Sigrid Rügers Tomatenwurf unterstrichen wurde. »Ihr seid voll von Hemmungen ...«, rief sie ihnen zu: »Warum sprecht ihr denn hier von Klassenkampf und zu Hause von Orgasmusschwierigkeiten? Ist das kein Thema für den SDS? Diese Verdrängungen wollen wir nicht mehr mitmachen«.[7]

Bezeichnend für das hier eingeklagte Politikverständnis ist auch der Satz »Nicht dem permanenten Ehekrach soll das Wort geredet werden, sondern der Öffentlichkeit des Krachs«. Ulrike Meinhof schrieb ihn in ihrem Artikel über »Frauen im SDS« vom Dezember 1968. Unter dem Titel »Die kulturelle Revolution der Frau« forderte Karin Schrader-Klebert Anfang 1969, daß die Frauen sich »erst einmal als bewußte Klasse organisieren, um nicht immer wieder auf den abstrakten Begriff von Politik hereinzufallen, den selbst der fortschrittlichste, revolutionärste Mann in unserer Welt noch nicht hinterfragt hat und der zwangsläufig die Politisierung der Frau immer wieder als Schein entlarvt«. Bei allem marxistisch-revolutionären Jargon, der auch die »Totenglocke des Kapitalismus« läuten ließ, ging Schrader-Klebert noch einen Schritt weiter als Helke Sander: Indem sie der Linken vorwarf, »Öffentlichkeit« als etwas Gegebenes hinzunehmen, anstatt sie neu zu konstituieren, stellte sie die heilige Kuh des Politischen selbst infrage. »Man will die Verhältnisse verändern, aber die Sphäre, die die Brutstätte der Anpassung ist, nämlich die private, entzieht man der Rebellion und dem Anarchismus«[8].

Die erste Generation war gekennzeichnet durch Aufbruchstimmung, ein narzistisches Traditionsdefizit – von einer Frauenbewegung vor ihr wußte sie rein gar nichts – und eine radikale Ablösung von Männern. Aus der Ambivalenz ihrer Zugehörigkeit zu einer politisch-missionarischen, rigiden und dogmatischen, aufklärerischen, marxistischen und psychoanalytischen Generation einerseits und ihrer Kritik an alledem als männlich-patriarchalisch ergibt sich ein eigentümlich zerrissenes politisches Generationsprofil der ersten Feministinnen. Kennzeichnend war die Dominanz des Themas »Marxismus-Feminismus« sowie eine – wenn auch ausgesprochen kritische – Fixierung auf die linken Männer. Ihr ist heute, so behaupte ich, immer noch eine geradezu faszinierte Bezogenheit auf Männer eigen, die gelegentlich ins Positive umgeschlagen ist.[9] Gleichzeitig besitzen ihre Vertreterinnen ein über eine Art feministischer Offenbarung vermitteltes Bewußtsein ihres Frauseins, das zum zentralen Bezugspunkt ihrer Identität geworden ist (und wahrscheinlich bleiben wird), obwohl oder gerade weil die entscheidende Prägung dafür in recht fortgeschrittenem Alter stattgefunden hat. Dieses Frauenbewußtsein wurde in einer ersten Form autonomer politischer Kultur geprägt, den *Consciousness-Raising-Gruppen*. Dieses aus den USA übernommene Konzept von »Selbsterfahrung« sollte auf keinen Fall die Frauen, wie es hieß, zufriedener und angepaßter machen; es zielte vielmehr auf Bewußtseinsveränderung und Politisierung. Aus der Erkenntnis der gemeinsamen

Unterdrückung sollte eine gemeinsame Wut auf die Gesellschaft entstehen, die im politischen Kampf produktiv zu machen war.[10] Daß die CR-Gruppen seit dem Ende der 70er Jahre von feministischer Therapie abgelöst wurden, hat auch mit einem Generationswechsel zu tun.

2.

Die zwischen 1949 und 1959 geborenen Feministinnen sind in der Regel zu jung, um die allerersten Anfänge der Frauenbewegung aktiv miterlebt zu haben, und zu alt, um als Aufwachsende diese Frauenbewegung bereits vorgefunden zu haben. Sie wurden ab Mitte der 70er Jahre aktiv, als die Frauenbewegung in ihre zweite Phase ging.

In neueren Untersuchungen werden die Männer und mitgemeinten Frauen dieser Jahrgänge als »Lebenswelt«-Generation bezeichnet, die scharf von der ca. 10 Jahre älteren »politischen« Generation abgegrenzt wird. Ihr werden besondere Sympathien für die »Sozio-Kultur« mit ihren antiprofessionellen Standards zugeschrieben sowie Gemeinschaftlichkeit und Ich-Suche, Ablehnung der Trennung von Arbeit und Freizeit, von Privatheit und Öffentlichkeit und »intellektuellem Dogmatismus«. Statt dessen wird ihnen »gefühlsbetonte Betroffenheit« zugeschrieben. Auf die intellektuelle Revolte sei der Rückzug nach innen gefolgt.[11]

Diese Polarisierung reflektiert unausgesprochen einen zerbrochenen bzw. sich auflösenden Bewegungszusammenhang. Das galt in den 70er Jahren in der Tat für die Studentenbewegung, nicht aber für die Frauenbewegung. Bezeichnenderweise haben sich entsprechend auch die Generationsgrenzen der feministischen 1940er und 1950er Jahrgänge in der Aufbauphase der Frauenbewegung verwischt. Außerdem war der neue Subjektivismus der 70er Jahre nicht nur Ausdruck eines Lebensgefühls der damals 20jährigen mit ganz bestimmten prägenden Jugenderfahrungen (Bildungsexpansion, große Freiheitsspielräume, beginnende Krisenerfahrung), sondern er wurde außerdem durch ein sich zuspitzendes Geschlechterverhältnis innerhalb der 68er Studentenbewegung ausgelöst. Ich behaupte deshalb, daß die Frauenbewegung viele der Werte vorgegeben hat, die die nachwachsende Generation der damals 20jährigen beiderlei Geschlechts in vielen anderen Bezügen realisiert hat.

Andererseits wurde »Politik« in der Frauenbewegung nicht einfach durch »Lebensform« abgelöst . Die Frauenbewegung unterschied sich von den K-Gruppen und denen, die sich in den 70ern gegen sie abgrenzten, durch eine wechselnde Verbindung von Politik und Lebensform. Nicht zuletzt verhinderte gerade die Geschlechterkonfrontation ein Ausblenden der »politischen« Intentionen in der Frauenbewegung.

Die späten 70er Jahre und die frühen 80er waren die Jahre der Institutionalisierung und der Professionalisierung der Frauenbewegung; aber es war auch die Zeit der Polarisierungen: »Lohn für Hausarbeit« oder »Die Hälfte aller qualifizierten Arbeitsplätze«? Autonomie oder Institution? Lesben oder Heteras? Das Erlebnis der Frauenbewegung als eine autonome politische Kultur, die zwar spannungsreich, aber noch als gemeinsamer Handlungs- und Lebenszusammenhang wahrnehmbar war, könnte die Schlüsselerfahrung der zweiten feministischen Generation gewesen sein. Sie entfernte sich pragmatisch von einem feministischen Selbstverständnis, demzufolge ein radikaler Befreiungskampf gegen »das Patriarchat« zu führen sei, weil sie dieses nicht mehr unbedingt als einheitlichen feindlichen Block wahrnahm. Statt dessen etablierte sie eine Frauengegenkultur mit unterschiedlichen feministischen Positionen. Der emphatische Politikbegriff der Gründerinnengeneration, die das Private politisieren wollte, erfuhr einen Bedeutungswandel, nach dem in der Tendenz das Private für politisch erklärt wurde.

Die zur Hoch-Zeit der Neuen Frauenbewegung – Ende der 70er Jahre – ca. 25jährigen Feministinnen waren Trägerinnen der konfliktreichen Projektebewegung, als die sich die Frauenbewegung nach ihrer Gründungsphase fortsetzte. Von dieser Generation wurden die Probleme ausgefochten, die mit der zunehmenden Institutionalisierung bzw. Verstaatlichung des Feminismus verbunden waren. Mehr als die Älteren war die Projekte-Generation auf einen zweiten Arbeitsmarkt angewiesen. Frauen dieser Generation waren die »Macherinnen« einer veränderten sozialen Bewegung in einem diffuseren, widersprüchlichen Politikfeld. Anders als die oben zitierten Generationenforscher kennzeichne ich diese Generation für die Frauenbewegung nicht vor allem als Ich-suchende Rückzugsgeneration, sondern als eine, die eine neue politische Frauen-Kultur etablierte, in der Berufsarbeit, Utopie und Privatleben sowie eine immer deutlichere Abhängigkeit von staatlicher Förderung auf pragmatische und oft frustrierende Art vermischt werden mußte.

3.

Inzwischen ist mindestens eine dritte Generation in der Frauenbewegung aufgetreten, die – nach 1960 geboren – schon während ihres Aufwachsens Feminismus als Angebot auf verschiedenen Ebenen vorgefunden hat: zum Beispiel Frauen- und Mädchenprojekte im Sozial-, Gesundheits- und Kulturbereich, feministische Bildungs-, Körper- und Lebenshilfe-Serviceleistungen, Frauenforschung und Frauenstudien an Universitäten. Entsprechend hat sich ein äußerlich feminisiertes gesellschaftliches Bewußtsein etabliert, das sexistische und frauenfeindliche Bemerkungen nicht mehr so einfach durchgehen läßt. »Es feministelt allüberall« (Adrienne Göhler im Jahre 1987), ohne daß Frauenbewegung irgendwo noch zu verorten wäre. Mit Empörung die Frauenfrage zu stellen, fällt in dieser Situation übrigens auch den Angehörigen der ersten beiden Generationen schwer.

Die Projektegeneration, z.T. auch die Gründerinnengeneration – die »Mütter« – haben die Institutionalisierung der Frauenbewegung in allen Bereichen vorangetrieben und damit selbst dazu beigetragen, daß feministische Angebote institutionalisiert und kommerzialisiert wurden: Das gehört zur Wirkungsgeschichte politischen Handelns, die von den Akteurinnen kaum noch kontrolliert werden kann.

Besteht die politische Kultur der dritten Generation also eigentlich in einer mehr passiven »Kultur des Wählens« (Hermann Schwengel) bzw. des sich nicht Festlegens, in einer »Konsumentensouveränität« auch gegenüber den feministischen Angeboten?

Eine aktive und auch gestaltende Bedeutung erhalten solche kulturellen »Standards« in bestimmten akademischen Bereichen als sogenannte *Queer Studies*, die bezeichnenderweise in den ersten beiden feministischen Generationen weniger Liebhaberinnen finden als in den darauffolgenden.[12] Es handelt sich dabei allerdings vorerst wohl um eine recht exklusive politische Negativkultur, deren Stärke vor allem in der *Kritik* der heterosexuellen Konstruktion von Sprache, Identität und Herrschaft liegt. Die Dekonstruktion der Zweigeschlechtlichkeit als *Lebensstil* gelingt wohl am ehesten in der jungen Lesbenszene der westlichen Metropolen, die sich nicht mehr als verschwörerische Gemeinschaft einer diskriminierten Minderheit versteht – wie die Lesben bis in die 80er Jahre hinein –, sondern selbstbewußt mit heterosexuellen Rollenklischees und Attributen bzw. Identitäten spielt. Durch Parodie und Imitation wird die Identifikation mit dem Frausein verweigert.[13] Hier besteht, wie Vertreterinnen dieses Lebensstils selbst kritisch anmerken, stets die Gefahr der Kommerzialisierung. Auch wird die neue Orientierung an »einer an Mainstream-Werten orientierten Individualität«[14] oft nicht als ironisch erkannt und ist wohl gelegentlich auch nicht so gemeint.

Lesbischsein darf in dieser Generation auch wieder eine *sexuelle* Orientierung genannt werden. Dieses »Erbe« war von der politisch-feministischen Sprachregelung der 70er Jahre verdrängt worden: Damals wurde Lesbianismus vielfach als »politische« Umsetzung des theoretischen Feminismus verstanden. Lesbischsein wird heute als ein Identitätsaspekt unter vielen anderen gesehen. Dem entspricht, daß bei jungen Frauen eine zunehmende Weigerung beobachtet werden kann, sich auf heterosexuelle oder lesbische Identitäten festlegen zu lassen.[15] Ein solcher Trend löst bei vielen Altfeministinnen gemischte Gefühle aus. Denn die neue Offenheit ist einerseits eine Konsequenz aus der feministischen Theorie der 70er Jahre, die entdeckt hatte, daß prinzipiell alle Frauen lesbisch werden können. Allerdings war an die Möglichkeit des Wechsels in *beide* Richtungen nicht gedacht. Dem entspricht eine grundsätzlich veränderte Wahrnehmung des Geschlechterverhältnisses »als ein sicher nicht ›machtfreies‹, aber dennoch gestaltbares Verhältnis, innerhalb dessen das Bemühen um Selbstbehauptung verortet wird.«[16] In der Frage, ob diese Wahrnehmung eine Illusion ist, steckt ein feministischer Generationenkonflikt, der übrigens die alte Frauenbewegung in der Weimarer Republik auch schon heftig erschütterte.[17]

Mit der dritten Generation verbinde ich auch eine Politisierung von ethnischen, nationalen, sexuellen, körperlichen und mentalen »Unterschieden«. Mit der Integration der Kategorie Differenz wird die feministische Politische Kultur um eine Perspektive bereichert, die zwar von Vertreterinnen der ersten beiden Generationen entwickelt, aber vor allem von der dritten Generation getragen wird – und zwar nicht mehr als Geschlechterdifferenz, sondern als Differenz zwischen Frauen.

Entscheidend für die dritte Generation ist, daß Feminismus nicht mehr Lebensmittelpunkt und Bezugspunkt der Identität ist bzw. sein kann. Auch wenn er positiv bewertet wird, ist er nur eine von vielen gleichberechtigt nebeneinander bestehenden Lebensorientierungen. Das ist m.E. ein Grund, warum sich viele junge Frauen nicht als Feministinnen bezeichnen wollen.

»Wenn Frauen leidenschaftlich dächten und sprächen, bestünde die Politik aus gefährlichen Liebschaften« – so hat Kerstin Lück das Politikverständnis ihrer Generation visionär konzipiert: »Die Gefahr läge in der ständigen Bereitschaft des Begehrens, sich zu spannenderen Orten zu wenden.«[18]

Damit hat sie zugleich die Angst und den Neid der Altfeministinnen getroffen. Eine ständig begehrliche Bereitschaft, die Frauenbewegung zu verlassen, ist uns nicht gegeben. Wir sind unserer alten Bewegung treu bis in den Tod, auch wenn es uns inzwischen oft genug eine lästige Pflicht ist.

Als ich im Juni dieses Jahres ähnliche Thesen in der Wiener »Frauenhetz« vortrug, wollten sich einige der jungen Gesprächspartnerinnen in dem Bild der Beliebigkeit der dritten Generation nicht wiederfinden. Mit der Gründung ihres Frauenzentrums vor fünf Jahren beanspruchten sie schon mal den Titel »Gründerinnen« und lehnten sogar die Selbstbezeichnung »feministisch« nicht ab. Für alle war die Kategorie Differenz jedoch von großer Bedeutung. So wachten sie z.B. während der langen Diskussionen, die sie übrigens nicht wegen unmittelbarer Lüste verließen, darüber, daß unterschiedliche Sichtweisen bestehen blieben und daß allenfalls ein – wie sie es nannten – »temporärer Konsens« angestrebt würde. Die meisten Frauen waren zwischen 23 und 30 Jahre alt, also jünger als die dritte Generation in meinem Modell. Vielleicht repräsentieren sie deshalb nicht nur einen besonders eindrucksvollen Wiener Feminismus, sondern Umrisse des politischen Profils einer vierten Generation. Das könnte sogar zu Befunden einer neueren soziologischen Studie passen, in der das Bild einer »moralischen Generation« gezeichnet wird. Danach versuchen die heute 18 bis 30jährigen in Ost- und Westdeutschland (5500 Interviews) Idealismus und Beruf, sozialkommunikative Werte und Leistung miteinander zu verbinden.[19]

Abschließend möchte ich jedoch davor warnen, den Erklärungsgehalt eines soziologischen Generationenkonzepts zu überschätzen. Es bleibt eine wissenschaftliche Krücke und muß immer wieder verändert werden. Es liegt immer auch nahe, mit diesen Konstruktionen jeweiligen Zeitgeistern zu folgen. In diesem Zusammenhang möchte ich noch auf eine »nachwendische« Generationenverwirrung hinweisen, die ich hier nur andeuten kann. Ich meine, daß durch feministische oder feministisch interessierte Frauen mit DDR-Sozialisation die Werte der hier vorgestellten feministischen Generationen ganz schön durcheinandergebracht oder auch zusammengebracht werden – vor allem hinsichtlich des Geschlechterverhältnisses und des Politikbegriffs. Wie auch immer, ich bin sicher, die Tomaten von 1968 sind nicht einfach im Boden versickert. Einige sind sicher wieder zurückgeflogen, insgesamt haben sie sich vermehrt und dabei vielleicht verkleinert oder verfärbt, so daß sie nicht mehr als Tomaten zu erkennen sein mögen.

1 Dieser Text ist eine überarbeitete Kurzfassung von zwei längeren Aufsätzen: 1. Gründerinnen – Macherinnen – Konsumentinnen? Generationenprobleme in der Frauenbewegung der 1990er Jahre, in: Ilse Modelmog/Ulrike Gräßel (Hrsg.): Konkurrenz und Kooperation. Frauen im Zwiespalt? Münster, Hamburg 1994; 2. Feministische Generationen und politische Kultur, in: Politische Kultur – Demokratie – Geschlechterverhältnis. Dokumentation der Ringvorlesung am Zentrum für interdisziplinäre Frauenforschung der Humboldt-Universität zu Berlin, Berlin 1996.

2 So Ute Gerhard: Die Töchter der Emanzipation – Das Generationenproblem in der Frauenbewegung, in: Ingeborg Mues (Hrsg.): Was Frauen bewegt und was sie bewegen. Sechsundzwanzig Originalessays, Frankfurt/M. 1998, S. 71–89, 78; ähnlich auch Ilse Lenz, Zum Umgang mit den Unterschieden

zwischen Frauenforscherinnen, in: Modelmog/Gräßel(Hg.), Konkurrenz, a.a.O., S. 27–51, 42

3 Helmut Fend: Sozialgeschichte des Aufwachsens. Bedingungen des Aufwachsens und Jugendgestalten des zwanzigsten Jahrhunderts, Frankfurt/M. 1988; Albrecht Göschel: Die Ungleichzeitigkeit in der Kultur. Wandel des Kulturbegriffs in vier Generationen (unter Mitarbeit von Klaus Mittag), Stuttgart, Berlin, Köln 1991

4 Fend, ebd., S. 211

5 Göschel, a.a.O., S. 57

6 Meredith Tax: Frauenbewußtsein, in: Women's Liberation: Frauen gemeinsam sind stark! Texte und Materialien aus der neuen amerikanischen Frauenbewegung, Frankfurt/M., 3. Aufl. 1977, S. 73–100, 88f.

7 Die Rede von Helke Sander auf der 23. Delegiertenkonferenz des SDS, die als der Anstoß zur westdeutschen Frauenbewegung angesehen wird, ist u.a. dokumentiert in: Frauenjahrbuch '75, herausgegeben von Frankfurter Frauen, Frankfurt/M. 1975, S. 10–15.

8 Karin Schrader-Klebert: Die kulturelle Revolution der Frau, in: Kursbuch 17, Juni 1969, S. 1–46, 4f.

9 So stellte z.B. Lerke Gravenhorst Mitte der 80er Jahre die Frage nach dem Ort »mißhandelter Männer« in der feministischen Öffentlichkeit. Ihr Vortrag »Private Gewalt von Männern und feministische Sozialwissenschaft« (1984) hat heftige Reaktionen ausgelöst, die selbst z.T. vom Tenor der (faszinierten) Wiederentdeckung des Mannes unterlegt sind. Die Diskussion ist dokumentiert in Hagemann-White/Rerrich: FrauenMännerBilder, Männer und Männlichkeit in der feministischen Diskussion, Bielefeld 1988.

Ein neueres Beispiel ist die Debatte über den sogenannten »Mißbrauch des Mißbrauchs«, der von einer 68erin ausgelöst wurde: Katharina Rutschky: Erregte Aufklärung. Kindesmißbrauch: Fakten & Fiktionen, Hamburg 1992. Heike Kahlert interpretiert auch die Öffnung von Frauenseminaren für Männer (durch die symbolischen »Mütter« an den Hochschulen) als latenten Generationenkonflikt: Heike Kahlert: Vom Feminismus geküßt. Biographische Notizen einer Nachwuchswissenschaftlerin. In: Eva Koch-Klenske (Hrsg): Die Töchter der Emanzen. Kommunikationsstrukturen in der Frauenbewegung, München 1991, S. 85–104

10 Kleingruppen – Erfahrungen und Regeln. In: Frauenjahrbuch '75, a.a.O., S. 184–198

11 Fend, Goeschel, a.a.O.

12 Hilge Landweer: Generationen im Feminismus, in: Transit. Europäische Revue 11, 1996, S. 87–100.

13 Sabine Hark, Eine Lesbe ist eine Lesbe ist eine Lesbe ... oder? Notizen zur Identität und Differenz, in: beiträge zur feministischen theorie und praxis 25/26, 1989, S. 59–70;

Dies., Queer Interventionen, in: Feministische Studien, Heft 2, 1993, S. 103–109

14 Hark, a.a.O., S. 62.

15 Lising Pagenstecher: Hesben und Leteras. Die neue Unübersichtlichkeit der Beziehungsverhältnisse. In: UNTERSCHIEDE, Heft 10, 1993, S. 11–13, siehe auch Marko Martin: Wir sind alle anders. Vier Porträts, in: Der Generationenbruch, Kursbuch 121, 1995, S. 1–19 (»Bin ich lesbisch? Bin ich hetero? Nö, ich bin Julia«, S. 10)

16 Monika Wohlrab-Saar: Empathie als methodisches Prinzip? Entdifferenzierung und Reflexivitätsverlust als problematisches Erbe der »methodischen Postulate zur Frauenforschung«, in: Feministische Studien, H.2, 1993, S. 128–139, 137

17 Siehe dazu Irene Stoehr: Neue Frau und Alte Bewegung? Zum Generationenkonflikt in der Frauenbewegung der Weimarer Republik, in: Jutta Dahlhoff/Uschi Frey/Ingrid Schöll (Hrsg.): Frauenmacht in der Geschichte, Düsseldorf 1986, S. 390–402

18 Kerstin Lück: Politik – meine gefährlichste Liebschaft (unveröffentlicht), Berlin 1990

19 Gerhard Schmidtchen: Wie weit ist der Weg nach Deutschland? Sozialpsychologie der Jugend in der postsozialistischen Welt, Opladen 1997; Warnfried Dettling: Die moralische Generation (Rezension), Die Zeit, 14.02.1997

Ingrid Miethe

68erinnen im Westen – 89erinnen im Osten: eine Generation und zwei Rebellionen

Als ich beschloß, eine biographische Untersuchung über Frauen der DDR-Opposition und der Bürgerbewegungen durchzuführen, hätte ich nicht gedacht, dabei unbeabsichtigt die 68er-Generation des Ostens zu finden. Es ist dies die Generation, nach der immer wieder gefragt und gesucht wurde und über die Annette Simon[1] schreibt, diese sei bisher nicht identifiziert worden. Das äußere Erscheinungsbild und auch die Möglichkeiten, die der DDR-Opposition zur Verfügung standen, unterscheiden sich wesentlich von denen der westdeutschen 68er. Die ostdeutsche Opposition hat sich sehr viel später konstituiert, war keine Studentenbewegung, sie war schwerpunktmäßig keinesfalls marxistisch geprägt und hatte nur äußerst begrenzten Zugang zu öffentlichen Artikulationsmöglichkeiten. Die Frauen der DDR-Opposition haben auch nie Tomaten auf »ihre« Männer geworfen.

Was verbindet sie mit den westdeutschen 68ern und v.a. den westdeutschen 68erinnen? Warum haben sie keine Tomaten geworfen, sondern standen vielmehr im Herbst '89 mit Kerzen in der Hand neben den Männern?[2] Welches sind ihre Relevanzen?

Basis der Untersuchung sind 30 lebensgeschichtlich-narrative Interviews mit Frauen der DDR-Opposition. Die Auswertung ausgewählter Interviews erfolgte, gemäß dem Prinzip maximaler und minimaler Kontrastierung[3] als hermeneutische Fallrekonstruktionen[4]. Diese Auswertungsmethode fokussiert auf die Rekonstruktion der handlungsleitenden Tiefenstrukturen. Diese müssen nicht unbedingt identisch mit den Selbstdeutungen und Deutungsmustern der Akteurinnen sein.

Die Auswertung konzentrierte sich dann auf eine einzige Gruppe, »Frauen für den Frieden«, die nahezu vollständig interviewt und mit der auch eine Gruppendiskussion durchgeführt werden konnte.[5] Diese Frauenfriedensgruppe gründete sich 1982 als Protest gegen die geplante Verabschiedung des neuen Wehrdienstgesetzes der DDR, das die Einbeziehung von Frauen in den aktiven Wehrdienst vorsah. Die meisten der Frauen dieser Gruppe gehörten im Herbst '89 zu den Mitbegründern des »Neuen Forums« in ihrem Ort. Damit wurden in der Untersuchung Frauen erfaßt, die sowohl in reinen Frauenzusammenhängen (»Frauen für den Frieden«) als auch in gemischtgeschlechtlichen Zusammenhängen (»Neues Forum«) politisch aktiv waren.

Unter »89erinnen« werden hier also ausschließlich diejenigen Akteurinnen verstanden, die bereits seit Ende der 70er bzw. Anfang der 80er Jahre in der DDR in sogenannten oppositionellen Gruppen zusammengearbeitet haben und im Herbst '89 die verschiedenen (gemischtgeschlechtlichen) Bürgerbewegungsgruppen initiierten, wie z. B. das »Neue Forum«, den »Demokratischen Aufbruch« oder »Demokratie Jetzt«. Die im folgenden dargestellten Aussagen sind also nicht auf das relativ breite Mobilisierungsklientel anwendbar, das sich im weiteren Verlauf den Aufrufen der Bürgerbewegungen anschloß, im Herbst '89 dann öffentlich auf den Straßen sichtbar wurde und mit dem möglicherweise ganz andere Problemlagen verbunden sind.

Wie in der Untersuchung sehr schnell deutlich wurde, liegt die zentrale Triebfeder, auch für die ostdeutsche Opposition, in der nationalsozialistischen Vergangenheit in Deutschland und damit verbunden in einem Generationenkonflikt zwischen der Kinder- und deren in den Nationalsozialismus involvierten Elterngeneration. Ohne daß ich jemals danach gefragt habe, stellten die interviewten Frauen den Beginn ihrer politischen Aktivität in den Kontext der Familiengeschichte im Nationalsozialismus.

Um ein Beispiel zu geben: Eine Frau der DDR-Opposition, ich nenne sie Lisa Westernhagen, erklärt den Beginn ihrer politischen Aktivität damit, sie habe dies gemacht, »damit meine Kinder mich einmal nicht fragen, was ich meine Eltern gefragt hätte«. Die Frau, die dies sagt, ist 1944 geboren, ist also ein Kriegskind. Der Vater war hoher SS-Offizier, die Mutter überzeugte Nationalsozialistin. Deutlich wird, daß sie die Eltern letztendlich nicht gefragt hat und die politische Aktivität als Mittel der Bearbeitung dieser Problematik betrachtet.

Es ist dies eine Konstellation, die bereits auf den ersten Blick an die westdeutschen 68er erinnert. Wir haben es hier mit derselben

Generation zu tun – der 40er Kriegskindergeneration –, und die politische Aktivität stellt eine Auseinandersetzung mit der nationalsozialistischen Vergangenheit in Deutschland dar, die wie in Westdeutschland auch auf der politischen Ebene und außerhalb der Familie erfolgt. Diese Konstellation, mit der ich zu Beginn meiner Untersuchung nicht gerechnet hatte, wiederholte sich Interview für Interview.

Im folgenden soll zunächst die Problemlage dieser Generation anhand eines rekonstruierten Einzelfalles deutlich gemacht werden. Danach werden die Dynamik innerhalb der untersuchten Frauengruppe näher untersucht sowie generelle Aussagen abgeleitet.

Um die Problematik dieser politischen Generation zu verdeutlichen, soll die Biographie einer Ende 1945 geborenen Frau, ich nenne sie Elke Buchenwald, vorgestellt werden. Elke Buchenwald ist eine zentrale Gestalt sowohl innerhalb der DDR-Opposition als auch der späteren Bürgerbewegungen des Herbstes '89. Der im folgenden vorgestellte Typus ist *ein* möglicher Typus, es ist nicht der *einzig* mögliche, innerhalb der von mir untersuchten Gruppe aber der dominante.[6]

Ich habe diesen Fall ausgewählt, da dieser eine Spezifik aufweist, in der die typische Lagerung im Hinblick auf die Elterngeneration besonders deutlich wird. Typisch für die Beziehung zwischen Elterngeneration und den oppositionellen Frauen ist eine Dynamik, die ich als »Anklage, um zu entlasten« bezeichnen möchte. Im Fall Elke Buchenwald verteilt sich Anklage und Entschuldigung auf zwei Personen, den Vater und den Großvater und wird damit in besonders prononcierter Weise sichtbar.

Mit Elke Buchenwald wurden insgesamt drei Interviews durchgeführt. Sie nahm auch an der Gruppendiskussion teil. Darüber hinaus erfolgte ein Interview mit ihrem Vater. In die Auswertung gingen ebenfalls zahlreich vorhandene Familiendokumente, wie das in den Jahren 1941 bis 1943 geschriebene Tagebuch der Großmutter (väterlicherseits) sowie ein retrospektiv geschriebener Bericht des Großvaters (väterlicherseits) über die Zeit seiner KZ-Internierung, ein. Diese Biographie wurde als hermeneutischer Einzelfall ausgewertet. Es ist hier nicht möglich, diesen aufwendigen Auswertungsprozeß im Detail nachvollziehbar zu machen. Ich werde deshalb lediglich ergebnisorientiert auf die Komponenten, die für die Verarbeitung des Nationalsozialismus zentral sind, eingehen.

Im allerersten Interview wurde Elke Buchenwald danach gefragt, wie es dazu gekommen ist, daß sie politisch aktiv wurde. Dabei stellt sie bereits in der allerersten Sequenz, ohne daß nach der Familiengeschichte gefragt worden war, eine Verbindung zwischen ihrer politischen Aktivität und der Familiengeschichte im Nationalsozialismus her.

»Naja, das hängt auch mit meiner Biographie zusammen, nicht unwichtig ist höchstwahrscheinlich die Erziehung in 'nem evangelisch-christlichen Elternhaus, mein Vater war Pfarrer. Und noch weiter zurückgreifend, hab ich eben einen Großvater, der zur Bekennenden Kirche gehörte, im Nazireich im KZ gesessen hat, in Buchenwald gesessen hat [...] und Mit-Begründer der Bekennenden Kirche war, und ich denke, das ist nicht unwichtig für mein Leben gewesen.«

Was Elke hier aufbaut, ist eine familiale, christlich motivierte Widerstandstradition, die vom Großvater als Mitbegründer der Bekennenden Kirche über den Vater als Pfarrer bis zu ihr als Mitglied einer bei der evangelischen Kirche angebundenen Gruppe reicht. Die verbindende familiale Tradition ist der Kampf gegen totalitäre und atheistische Systeme. Als solches werden, wie das weitere Interview zeigt, sowohl das nationalsozialistische Deutschland als auch die DDR verstanden.

Indem Elke immer wieder auf strukturelle Parallelen zwischen NS-System und DDR hinweist, stellt sie implizit die Faschismustheorie der DDR infrage. Zum Faschismusbild der DDR wie auch zu dessen verschiedenen Phasen ist inzwischen vielfältige Literatur erschienen, auf die hier nicht im Detail eingegangen werden kann[7]. Diese Positionen sollen deshalb nur in ihren zentralen Linien nachgezeichnet werden.

Die DDR definierte sich in Abgrenzung zu Westdeutschland als den besseren, antifaschistischen Staat, in dem »Faschismus und damit auch Krieg mit der Wurzel ausgerottet« sind. Kontinuitäten zum Nationalsozialismus wurden genauso geleugnet, wie die DDR sich Zeit ihrer Existenz nicht als Rechtsnachfolgerin des nationalsozialistischen Deutschlands verstand. Der Antifaschismus wurde zur zentralen legitimatorischen Grundlage für das neue System. Dieser Antifaschismus reduzierte sich auf den kommunistischen Widerstand und blendete alle anderen Bereiche von Verfolgung und Widerstand aus.[8] Dazu gehörte in erster Linie eine bis Ende der 80er Jahre fast völlige Ausblendung des Holocaust in der Geschichtsschreibung und auch im öffentlichen Gedenken an die NS-Zeit.[9] Den Juden wurde in gewissen Sinne zugeschoben, »selbst schuld am Holocaust zu sein, da diese sich nicht dem kommunistischen Widerstand angeschlossen hatten«[10]. Der antifaschistische Widerstandskämpfer wurde dem gegenüber zum Helden stilisiert. Dem Großteil der einfachen Mitglieder der NSDAP und anderen »Mitläufern« wurde vom DDR-System das »Angebot unterbreitet, daß ihre Vergangenheit vergessen würde, wenn sie sich in den neuen sozialistischen Staat aktiv integrieren«[11]. Die Ursachen des Nationalsozialismus wurden entsprechend der Dimitroff-These[12] ausschließlich sozioökonomisch interpretiert und Fragen einer persönlichen Verantwortung so gut wie gar nicht gestellt.

Die von Elke Buchenwald benannten strukturellen Parallelen zwischen der DDR und dem Nationalsozialismus bestehen in der Frage der Aufrüstung der DDR, der militärischen Erziehung in Schulen und Kindergärten, der fehlenden Meinungsfreiheit und in Propagandalügen (Frieden, Rassismus). Opposition entsteht hierbei zunächst auf einer ideologischen Ebene: Der staatlichen Propaganda der antifaschistischen DDR, die radikal mit der nationalsozialistischen Vergangenheit gebrochen haben soll, werden deren Parallelen zur NS-Zeit entgegengehalten. Die Parallelen zur NS-Zeit, gegen die sich Elkes Kritik richtet, korrespondieren wiederum mit dem Teil der Familiengeschichte, der im Hinblick auf den Nationalsozialismus als bearbeitungsbedürftig betrachtet wird.

So wie ich im Hinblick auf die Elterngeneration formuliert habe, daß die Eltern angeklagt werden, um sie dann doch zu entschuldigen, kann für die gesellschaftliche Ebene gesagt werden, daß die Frauen die Faschismustheorie der DDR infragestellen, um sie letztendlich zur Entschuldigung der eigenen Eltern doch zu benutzen. Dies soll im folgenden ausführlicher betrachtet werden.

Von Elke Buchenwald – und dies läßt sich auch auf die anderen Frauen der untersuchten Gruppe übertragen – werden im Hinblick auf diese legitimatorische Grundlage der DDR implizit drei zentrale Rahmenbrüche vorgenommen:

- Die Frauen weisen, im Gegensatz zum staatlich vorgegebenen Deutungsrahmen der DDR als »antifaschistischen Staat« auf Parallelen zwischen DDR und Nationalsozialismus hin: Beide Systeme werden als »Diktaturen« verstanden.
- Sie betrachten damit auch innerhalb der DDR-Gesellschaft die Auseinandersetzung mit der NS-Geschichte als notwendig.
- Indem die Frauen überhaupt eine Verbindung zwischen persönlichem Handeln von Menschen und dem NS-System herstellen, stehen sie konträr zur marxistischen Definition des Nationalsozialismus, wonach dieser ausschließlich aus sozioökonomischen Ursachen heraus zu erklären ist. Die Frauen bringen damit eine Dimension in die Auseinandersetzung ein, die im DDR-Faschismusverständnis nie vorgesehen war: die persönliche Verantwortung für das Entstehen und die Folgen von Diktaturen.

Betrachten wir die Biographie von Elke Buchenwald genauer. Elkes politische Aktivität beginnt, als chilenische Emigranten nach dem Putsch in Chile in die DDR kommen. Sie kritisiert in diesem Zusammenhang den Rassismus der DDR-Bevölkerung gegenüber den Chilenen und die offizielle DDR-Propaganda der internationalen Solidarität, die den real in der Bevölkerung existierenden Rassismus nicht zur Kenntnis nimmt. Elke beginnt sich individuell im kirchlichen Rahmen für die chilenischen Emigranten einzusetzen. »Die dachten, sie kommen ins Himmelreich, und erlebten hier einen total diktatorischen, opportunistischen Staat«, sagt Elke über die Chilenen. Die Parallele, die Elke zum NS-System zieht, ist der Rassismus der Bevölkerung, der durch die Ignoranz der DDR-Regierung kaschiert und damit unterstützt wird.

Deutlich wird in den Verbindungen, die Elke im weiteren Interviewverlauf herstellt, daß dieser kritisierte verschwiegene Rassismus in der DDR mit einem tief verwurzelten christlichen Antisemitismus der Herkunftsfamilie korrespondiert. Sowohl Familiendokumente als auch das Interview mit Elkes Vater legen ein Zeugnis dieses Antisemitismus ab. Er ist als Problematik innerhalb der Familie immer präsent und wird auch als Problem gesehen, ohne daß darüber in der Familie wirklich gesprochen wird.

Elke greift damit auf der gesellschaftlichen Ebene eine Thematik auf, die mit einem Problem der Herkunftsfamilie korrespondiert. Was sie thematisiert, ist allerdings der Rassismus der DDR-Bevölkerung, nicht der Antisemitismus der Herkunftsfamilie. Dies leitet bereits zum zweiten Punkt über:

Das Benutzen der Faschismustheorie der DDR

Bei der genaueren Analyse des Interviews fällt auf, daß diese von Elke in der Eingangspräsentation gezeichnete familiale Widerstandstradition nicht so geradlinig ist, wie dies auf den ersten Blick scheint. Während der Großvater als Mitbegründer der Bekennenden Kirche in einem KZ interniert ist, kämpfen alle Söhne des Großvaters und damit auch Elkes Vater als Offiziere der deutschen Wehrmacht. Der Vater ist dabei, wie das Interview mit ihm deutlich macht, auch in Verbrechen der deutschen Wehrmacht in der Sowjetunion involviert. Trotz der KZ-Internierung des Großvaters war die Familie dem Nationalsozialismus gegenüber positiv eingestellt: Wie der Vater im Interview sagt: »An Hitler war eigentlich alles in Ordnung, nur die Kirchenpolitik nicht.« Obwohl Elke im Eingangszitat Großvater und Vater in eine einheitliche Widerstandstradition stellte, wird im weiteren Verlauf des Interviews deutlich, daß sie gegenüber dem Großvater massive Vorwürfe äußert. Diese Vorwürfe beziehen sich darauf, daß der Großvater das KZ überlebt hat. Dadurch, daß er das KZ überlebt hat, hat er im Verständnis der pietistischen Familientradition seinen Willen zu leben über den Willen Gottes gestellt und damit ein ihm auferlegtes Martyrium nicht bis zum Ende (nämlich zum Tod) durchlitten. Der Vater, der als Offizier in Verbrechen der deutschen Wehrmacht verwickelt war, wird demgegenüber von ihr entschuldigt, da er mit einer schweren Krankheit aus dem Krieg zurückkam und damit bis ans Lebensende leiden mußte.

Elke richtet ihre Anklage damit ausgerechnet gegen denjenigen innerhalb der Familie, der die Widerstandstradition, in die sie sich selbst stellt, verkörpert. Wie ist dies nun zu verstehen? Diese unterschiedliche Präsentation von Vater (Entschuldigung) und widerständigem Großvater (Anklage) wird vor dem Hintergrund der Genese der biographischen Grundstruktur verständlich.

Die Fallanalyse legt sehr stark die Annahme von sexueller Gewalt innerhalb der Herkunftsfamilie nahe, ohne daß dies aufgrund der damit verbundenen Tabuisierung manifest gesagt werden kann[13]. Elkes Umgang mit der von ihr erlebten Gewalt ist es, sich mit dem Täter, in diesem Fall dem Vater, zu identifizieren. Über diese Identifikation kann sie die Illusion einer heilen Familie aufrechterhalten. Die erlebte Gewalt wird statt dessen in einem Außenkontext ausagiert[14]. Dieser feindliche Außenkontext wird durch die kommunistische und atheistische DDR gebildet. Die politische Aktivität steht dabei ganz im Kontext dieser familialen Gewalt: Je problematischer die familiale Situation, desto stärker geht sie politisch nach außen: »Ich wurde immer militanter und selbstzerstörerischer«, beschreibt Elke heute selbst diese Dynamik.

Elke, die aufgrund dieser frühen familialen Gewalterfahrungen stark an den Vater gebunden ist, richtet stellvertretend für diesen ihre Anklage gegen den Großvater. Elke wird durch diese Dynamik zur Delegierten des Vaters, die stellvertretend dessen Aufträge erfüllt[15].

Sichtbar wird nun auch die Ambivalenz der von Elke gezeichneten geradlinigen familialen Widerstandstradition. Mit dieser familialen Widerstandspräsentation hat Elke auch ihren Vater in diese integriert, obwohl dieser weder in der Zeit des Nationalsozialismus in Deutschland noch in der DDR[16] gegen diese Systeme aktiv war. In der von Elke eingangs vorgenommenen Eingangspräsentation wird deutlich, daß der Widerstand des Großvaters gegen den Nationalsozialismus und auch ihr eigener Widerstand gegen das DDR-System dazu benutzt wird, die Konformität bzw. Täterschaft des Vaters zu kaschieren. Dieses Verarbeitungsmuster ist identisch mit dem Faschismusbild der DDR. Auch die staatliche Ideologie der DDR basierte auf der Konzentration auf den antifaschistischen Widerstandskampf unter völliger Ausblendung aller anderen Bereiche.

Elke Buchenwald stellt auf der gesellschaftlichen Ebene den Umgang der DDR-Ideologie mit der NS-Vergangenheit zwar infrage, indem sie auf strukturelle Parallelen zwischen DDR und Nationalsozialismus hinweist und auch eine Verbindung zwischen individuellem Handeln und dem Entstehen von Diktaturen sieht, benutzt das offiziell vorgegebene Deutungsmuster der NS-Vergangenheit aber auf der familialen Ebene. Kurz gesagt: Sie stellt gesellschaftliche Tabus infrage und hält familiale Tabus aufrecht.

Von dieser Fallrekonstruktion lassen sich auch im Vergleich mit dem Gesamtsample folgende generelle Aussagen ableiten:

- Fallübergreifend stellt die politische Aktivität der Frauen eine Form der Auseinandersetzung mit der nationalsozialistischen Vergangenheit in Deutschland dar. Die Frauen richten ihre Kritik gegen die Teile der DDR-Gesellschaft, in denen Muster wiedererkannt werden, die mit der Verarbeitung des Nationalsozialismus innerhalb der Herkunftsfamilie korrespondieren. Dabei wird die Auseinandersetzung nicht innerhalb der Familie, sondern ausschließlich auf der gesellschaftlichen Ebene geführt. Am Beispiel Elke Buchenwald: Sie kritisiert die Verlogenheit des DDR-Systems und den Rassismus der DDR-Bevölkerung, nicht aber den Antisemitismus und die Scheinheiligkeit der Herkunftsfamilie.
- Frauen, die diesen Typus repräsentieren, klagen einerseits die Elterngeneration an, um diese andererseits wieder zu entlasten. Damit korrespondiert das Benutzen der Faschismustheorie der DDR. Einerseits stellen sie diese infrage, indem von den Frauen gesellschaftliche Tabus – in erster Linie Parallelen zwischen NS- und DDR-System – angesprochen werden, und andererseits benutzen sie diese, um familiale Tabus aufrechtzuerhalten. Das Fallspezifische bei Elke Buchenwald ist die Tatsache, daß sich Anklage und Entschuldigung im Hinblick auf den Nationalsozialismus auf zwei Personen – den Vater und den Großvater – aufteilen und dadurch in besonders prononcierter Weise einzeln sichtbar werden. Typisch für Frauen dieses Typus ist ein ständiges Schwanken zwischen Anklage und Entschuldigung der Eltern,

die sich normalerweise in der Ambivalenz bzw. »Haßliebe« gegenüber diesen Eltern zeigt.

- Keinesfalls falltypisch, aber typisch für mein spezielles Sample, sind innerfamiliale Gewalterfahrungen. Die meisten Frauen meines Samples – insbesondere der Kriegskindergeneration – berichten von teilweise massivsten körperlichen oder auch sexuellen Mißbrauchssituationen innerhalb der Herkunftsfamilie. Auffallend für mein Sample ist es auch, daß viele Töchter von Nazi-Tätern (sowohl Vätern als auch Müttern) in dieser Gruppe zusammenarbeiten. Wie in anderen Studien aufgezeigt wurde[17] kann in Familien von Nazi-Tätern von Gewalt nicht nur nach außen, sondern auch gegenüber der eigenen Familie ausgegangen werden. Diese Gewalt verstärkte sich, wie Gabriele Rosenthal[18] schreibt, möglicherweise noch nach 1945, da die Täter und Täterinnen nicht mehr so leicht ein außerfamiliales Betätigungsfeld für ihre Aggressionen finden konnten. Die Arbeit in einer Frauenfriedensgruppe und das damit verbundene zentrale Thema der Gewaltfreiheit stellt damit möglicherweise auch die Bearbeitung einer innerhalb der Familie erlebten Gewalterfahrung dar.

  Derartige Gewalt wird von den Frauen nicht als Ausdruck einer strukturellen Gewalt verstanden oder überhaupt als Gewalt gegen Frauen thematisiert. Auch an dieser Stelle sind sie, obwohl in einer Frauengruppe organisiert, »typische 68er«. Auch in Westdeutschland wurden Fragen struktureller Gewalt erst von der Neuen Frauenbewegung, die nicht zuletzt aus der Ignorierung derartiger Probleme in der 68er Bewegung entstand, ins öffentliche Bewußtsein gerückt.

Wie die Dynamik der Gruppendiskussion zeigt, ist die Problemlage dieser Generation innerhalb der Gruppe sehr dominant.[19] Es kamen zwar, verstärkt ab Mitte der 80er Jahre, auch jüngere Frauen (60er Geburtsjahrgänge) in die Gruppe, die auch versuchten, neue Themen in die Gruppe einzubringen (Feminismus, Ökologie), wie die Geschichte der Gruppe und auch die Dynamik der Gruppendiskussion zeigt, wurden diese mit den jüngeren Frauen verbundenen Problemlagen aber nicht in den kollektiven Handlungsrahmen der Gruppe aufgenommen. Der sich in der Gruppendiskussion herausbildende Konsens, der auch von den jüngeren Frauen aktiv mitgetragen wird, ist der, nicht »Mitläufer in einer Diktatur« sein zu wollen.[20]

Mit diesem Gruppenkonsens werden, wie in den Einzelfällen deutlich wird, völlig gegensätzliche Familiengeschichten im Hinblick auf den Nationalsozialismus zusammengefaßt. In der Gruppe befinden sich sowohl Frauen, deren Eltern in den Nationalsozialismus als Täter verstrickt waren (SS-Offiziere, KZ-Aufseher), als auch eine Frau, deren Mutter die einzige Überlebende einer jüdischen Familie ist. Für die wenigsten Eltern der Frauen ist m.E. der »Mitläufer«-Begriff zutreffend. Diese jeweiligen Verschiedenheiten werden jedoch nicht zum Thema innerhalb der Gruppe.

Von den jüngeren Frauen blieben nur solche Frauen dauerhaft an die Gruppe gebunden, die biographische Besonderheiten aufweisen, die sie in die Nähe der 40er Generation, also der zweiten Generation im Hinblick auf den Nationalsozialismus bringen. Zumeist haben diese jüngeren Frauen noch dieselbe Elterngeneration wie die 40er Frauen. Damit hat sich die von mir untersuchte Gruppe relativ unabhängig vom Geburtsjahrgang der Frauen entlang der Elterngeneration und deren Involviertheit in den Nationalsozialismus als politische Generation konstituiert. Die Elterngeneration der untersuchten Frauen gehört relativ einheitlich den Jahrgängen 1904 bis 1924 an, also Jahrgängen, die bereits alt genug waren, selbst aktiv in den Nationalsozialismus in Deutschland involviert gewesen zu sein.

Was haben nun die ostdeutschen 89er und die westdeutschen 68er gemeinsam, was unterscheidet sie?

Gemeinsam mit den westdeutschen 68ern ist den 89ern, daß sie von derselben Generation geprägt wurden. Wie in der untersuchten Gruppe deutlich wurde und wie sich dies wohl auch im Hinblick auf die Opposition der DDR verallgemeinern läßt[21], gehören die Protagonisten derselben Generation an, die auch die 68er Bewegung in der Bundesrepublik getragen hat: der Generation der Kriegs- und Nachkriegskinder. Es kamen zwar in den letzten Jahren verstärkt auch jüngere Mitglieder in die Gruppe, es blieb jedoch, wie die Untersuchung deutlich macht, bis zum Ende des Bestehens der Gruppe die Problemlage der Kriegs- und Nachkriegskinder dominant.

Mit den westdeutschen 68ern haben sie gemein, daß die nationalsozialistische Vergangenheit in Deutschland als bearbeitungsbedürftig betrachtet wird. Diese Notwendigkeit der Auseinandersetzung mit der nationalsozialistischen Vergangenheit sehen sie – entgegen dem Selbstverständnis des DDR-Staates – auch innerhalb der DDR-Gesellschaft. Dabei erfolgt die Bearbeitung eines Generationenkonfliktes, genau wie für die westdeutsche 68er-Generation beschrieben[22], außerhalb der eigenen Familie auf einer generalisierten, gesellschaftlichen Ebene.

Das Muster, eine bedrohliche Familienvergangenheit außerhalb der Familie in weniger bedrohlichen Kontexten zu bearbeiten, ist dabei weder typisch ostdeutsch noch typisch westdeutsch. Dies stellt vielmehr einen allgemeinen psychologischen Mechanismus dar.

Die DDR hat jedoch mit ihrem antifaschistischen Identifikationsangebot und der Konzentration auf den antifaschistischen Widerstand – unter Ausblendung aller anderen Bereiche – dieses Verarbeitungsmuster noch zusätzlich gefördert. Das eigene als Widerstand verstandene Handeln ist damit auch die Legitimation sowohl für die problematischen Anteile der Familiengeschichte als auch für die eigene nicht stattgefundene Auseinandersetzung mit dieser.

Im Unterschied zu den Beschreibungen für Westdeutschland richtet sich die Anklage in dem hier untersuchten Sample nicht nur gegen die Väter, sondern genauso gegen die Mütter. Eine mögliche Erklärung dafür mag sein, daß der westdeutsche Feminismus, der lange Zeit an einer »Opferrolle« von Frauen festgehalten hat[23], in der DDR weniger gewirkt hat. Die Frauen haben keinerlei moralische Bedenken, andere Frauen als »Täterinnen« zu bezeichnen. Es ist für ostdeutsche Frauen offensichtlich weniger mit einem Tabu belegt, Täterschaft von Frauen zu thematisieren. Zum anderen werden die Mütter aufgrund ihrer Berufstätigkeit außerhalb des Hauses sehr viel mehr als aktiv Handelnde wahrgenommen. Dafür spricht, daß diejenigen Frauen des Samples, die aus stark traditionellen Familien kommen – wie hier Elke Buchenwald – sich in ihrer Anklage, wie auch für Westdeutschland beschrieben, auf ihre Väter beschränken.

In der DDR, unter anderen gesellschaftlichen Verhältnissen als in Westdeutschland, hat diese Generation der Kriegs- und Nachkriegskinder offensichtlich eine andere Variante gefunden, sich mit der gesamtdeutschen nationalsozialistischen Vergangenheit auseinanderzusetzen. Die äußeren Ausdrucksformen der DDR-Opposition und auch die Möglichkeiten, die der DDR-Opposition zur Verfügung standen, unterscheiden sich wesentlich von denen der westdeutschen 68er. Auf der Strukturebene wird jedoch deutlich, daß die zentrale Triebfeder für beide Bewegungen in der nationalsozialistischen Vergangenheit in Deutschland und dem damit verbundenen Generationenkonflikt zwischen der Kinder- und deren in den Nationalsozialismus involvierten Elterngeneration besteht.

Im Unterschied zu einem Großteil der DDR-Bevölkerung haben sie, und darin liegt sicher ihr großer politischer Verdienst, auch schon vor 1989 die Notwendigkeit einer Auseinandersetzung mit dem Nationalsozialismus auch in der DDR gesehen und entsprechend gehandelt. Daß die hier untersuchten Frauen – mehr als ihnen selbst bewußt und lieb ist – trotz ihrer kritischen Position gegenüber der DDR auch »Kinder des Systems« geblieben sind, dürften sie mit ihrem westdeutschen 68er-Pendant ebenfalls gemeinsam haben.

Die nur zögernde Rebellion der DDR-Opposition – daß also '68 kein '68 in der DDR wurde – kann allein mit den Wirkungen eines restriktiven DDR-Systems nicht erklärt werden. Die Frauen, die den hier dargestellten Typus repräsentieren und die innerhalb der untersuchten Gruppe dominant sind, benutzten letztendlich – trotz aller Kritik – die antifaschistische Legitimation der DDR, um die Vergangenheit der eigenen Eltern zu entschuldigen. Die DDR bot ihnen die Möglichkeit, stellvertretend für die Eltern den Widerstand zu leisten, den diese in der NS-Zeit nicht geleistet haben. Niemand schafft etwas ab, was er bzw. sie selbst braucht und benutzt.

Auch die Tatsache, daß diese Auseinandersetzung in erster Linie auf der gesellschaftlichen Ebene und nur ansatzweise innerhalb der eigenen Familie stattfand, ist nicht sonderlich erstaunlich. Die Themen, die im Hinblick auf die Familiengeschichte von Relevanz sind (Nationalsozialismus und familiale Gewalt), sind Themen, die eine ganze Gesellschaft nicht bearbeitet hat. Selbst in der Bundesrepublik sind das NS-Thema erst von der '68er-Bewegung (und auch dort in erster Linie auf der gesellschaftlichen Ebene) sowie die familiale Gewalt erst von der Neuen Frauenbewegung aufgegriffen worden. Die Beschäftigung mit derartigen Themen berührt bis heute nicht nur familiale, sondern auch gesellschaftliche Tabus, und jeder Versuch, sich mit diesen Tabus auseinanderzusetzen, ist ein kleiner Schritt auf dem Weg, diese zu thematisieren und damit auch zu verändern.

Bleibt die Frage, warum die Frauen der ostdeutschen Opposition keine Tomaten auf »ihre« Männer geworfen haben, bzw. was sie statt dessen getan haben. Die Tatsache, daß die hier untersuchten Frauen sich in einer reinen Frauengruppe zusammengeschlossen haben, zeigt, daß der Frauenthematik durchaus ein zentraler Stellenwert beigemessen wird. Deutlich wird aber, daß die Frauen der Gruppe sich immer gegenüber feministischen Ansätzen als »nicht politisch genug« abgegrenzt und damit derartige Themen nicht dauerhaft in den kollektiven Handlungsrahmen aufgenommen haben.

Viele der hier untersuchten Frauen haben aber über die gemeinsame Aktivität in einer Frauengruppe die Kraft gefunden, sich aus teilweise sehr gewaltvoll erlebten Ehebeziehungen zu lösen. In den ersten Jahren der Existenz der Gruppe ließen sich fast alle Frauen der Gruppe von ihren Ehemännern scheiden. Dies war eine Entscheidung, die zwar individuell getroffen wurde, aber auch ganz zentral auf die Solidarität der Gruppe und die dort geführten Gespräche und Auseinandersetzungen zurückgeht. Das heißt, auch wenn sie sich nicht explizit feministisch artikulierten, haben sie doch in weiten Teilen entsprechend gehandelt.

Bis zuletzt ist für die hier untersuchten Frauen aber der Kampf gegen ein als Diktatur verstandenes System dominant geblieben. Die gesellschaftliche Beschränkung durch das DDR-System stellte oft eine stärkere Beeinträchtigung dar als das Erleben einer Benachteiligung als Frau. Machtungleichheiten zwischen den Geschlechtern werden dabei nicht negiert, nehmen aber nicht unbedingt die erste Priorität ein[24]. Die hier untersuchten Frauen hätten höchstens eine Tomate gegen das DDR-System, das sie als von Männern wie Frauen gleichermaßen repräsentiert sahen, geworfen. Sich gegen die eigenen Männer zu richten, hätte in dieser Perspektive bedeutet, den Widerstand gegen die DDR zu schwächen, indem der Staatsmacht und damit auch dem Staatssicherheitsdienst eine zusätzliche Angriffsfläche geboten wird.

Zu sagen, daß die hier untersuchten Frauen keine Tomaten geworfen haben, würde zu kurz greifen. Sich mit Hilfe anderer Frauen aus gewaltvollen Ehebeziehungen lösen zu können oder sich politisch als Frauengruppe zu organisieren, ist auch ein »Tomatenwurf«. Die hier untersuchten »Frauen für den Frieden« haben zudem einen wesentlichen Anteil am Entstehen der unabhängigen Frauenbewegung der DDR[25]. Sie haben sich allerdings ab Mitte der 80er Jahre aus dieser unabhängigen Frauenbewegung zurückgezogen und diese schwerpunktmäßig nicht mehr mitgetragen. Die unabhängige Frauenbewegung der DDR ist nur zu einem kleinen Teil aus dieser hier untersuchten Oppositionsszene heraus entstanden und wurde auch erst von jüngeren Frauen initiiert und getragen[26]. Auch das haben die hier untersuchten Frauen möglicherweise mit ihren westdeutschen Altersgenossinen gemeinsam, daß von jüngeren Frauen Themen aufgegriffen wurden, an die die »Tomatenwerferin« zum Zeitpunkt des Wurfes noch nicht gedacht hatte.

1 Annette Simon: »Kluge Kinder sterben früh«. Die Achtundsechziger der DDR: Was verbindet, was trennt sie von jenen der Bundesrepublik? In: Die Zeit. 6. Juni 1997, S. 42

2 Frauen, die im Herbst '89 zu den Gründerinnen des Unabhängigen Frauenverbandes gehörten, wurden in dieser Untersuchung nicht erfaßt. Diese kamen auch nur zu einem geringen Teil aus den ehemaligen Oppositionsgruppen der DDR und sehr oft auch aus den Reihen der SED (vgl. Hampele 1995).

3 Vgl. Barney Glaser/Anselm Strauss: The Discovery of Grounded Theory, Chikago 1967

4 Vgl. Gabriele Rosenthal: Erlebte und erzählte Lebensgeschichte. Gestalt und Struktur biographischer Selbstbeschreibungen. Frankfurt a.M. und New York 1995

5 Die Untersuchung ist vollständig dargestellt in: Ingrid Miethe: Frauen in der DDR-Opposition. Lebens- und kollektivgeschichtliche Verläufe in einer Frauenfriedensgruppe. Opladen 1999

6 Frauen, die diesem Typus zuzurechnen sind, gehören zumeist der Kriegskindergeneration an oder wurden in der unmittelbaren Nachkriegszeit geboren. Bei jüngeren Frauen zeigt sich eine weniger auf den Nationalsozialismus bezogene Problematik auf die hier nicht näher eingegangen werden kann. Eine ausführliche Darstellung der Typologie befindet sich in Miethe 1999.

7 Vgl. z.B. Honigmann 1988; Giordano 1990; Wilke 1990; Meuschel 1992; Groehler 1992 a und b; Nooke 1997; Völter 1997; Münkler 1998 in der Literaturliste am Ende dieses Textes.

8 Es wurde in der DDR ausschließlich der Begriff des Faschismus, nicht aber der des Nationalsozialismus verwendet. Mit der Verwendung des Faschismusbegriffes durch die DDR-Ideologie wird die Besonderheit der deutschen nationalsozialistischen Variante des Faschismus vernachlässigt.

9 Zu den verschiedenen Phasen des Umgangs mit dem Holocaust vgl. z.B. Groehler 1992 a; Mertens 1997; Völter 1997.

10 Helmut Eschwege: Fremd unter meinesgleichen. Erinnerungen eines Dresdner Juden. Berlin 1991, S. 93

11 Ulrich Herbert: Zweierlei Bewältigung. In: Herbert, Ulrich/Groehler, Olaf (Hg.): Zweierlei Bewältigung. Vier Beiträge über den Umgang mit der NS-Vergangenheit in den beiden deutschen Staaten. Hamburg 1992, S. 7–28, hier S. 20

12 Nach der Dimitroff-These war die Machtergreifung der Nationalsozialisten im wesentlichen das Werk der »reaktionärsten, am meisten chauvinistischen, am meisten imperialistischen Elemente des Finanzkapitals«. (Philosophisches Wörterbuch, Band 1, hrsg. von Georg Klaus und Manfred Buhr, Leipzig 1975, S. 403)

13 Der detaillierte Analyseprozeß ist nachzulesen in Ingrid Miethe, a.a.O, Opladen 1999. Bei einem abschließenden Gespräch mit Elke Buchenwald im Jahre 1999 wurde diese Lesart der Täterschaft des Vaters, die zunächst lediglich aus dem Interviewmaterial interpretiert wurde, durch Elke selbst validiert.

14 Zur Verarbeitung innerfamilialer Gewalterfahrungen vgl. z.B. Bauriedl 1992; Enders 1990; Koch-Knöbel 1995 in der Literaturliste am Ende dieses Textes.

15 Zum Konzept der Delegation vgl. Helm Stierlin: Delegation und Familie, Frankfurt a.M. 1978.

16 In der DDR war der Vater Mitglied der Blockpartei CDU sowie der Prager Christlichen Friedenskonferenz (CFK), die bezeichnenderweise als »Rote Ökumene« bekannt ist. In Zeitungsartikeln aus den 80er Jahren äußert sich der Vater öffentlich positiv und unterstützend zum DDR-Staat.

17 Judith Kestenberg/Milton Kestenberg: Child killing and child rescuing. In: Schweitzer u.a. (Hg.): Origins of human aggression. New York 1987, S. 139–154. Dan Bar-On: Die Last des Schweigens. Frankfurt a.M. 1993. Gabriele Rosenthal: Transgenerationelle Spätfolgen einer nationalsozialistischen Familienvergangenheit. in: Die Psychotherapeutin. Zeitschrift für Psychotherapie 1998, S. 71–87.

18 G. Rosenthal, ebd.

19 Dabei kann es sich auch um eine Gruppenspezifik handeln, da in dieser Gruppe – im Unterschied zu anderen Frauenfriedensgruppen – die 40er-Geburtsjahrgänge auch zahlenmäßig überwiegen.

20 Wie der Vergleich mit den Einzelinterviews deutlich macht, entspricht dieser

Konsens zwar der Problemlage der Kriegs- und Nachkriegskinder, nicht mehr jedoch der der jüngeren Frauen.

21 Als 68er werden für die Bundesrepublik zumeist die Geburtsjahrgänge ca. 1940 – ca. 1950 gefaßt. Wie Dorothee Wierling (1998) in Auswertung des Buches »Wer ist wer in der DDR?« schreibt, sind von den 53 unter dem Stichwort Opposition aufgeführten Personen einer, nämlich Robert Havemann, 1910 geboren, drei zwischen 1929 und 1933, 12 zwischen 1935 und 1944 und 28 zwischen 1945 und 1954 geboren. Lediglich 9 wurden nach 1955 geboren. (vgl. dazu auch Zwahr 1994:451 und Fußnote 112). Christel Degen (1998) weist in ihrer empirischen Untersuchung des »Neuen Forums« ebenfalls auf den überproportional hohen Anteil der Kriegs- und Nachkriegsgeneration hin.

22 Vgl. Heinz Bude: Das Altern einer Generation. Die Jahrgänge 1938–1948. Frankfurt a.M. 1997. Gabriele Rosenthal (Hg.): Der Holocaust im Leben von drei Generationen. Familien von Überlebenden der Shoa und von Nazi-Tätern. Gießen 1997. Lothar Voigt: Aktivismus und moralischer Rigorismus. Die politische Romantik der 68er-Studentenbewegung. Wiesbaden 1991.

23 Vgl. dazu die Darstellung in: Birgit Rommelspacher: Schuldlos – Schuldig? Wie sich junge Frauen mit Antisemitismus auseinandersetzten. Hamburg 1994, S. 127ff.

24 Ingrid Miethe: Das Politikverständnis bürgerbewegter Frauen der DDR im Prozeß der deutschen Vereinigung. in: Zeitschrift für Frauenforschung. Heft 3/1996, S. 87–101, hier S. 95ff.

25 Vgl. Anne Hampele: Der Unabhängige Frauenverband. Organisationslaufbahn eines frauenpolitischen Experiments im deutsch-deutschen Vereinigungsprozeß. Dissertation am FB Politische Wissenschaft der FU Berlin 1995. Samira Kenawi: Frauengruppen in der DDR der 80er Jahre. Eine Dokumentation. Berlin 1995.

26 Die Protagonistinnen der unabhängigen Frauenbewegung der DDR gehören meist erst den 60er Jahren, zum kleinen Teil den Geburtskohorten von Ende der 50er Jahre an.

Bauriedl, Thea: Wege aus der Gewalt. Analyse von Beziehungen. Freiburg 1992

Boszormenyi-Nagy, Ivan / Spark, Geraldine: Unsichtbare Bindungen. Die Dynamik familiärer Systeme. Stuttgart 1990

Bude, Heinz: Das Altern einer Generation. Die Jahrgänge 1938–1948. Frankfurt a.M. 1997

Bar-On, Dan: Die Last des Schweigens. Frankfurt a.M. 1993

Degen, Christel: Im Osten nichts Neues? Impulse zur politischen Beteiligung aus der Bürgerbewegung Neues Forum. Manuskript zur Dissertation am FB Politische Wissenschaft der FU Berlin 1998

Enders, Ursula (Hg.): Zart war ich, bitter war's. Sexueller Mißbrauch an Mädchen und Jungen. Köln 1990

Eschwege, Helmut: Fremd unter meinesgleichen. Erinnerungen eines Dresdner Juden. Berlin 1991

Giordano, Ralph: Die zweite Schuld oder von der Last Deutscher zu sein. Berlin 1990

Glaser, Barney/Strauss, Anselm: The Discovery of Grounded Theory, Chicago 1967

Groehler, Olaf: Der Holocaust in der Geschichtsschreibung der DDR. in: Herbert, Ulrich/Groehler, Olaf: Zweierlei Bewältigung. Vier Beiträge über den Umgang mit der NS-Vergangenheit in den beiden deutschen Staaten. Hamburg 1992a, S. 41–66

Groehler, Olaf: Antifaschismus – vom Umgang mit einem Begriff. in: Herbert, Ulrich/Groehler, Olaf (Hg.): Zweierlei Bewältigung. Vier Beiträge über den Umgang mit der NS-Vergangenheit in den beiden deutschen Staaten. Hamburg 1992b, S. 29–40.

Hampele, Anne: Der Unabhängige Frauenverband. Organisationslaufbahn eines frauenpolitischen Experiments im deutsch-deutschen Vereinigungsprozeß. Dissertation am FB Politische Wissenschaft der FU Berlin 1995

Herbert, Ulrich: Zweierlei Bewältigung. In: Herbert, Ulrich/Groehler, Olaf (Hg.): Zweierlei Bewältigung. Vier Beiträge über den Umgang mit der NS-Vergangenheit in den beiden deutschen Staaten. Hamburg 1992, S. 7–28

Honigmann, Peter: Über den Umgang mit Juden und jüdischer Geschichte in der DDR. In: Schoeps (Hg.). a.a.O., 1988, S. 101–124

Kenawi, Samira: Frauengruppen in der DDR der 80er Jahre. Eine Dokumentation. Berlin 1995

Kestenberg, Judith/Kestenberg, Milton: Child killing and child rescuing. In: Schweitzer u.a. (Hg.): Origins of human aggression. New York 1987, S. 139–154.

Koch-Knöbel, Petra: Sexueller Mißbrauch von Kindern innerhalb des Familiensystems. Beiträge zur gesellschaftswissenschaftlichen Forschung, Bd. 16, Pfaffenweiler 1995

Mertens, Lothar: Davidstern unter Hammer und Sichel. Die jüdischen Gemeinden in der SBZ/DDR und ihre Behandlung durch Partei und Staat 1945–1990. Hildesheim, Zürich, New York 1997

Meuschel, Sigrid: Legitimation und Parteiherrschaft in der DDR. Frankfurt a.M. 1992

Miethe, Ingrid: Das Politikverständnis bürgerbewegter Frauen der DDR im Prozeß der deutschen Vereinigung. in: Zeitschrift für Frauenforschung. Heft 3/1996, S. 87–101

Miethe, Ingrid: Frauen in der DDR-Opposition. Lebens- und kollektivgeschichtliche Verläufe in einer Frauenfriedensgruppe. Opladen 1999

Münkler, Herfried: Antifaschismus und antifaschistischer Widerstandskampf als politischer Gründungsmythos der DDR. In: Aus Politik und Zeitgeschichte. B45/1998, S. 16–29

Nooke, Maria: Zur biographischen Bedeutung des antifaschistischen Selbstverständnisses der DDR bei Geschichtslehrern. Magisterarbeit am Fachbereich Umwelt und Gesellschaft der TU Berlin, 1997 (unveröffentlicht)

Philosophisches Wörterbuch, Band 1, hrsg. von Georg Klaus und Manfred Buhr. Leipzig 1975

Rommelspacher, Birgit: Schuldlos – Schuldig? Wie sich junge Frauen mit Antisemitismus auseinandersetzten. Hamburg 1994

Rosenthal, Gabriele: Erlebte und erzählte Lebensgeschichte. Gestalt und Struktur biographischer Selbstbeschreibungen. Frankfurt a.M., New York 1995

Rosenthal, Gabriele (Hg.): Der Holocaust im Leben von drei Generationen. Familien von Überlebenden der Shoa und von Nazi-Tätern. Gießen 1997

Rosenthal, Gabriele: Transgenerationelle Spätfolgen einer nationalsozialistischen Familienvergangenheit. in: Die Psychotherapeutin. Zeitschrift für Psychotherapie 1998, S. 71–87

Schoeps, Julius (Hrsg.): Juden in der DDR. Geschichte – Probleme – Perspektiven. Arbeitsmaterialien zur Geistesgeschichte, Band 4. Köln 1988

Simon, Annette: »Kluge Kinder sterben früh«. Die Achtundsechziger der DDR: Was verbindet, was trennt sie von jenen der Bundesrepublik? In: Die Zeit. 6. Juni 1997, S. 42

Stierlin, Helm: Delegation und Familie. Frankfurt a.M. 1978

Völter, Bettina: Erinnern im Zeichen des Antifaschismus in der DDR. in: Rosenthal (Hg.), 1997, S. 287–296

Voigt, Lothar: Aktivismus und moralischer Rigorismus. Die politische Romantik der 68er Studentenbewegung. Wiesbaden 1991

Wierling, Dorothee: Opposition und Generation in Nachkriegsdeutschland.

Die Herausforderung der Nachkriegsgeborenen in Ost und West. Vortrag gehalten auf der Konferenz: Geteilte Vergangenheiten – eine Geschichte. Potsdam 29.–31. Oktober 1998

Wilke, Manfred: Antifaschismus als Legitimation staatlicher Herrschaft in der DDR. In: Bundesministerium des Inneren (Hg.). Bedeutung und Funktion des Antifaschismus. Bonn 1990 (Bundeszentrale für politische Bildung), S. 52–64

Zwahr, Hartmut: Umbruch durch Aufbruch: Die DDR auf dem Höhepunkt der Staatskrise 1989. Mit Exkursen zu Ausreise und Flucht sowie einer ostdeutschen Generationenübersicht. In: Kaelble, Hartmut/Kocka, Jürgen/Zwahr, Hartmut (Hg.): Sozialgeschichte der DDR. Stuttgart 1994, S. 426–468

IV

Von Innenwelt und Außenwelt – Entwicklungen und Reaktionen

Frigga Haug

Wie Pelagea Wlassowa Feministin wurde

Ich will mir folgende Frage stellen: Warum haben wir, Frauen aus dem »Aktionsrat zur Befreiung der Frau« (den wir umgenannt hatten in »Sozialistischer Frauenbund West-Berlin«) uns *Pelagea Wlassowa* für unsere Zeitschrift und damit als Leitbild für uns selbst ausgesucht? Schließlich ist das Stück von Bertolt Brecht, in dem sie Hauptfigur ist, zu den Hochzeiten des Stalinismus geschrieben (1930–32). Auf der Grundlage eines Romans von Maxim Gorki, der in der Weltwirtschaftskrise handelt, berichtet es von einer Revolution. Was hatte das mit uns und unserer Lage in der sozialdemokratisch regierten Bundesrepublik zu tun? So merkwürdig das heute scheint, wenn man dieses Stück wieder liest, so höre ich doch zugleich hinter eigenem Staunen noch das Echo der Worte, die wir damals auf uns bezogen, mit denen wir uns ohne Zweifel gemeint und aufgerufen fühlten.

Lob des Lernens zum Beispiel mit der Botschaft: »Du mußt alles wissen, Du mußt die Führung übernehmen« – wir schrieben diesen Satz leicht geändert in: »Alle sollen alles wissen« auf ein Plakat und trugen ihn zur Empörung der Ordnungshüter von der damaligen SEW auf einer 1. Mai-Demonstration.

Oder, daß über *das Fleisch in der Suppe nicht in der Küche* entschieden wird, so daß uns ganz folgerichtig schien, »daß wir den ganzen Staat von oben nach unten umkehren« müssen.

In solchen Sätzen, Liedern, von Hanns Eisler vertont, lernten wir früh die später abstrakter gesprochenen Lehren vom Zusammenhang von Öffentlichem und Privatem, vom Persönlichen, das politisch ist.

Oder im Lied, wo gegen den Hunger ein Stück Brot, gegen die Kälte ein Flicken erkämpft wird und die Arbeiter rufen: »Wo ist der Brotlaib, wo ist der ganze Rock?«, bis sie schließlich die »Macht im Staat« fordern ... Wir hungerten nicht und froren nicht, aber solche Haltungen lasen wir als Aufrufe gegen die Bescheidenheit und entzifferten sie für uns als revolutionäre Radikalität gegen kleinliche sozialreformerische Kämpfe – kurz, wir fühlten uns ausgedrückt.

Vor allem war da die *Mutter*, eine einfache Frau, die lernt, die Vernunft einsetzt, die ein »Maulwurf der Revolution« ist.

Im großen Einverständnis übersahen wir, daß dies auch eine Revolutionslehre ist, die Umsturz von oben denkt, angeleitet durch eine – *die* – Partei, eine Avantgarde, die weiß, wohin es geht, eine Lehre, die uneingeschränkt auf die Vernunft der einen setzt, die Unvernunft der anderen zu überwinden.

Das ist nicht ganz richtig erinnert, daß wir dies alles übersahen, vielleicht besser, daß wir es bejahten, ohne es wirklich in jede Richtung zu durchdenken.

Wir dachten über uns nicht in Begriffen wie *Avantgarde* oder Führung, aber wir waren überzeugt, daß wir Teil einer Lernbewegung wären, angetreten, um soviel Wissen zu erwerben, daß wir gleich einer Partei oder gar mit einer imaginären Partei alle Frauen zum Umsturz der Verhältnisse bewegen könnten. Wir benutzten sogar solche Begriffe wie *Partei* und *Massen*, aber das war zur damaligen, vom studentischen Slang geprägten Zeit üblich.

Als Teil einer schnell wachsenden Bewegung, die wir zugleich mitbewegten und die sich von uns entfernte, versuchten wir das parteiliche Avantgarde-Modell bewegungsmäßig umzubauen, ohne es preiszugeben. Wir erfanden die Organisation als Durchlauferhitzer. Bei uns war man Mitglied, wir erarbeiteten ein Statut, zahlten Beiträge, gaben uns Ziele und suchten nach den besten Wegen dorthin; wir trafen uns über mehr als ein Jahrzehnt zur gleichen Zeit – Mittwochs um 9 Uhr, da konnten die Kinder vorher ins Bett gebracht werden – und wir schufen ein kompliziertes Modell, nach dem wir der Tendenz nach hätten wachsen können, bis die ganze weibliche Stadt bei uns war, ohne dabei den Anspruch nach Bildung, Schulung, Lernen, aufzugeben – d. h. wir organisierten uns in Schulungsgruppen.

Daß wir dennoch immer etwa gleichviel – nicht mehr als 100 – blieben, daß jeweils ebensoviel gingen, wie neue kamen, irritierte uns nicht genug – für diesen Prozeß brauchten wir das Bild vom Durchlauferhitzer und erklärten die Bewegung, für die wir zusammenkamen einfach als größer, übergreifender.

 Kürzlich wurde ich im Zuge der Aufarbeitung der Anfänge zu einem Buch durch Cristina Perincioli mit folgendem Satz aus unserem Statut konfrontiert: »Wir organisieren uns zunächst als Frauen separat, um in theoretischer Arbeit die Ansatzpunkte zur spezifischen Frauenagitation herauszufinden. Wir sehen dies als Voraussetzung, um unter Führung der Kommunistischen Partei unsere Aufgaben im Klassenkampf zu übernehmen.«[1] Die Anklage in Cristina Perinciolis Frage, die zugleich unsere Verurteilung war, wurde mir spontan zum abwehrenden Schrecken. Ich erinnerte mich nicht und hielt solche Sätze einfach für erfunden. Ich konnte das natürlich nachlesen. Und da stand es wahrhaftig zusammen mit all den anderen Sätzen über die Isolation der Hausfrau, den Glauben an die Emanzipation durch Teilnahme am »Produktionsprozeß«, die so viele richtige Elemente enthielten wie sie verkürzt und daher auch nicht richtig waren. Heute höre ich in den zitierten Sätzen in allererster Linie eine demütige Unterstellungshaltung, und dies, nachdem wir damals erst angefangen hatten, aus gewohnter Bescheidenheit hervorzutreten. Das Ganze wurde noch schlimmer, wenn ich mir die damalige kommunistische Partei in Erinnerung rief, von der mir heute hauptsächlich der Eindruck geblieben ist, daß sie grau, kleinlich, bürokratisch und vor allem in keiner Weise von der Leidenschaft getragen war, die ich doch für uns im Gedächtnis hatte. Diese Unvereinbarkeit und die neuerliche Lektüre der *Mutter* von Brecht und die Erinnerung an die Lieder, die wir mitgesungen hatten, brachte mich auch zum Lied über die Partei. Der Kontext: die Mutter ist krank, der Lehrer rät ihr, im Bett zu bleiben, da sie ohnehin wenig ausrichten könne. Da kommen die Arbeiter und singen:

Steh auf, die Partei ist in Gefahr! – Du bist krank, aber die Partei stirbt. – Du bist schwach, du mußt uns helfen! – Steh auf, die Partei ist in Gefahr! – Du hast gezweifelt an uns – Zweifle nicht länger: – Wir sind am Ende. – [...] Steh auf, die Partei ist in Gefahr! – Steh schnell auf! – Du bist krank, aber wir brauchen dich. – Stirb nicht, du mußt uns helfen. – Bleibe nicht weg, wir gehen in den Kampf. – Steh auf, die Partei ist in Gefahr, steh auf!

Natürlich können wir solche Passagen ansehen und unpassend, verfehlt, auch einer bestimmten Position zugehörig halten, die Revolution von oben, gelenkt durch die Partei, denkt; und doch, dies erneut lesend, wußte ich auch wieder, daß und warum wir solches geschrieben hatten wie den zitierten Satz aus dem Statut. Wir hatten gar nicht an die Westberliner Kommunistische Partei gedacht, sondern an diese literarische, an dieses Wort, das für uns Hoffnung war, daß es auf uns ankäme und wir gebraucht würden in einem großen Kollektiv, das wir noch nicht kannten. Im Grunde spricht hier auch Brecht, so sehr er über die Partei zu sprechen scheint, über dieselbe als eine Existenzweise des Aufbruchs der Massen, keinesfalls als bürokratische Führung und Verwaltung. Gleichwohl war dies auch eine Illusion von uns, aber eine, wie sie in Befreiungsbewegungen überall auf der Welt vorkommt.

Daß wir also Parteinähe im Statut formulierten, obwohl wir in der Wirklichkeit keiner nahe standen, daß wir so energisch auf Organisation bestanden, Schulung für das Wichtigste hielten und an unserer Vernunft arbeiteten, brachte uns bald in Konflikte mit den bewegten Frauen, die das Wort »autonom« für sich reklamierten. Da wir zwar den damaligen rivalisierenden studentischen »Arbeiterorganisationen« ein schmackhafter Bissen waren, den sie sich einverleiben wollten, wir uns aber vielleicht nicht als Einzelne, doch als Gemeinschaft unabhängig fühlten, haben wir den Hauptvorwurf, wir seien nicht autonom, nie wirklich verstanden, ich zumindest nicht.

Vielleicht könnte ich ihn aufs Denken beziehen: Sollte er meinen, daß wir im Denken uns nicht wirklich auf freien autonomen Bahnen bewegten? Obwohl ich mir überhaupt nicht vorstellen kann, daß man sich ganz außerhalb von Geschichte stellen und ganz autonom denken kann, ergäbe ein solcher Vorwurf einen bestimmten Sinn, unter dem ich den folgenden Lernprozeß abbilden möchte.

Ich kann natürlich nur einen kleinen Ausschnitt berichten. Modellhaft nehme ich die Geschichte der »Schulungsgruppe 6«, die zugleich ganz einmalig und wiederum ganz exemplarisch dafür stehen kann, was damals mit uns geschah.

Lernen um zu wissen: Wenn genügend Neue ins Plenum kamen, bildeten wir neue Schulungsgruppen, die sich jeweils einer Schulungsleiterin – das war eine Frau, die schon mindestens ein Jahr bei uns war und in einer Schulungsgruppe gelernt hatte –, zugesellten. Ich war eine solche Leiterin und bot also ein Thema an, in diesem Fall »Bildung und Lernen«, und zu mir kamen diejenigen, die dazu Lust hatten oder mich mochten. So ein Thema ergab sich aus praktischen Problemen, damals z.B. aus der geringen Qualifikation von Mädchen, die zahlreich nicht einmal einen Hauptschulabschluß machten. Unsere Idee war, innerhalb eines Jahres soviel Wissen zur geschlechtsspezifischen Bildung und zum Lernen zu erarbeiten, daß wir öffentlich auftreten und Mädchen überzeugen könnten, wie wichtig Lernen und Abschlüsse für ihre Position in der Gesellschaft waren. Das heißt auch, daß wir dem Trugschluß aufsaßen, daß eine bessere Ausbildung Frauen zur Gleichberechtigung verhelfen könnte; zudem nahmen wir an, daß auch die Entscheidung fürs Lernen von uns veränderbar war und daß diese Veränderungskompetenz wiederum durch Wissenserwerb erreichbar sei.

Ich erstellte eine Literaturliste; wir trafen uns abends, einmal pro Woche; wir erarbeiteten die Texte und aßen und tranken, bevor wir auseinandergingen, und taten das mit wachsendem Vergnügen. Bald kamen wir an den Wochenenden auch außerhalb Berlins zusammen, d.h. wir lebten einen wachsenden Teil von Zeit gemeinsam, wir verreisten (schon Pelagea 3 schmückt auf der Umschlagseite ein Foto von uns, wie wir in Badeanzügen im hohen Gras fern von Berlin im Kreis sitzen, lesen, schreiben, diskutieren); wir feierten Geburtstage, kochten gemeinsam und durchstreiften die Berliner Kneipen bei Nacht, was zu der damaligen Zeit für Frauen als anstößig galt. Wir organisierten Konferenzen, Demonstrationen, kurz, wir wuchsen als Gruppe, die aus ganz unterschiedlichen Frauen, was Alter, Beruf, Ausbildung anging, so zusammen, daß wir bald, weil wir so einig und begeistert waren, in der Politik des Frauenbundes bestimmend waren. Aber schon kam die Zeit, nach der wir uns gemäß dem Statut trennen mußten, jede eine neue »Keimzelle« werden würde. Obwohl wir uns auch verantwortlich für den Gesamtverein fühlten, begannen wir ernsthaft und vernünftig, eine Regelverletzung zu erdenken und zu begründen, um uns nicht zu trennen. Wir kamen nicht auf die Idee, daß wir vielleicht noch nicht genug gelernt hätten, das hätte ja das gesamte

Konzept von Schulung als Schneeballsystem in Frage gestellt, wir erfanden statt dessen eine neue »notwendige Aufgabe«, die nur wir als Gruppe erledigen konnten: Wir wollten darüber ein Buch schreiben, wie wir als Gruppe gelernt hatten; ein Buch für die Frauenbewegung, das ihr das Lernen so leicht und vergnüglich machen sollte, wie wir es erfahren hatten. Dafür veranschlagten wir ein weiteres gemeinsames Jahr.

Mit diesem hoffnungsvollen Auftrag, wiederum etwas zu erarbeiten, das wir an solche, die wir weniger wissend dachten, weitergeben wollten, uns also schon im Vorhinein nützlich fühlend, setzten wir uns ans Werk. Zunächst schrieben wir Zusammenfassungen zu all den Aufsätzen und Büchern, die wir gelesen hatten und verfaßten so eine Art Studienbuch, das, ohne Umschweife gesprochen, total langweilig und zudem bürokratisch geschrieben war. Nichts von der Leidenschaft, die uns beim Lernen beseelt hatte, nichts von der Stärke, die die Gemeinsamkeit vermittelt hatte. Darüber hinaus handelte unser Buch gar nicht vom Lernen, nicht von den Frauen, die solches erfahren hatten, sondern von dem, was wir gelesen hatten, zum Beispiel von Jägern und Treibern, vom Staat und vom Wirtschaftswachstum, vom Tier-Mensch-Übergangsfeld. Wir hatten schon 80 Seiten geschrieben und noch war keine einzige Frau irgendwo aufgetaucht. Wir hatten uns selbst auf jeden Fall vergessen. Das war in der ersten Hälfte der siebziger Jahre; damals war uns schon bewußt, daß die Frauen in der Bewegung, für die wir dieses Buch schreiben wollten, es keinesfalls lesen würden.

Wir legten das bisher Geschriebene beiseite und versuchten, uns zu besinnen, wie wir eigentlich zusammen gelernt hatten. Die Erinnerung, obwohl noch ganz frisch, wollte sich nicht verlebendigen. So gaben wir uns die Aufgabe, je einzeln aufzuschreiben, was uns bei der Frage des gemeinsamen Lernens einfiel, kleine Geschichten, jähe Erlebnisse, Lust am Lernen, Lernerfolg oder auch Mühe und Unlust. Das Lesen dieser Alltagstexte stürzte uns in den nächsten Schock. Während alle Frauen in der Gruppe ganz unabhängig von ihrem Bildungshintergrund inzwischen in der Lage waren, ein wissenschaftliches Buch oder einen Aufsatz in klaren Worten zusammenzufassen, waren die Geschichten aus dem eigenen Leben äußerst schlecht geschrieben; sie waren zumeist sprachlos in bezug auf Gefühl und Vernunft. Und, was für uns das schlimmste war: Sie erwiesen sich mit all ihren Klischees als tief verwurzelt in eben den gesellschaftlichen Verhältnissen, in den Werten und Ideologien, die wir überwinden wollten. Sie sprachen gewissermaßen mitten aus einem ideologischen Common sense, waren verankert in der herrschenden Kultur und waren doch von uns geschrieben, die wir uns klug und geschult gedacht hatten, fähig, andere zu belehren. Kurz, wir hatten ungeprüft angenommen, daß wir über die Verhältnisse erhaben wären und anderen, weniger glücklichen, helfen müßten, sich ebenfalls zu erheben.

Aus diesem schweren Schock, uns selbst als Kinder dieser Verhältnisse zu erfahren, zogen wir eine Reihe von wichtigen und schwierigen Lehren, die rückwärts gesehen unser Aufbruch in den Feminismus waren, wenn auch in eigener Form.

Ich skizziere knapp: Natürlich hatten wir zu unserer Zeit, da wir noch alles wußten, die Praxis der Selbsterfahrungsgruppen, die zu Beginn der neuen Frauenbewegung standen, mit äußerstem Mißtrauen gesehen und für uns selbst niemals in Betracht gezogen. Wir wollten uns nicht selbst erfahren. Jetzt, da wir einen Bruch erfuhren zwischen dem, was wir über uns glaubten, und dem, wie wir uns schrieben, wurde es notwendig, unsere Erfahrungen und wie sie von uns interpretiert wurden, selbst zum Gegenstand von Forschung zu machen. Wir rückten also Erfahrung ins Zentrum unserer Erkundungen, das war der Beginn von *Erinnerungsarbeit*. Wir wurden so etwas wie eine Selbsterfahrungsgruppe, die allerdings die Art, wie diese Gruppen vorgingen, verschob. Wir begriffen, daß wir selbst diejenigen waren, an denen wir studieren konnten, was Frauwerden in dieser Gesellschaft bedeutete, und wie wir das gemacht hatten. Wir erkannten, daß wir wie alle anderen waren, was uns zwar unserer Hauptabsicht beraubte, die ich jetzt das »Fackelträger-Syndrom« nennen will, nämlich, anderen den Weg zu weisen, wohin es gehen sollte, uns aber dafür unversehens ein riesiges empirisches Forschungsfeld ins Haus lieferte: uns selbst als Frauen wie alle anderen, widerständig, einverstanden, brüchig und entschlossen. Wenn wir uns selbst als Teil dieser gesellschaftlichen Verhältnisse dachten, die wir als irgendwie uns äußerliche und von uns unabhängige Strukturen zu kritisieren gelernt hatten, mußten wir uns als Persönlichkeiten wahrnehmen, welche eben diese Gesellschaft reproduzierten, in die wir mit Herz und Verstand, mit Gefühl und Vernunft verstrickt waren.

Es war schwierig, unsere Politik zu ändern, aber es war faszinierend, uns plötzlich selbst als Forschungsfeld zu entdecken und andere Frauen im ganzen Land und auch im Ausland zu gewinnen, ebenso zu verfahren, um möglichst vielfältig die in den Wissenschaften vernachlässigte Frage der Frauensozialisation oder besser Frauenvergesellschaftung zu erkunden. Wiederum war es unerhört schwierig, uns selbst zu ändern, mit unseren Gefühlen zu arbeiten ebenso wie mit der Weise, wie wir spontan Alltag dachten und wie wir eine Verbindung zwischen Gefühlen und Haltungen und Alltagsleben vermuteten.

In Bewegung kam ebenso eine mit dem Glauben an die Machbarkeit von Veränderung durch Wissen zusammengehende Harmlosigkeit in bezug auf Sprache. Als aus den USA Sprachpolitik und damit der Verdacht, Sprache wäre Werkzeug und Träger von Herrschaft, in die westdeutsche Frauenbewegung kam, hatte ich einen selbstbewußten hochnäsig-kämpferischen Artikel dagegen geschrieben, den ich »Verteidigung der Frauenbewegung gegen den Feminismus« nannte. Das war 1973. Umstandslos hatte ich mir die Politik mit etwas so Luftigem wie Sprache als eine Art Schwächung der harten Kämpfe ums Materielle gedacht. Jetzt mußten wir erkennen, daß mit und in Sprache nicht nur Politik gemacht werden mußte, sondern daß diese selbst die ganze Zeit Politik mit uns machte, durch uns hindurch sprach, so daß sie uns unterwarf in bestimmte Denkweisen, die sie vorgab, die wir durchbrechen mußten, sollten wir jemals den Zusammenhang unserer eigenen Persönlichkeiten mit den herrschenden Verhältnissen begreifen. Jetzt klagten wir Sprache nicht nur an, sondern wir begannen Spracharbeit als Arbeit mit uns selbst.

Diese doppelte Erfahrung änderte unsere Politik auf mehrfache Weise. Wir konnten uns nicht mehr als Frauengruppe denken, die anderen den Weg weisen konnte, und wir konnten unser eigenes Lernen nicht mehr als vorübergehende Anstrengung, als kompensatorisch auffassen, bis wir genau so geeignet waren für Politik, wie wir die Männer dachten. Erst jetzt wurde ganz deutlich, daß wir uns auch als unvollständige Männer wahrgenommen hatten, was in den Themen vom gleichen Lohn, gleicher Ausbildung, Arbeitsschutz usw. sich ausdrückte. Es dämmerte uns, warum uns selbst diese Politik zwar notwendig, aber auch langweilig schien, und warum wir selbst dazu beigetragen hatten, sie als Vorstufen zur eigentlichen Politik, die später auch für uns kommen würde, wahrzunehmen. Die Themen, die wir jetzt aufsuchten, waren Weiblichkeit, Liebe, Sexualisierung, Widerstand, Angst, Leistung, Filmerfahrungen, endlich das Verhältnis von Vernunft und Gefühl und Lernen, aber jetzt nicht von anderen, sondern als weibliche Praxis von uns in dieser Gesellschaft.

Diese Lernbewegungen waren eine umfassende Wendung in den Feminismus, allerdings bei gleichzeitigem Versuch, eine ganze Reihe von damals gebräuchlichen Formen für uns zu verschieben, so u. a. die Opferdiskurse, die am besten mit Simone de Beauvoirs Diktum, wir werden nicht als Frauen geboren, sondern dazu gemacht, zusammengefaßt werden können, diese etwa zu verwandeln in die These: Daß wir es selbst sind, die uns machen – wenn auch in bestimmten Strukturen und Verhältnissen –, und so auch diejenigen sind, die sich verändern und befreien können – und daß diese Selbstveränderung eine revolutionäre Tat ist.

Diese verschiebende Bewegung brachte uns fast natürlich eine Art Ausschließung aus den damaligen Arbeiterorganisationen, auch wenn wir gar nicht dort Mitglied waren, kurz: Wir wurden »Feind Kleinbürgerin Nr. 1«. Diese Auseinandersetzungen beschäftigten uns noch als Gruppe, gemeinsam erarbeiteten wir in mehreren Jahren unter großen Krisen und auch voll Lust zwei Bücher »Erziehung zur Weiblichkeit« (so heißt der 1991 in 4. Auflage erschienene, überarbeitete und aktualisierte Band von 1980, der damals »Frauenformen. Alltagsgeschichten und Entwurf einer Theorie weiblicher Sozialisation hieß«) und »Sexualisierung der Körper« (1983), wobei das letztgenannte Buch zumindest im Angelsächsischen ein Klassiker wurde, aber auch bei uns vier Auflagen erlebte.

Irgendwann beendete die Gruppe S6 als Gruppe ihre Arbeit, die, so glaube ich sagen zu können, für alle eine Erschütterung und Veränderung war, die bis in die Lebensweisen anhielt. Viele zogen mit

Frauen zusammen oder blieben in einer Wohngemeinschaft, einige brachen auf in ganz ungewöhnliche Alternativen: wie z.B. von der Lehrerin zur Clownin – einige machten weiter Frauenpolitik ...

Für mich begann die Zeit der Reisen in alle Welt und – nach einigen weiteren Forschungen zu Themen wie Angst, Moral, Widerstand, Identität, Leistung, Filmerfahrungen, eine spiralförmige Bewegung – zurück zu den Themen des Anfangs, die mir damals so langweilig erschienen waren, weil mir dazu nichts einfiel: Arbeit, Produktionsverhältnisse, Ökonomie. Denn jetzt erst erkannte ich, daß das Patriarchat so etwas wie lebendige Hefe in den Produktionsverhältnissen ist, daß Arbeit nicht nur ein Verteilungsproblem, daß die Zustimmung zu Krieg strukturell in den Geschlechterverhältnissen verankert ist, daß Zeit eine Dimension ist, in der Frauenunterwerfung festgeschrieben wird und deren Vernutzung die Plätze zuweist, die über das Leben von Menschen bestimmen. Immer deutlicher wird heute, in der schonungslosen Härte des neoliberalen Projekts, daß eine gute und menschliche Gesellschaft nicht möglich ist, wenn nicht die grundlegenden Geschlechterverhältnisse aufgebrochen sind, sich umwälzen – das gilt für die Fragen der Arbeit, der Ökologie, der Dritten Welten.

Und da wir uns mit der rot-grünen Koalition gewissermaßen in der Regierungsöffentlichkeit befinden, möchte ich uns abschließend ermutigen, diese Wende, wie immer wir sie skeptisch ansehen mögen, auch als Chance zu nutzen, unsere Fragen einzuschreiben und voranzubringen. In der Problematik der Geschlechterverhältnisse sind die Fragen einer lebbaren Zukunft als Widerspruch enthalten. Zu wenig wird geschehen, wenn wir Frauen uns nicht auf den Weg machen, denn zu groß sind noch die Privilegien der Männer, ihre Seilschaften, ihre tradierten Macht-Selbstverständlichkeiten, die sie nicht nötigen, wahrhaft radikal zu sein.

1 Pelagea 2, 1971

Erica Fischer

Feministische Seitenblicke einer Pendlerin

Im Jahr der Frau, 1975, hatte ich in Paris eine mexikanische Freundin, die grundsätzlich nur Frauen Trinkgeld gab. Diese Klarheit hat ihr das Leben erleichtert. Rassismus war damals kein Thema, wir mußten erst den Sexismus entdecken. 26 Jahre nach Gründung der Aktion Unabhängiger Frauen in Wien habe ich zu differenzieren gelernt, und das Leben ist viel komplizierter geworden. So einfach wie *Emma* will ich es mir nicht mehr machen. Emanzipation heißt für mich heute auch die Bereitschaft, anderen Frauen das Tragen eines Kopftuchs zuzugestehen.

Anfang nächsten Jahres wird die ehemalige österreichische Frauenministerin Johanna Dohnal sechzig. Ich wurde eingeladen, einen Aufsatz für einen Sammelband zu schreiben, der Johanna Dohnal zu Ehren im Februar im Rahmen eines Festakts vorgestellt wird – vermutlich in einem von Wiens prunkvollen Palästen. Die Dohnal hat es fertiggebracht, mit ihrer körperlichen Präsenz die bombastischen Räumlichkeiten des Frauenministeriums in der Wiener Hofburg unübersehbar auszufüllen und in einen quirligen Ort voll hektischer Aktivität und bunter Poster zu verwandeln. Dort gingen wir Feministinnen formlos ein und aus, vorbei am Portier, der jede Einlaß begehrende Frau automatisch über die wuchtige Freitreppe zur Frauenministerin schickte. Das ist der Charme der Politik in einem kleinen Land, den ich nach bald elf Jahren im Giganten Bundesrepublik Deutschland zu schätzen gelernt habe.

Susanne Sohn, die heute im Rahmen eines Bruno-Kreisky-Archivs die Festschrift vorbereitet, war Funktionärin der KPÖ, der bis zum bitteren Ende stramm stalinistischen Kommunistischen Partei Österreichs. Susanne Sohn war zwar frauenpolitisch stets engagiert, beäugte jedoch unser feministisches Treiben, das sie ohne Klassenstandpunkt wähnte, mit scheelem Blick, den ich ebenso scheel erwiderte. Für mich hatten die Kommunisten all das verraten, wofür meine Eltern gekämpft und im Gefängnis gesessen hatten. Außerdem war ich auch eine eifrige Krakeelerin gegen die Sozialdemokraten, die äußerst geschickt die aus der autonomen Frauenbewegung hervorgegangenen neuen Ideen inhalierten und verwaschen mit dem SPÖ-Etikett versehen wieder ausspuckten. Das brachte mich damals zur Raserei.

Wir kennen die SP / Sie hält uns nur am Schmäh / Wir wissen was wir wollen / Und lassen uns nicht rollen. So dichtete eine Gruppe Wiener Feministinnen im November 1980. Wir solidarisierten uns damals in der Stadt Linz mit den dortigen Feministinnen, die ein Studentenheim zwecks Umwandlung in ein Frauenzentrum besetzt hielten. Jemand hat mich auf dieser Demonstration fotografiert. Ich trage Jeans und NATO-Jacke, sehe aber trotzdem, jung wie ich war, hinreißend elegant aus und skandiere gerade einen der auf der Fahrt nach Linz gedichteten Sprüche ins Megaphon. In meinem Gesicht ist nichts von der feministischen Verbissenheit zu erkennen, die uns Medien und politisch Zurückgebliebene stets angedichtet haben, samt lila Latzhose, die bis zum heutigen Tag alle Moden auf wundersame Weise überdauert zu haben scheint. Ich lächle glückselig und bin ganz bei mir. Die Zeit der Frauenbewegung war – trotz gräßlicher Flügelkämpfe, Magenbeschwerden und Heulkrämpfen – die glücklichste Zeit meines Lebens. Eine kurze Spanne, in der ich tatsächlich dazugehörte und davon überzeugt war, Anteil zu haben an einem historisch einmaligen, weltumspannenden revolutionären Entwicklungsschub. 1980 war ich 37 Jahre alt, Johanna Dohnal knapp über vierzig. Heute, 18 Jahre später, stehen wir einander immer noch höflich distanziert gegenüber, die Sozialdemokratin Johanna Dohnal, die Ex-Kommunistin Susanne Sohn und die heimatlose Gesellin Erica Fischer, fühlen uns aber als Ehemalige in gewisser Weise doch auch herzlich miteinander verbunden. Die Einladung, einen Text für das Dohnal-Buch zu schreiben, hat mich geehrt.

Das Problem, das die österreichischen Feministinnen mit der Dohnal hatten, war ihre Präsenz als Paradefeministin in den Medien, die in Österreich mehrheitlich ein geistiges Niveau aufweisen, das ohnehin nur die Vermittlung dumpfer Freund- und Feindbilder zuläßt. Neben Dohnal, deren Karriere durch unseren Aufbruch erst möglich gemacht wurde, hatte keine Feministin außerhalb der SPÖ Chancen auf eine breitere Öffentlichkeit. Gleichwohl hatte sich Dohnal jahrelang schwer getan mit dem Feminismus. Noch 1978 meinte sie, die feministische Bewegung könne zwar in anderen Ländern »für manche Probleme ein Bewußtsein in der Öffentlichkeit schaffen«, in Österreich aber würde sie bedeutungslos bleiben: »Weil es bei uns eine sozialistische Regierung und eine sozialistische Frauenbewegung gibt.« Es war das Jahr des legendären »Paukenschlags«, mit dem Bundeskanzler Bruno Kreisky vier Staatssekretärinnen einsetzte.

Johannas Aufstieg zur Staatsfeministin war stets von Diffamierungen begleitet, wenn auch nie in dem Ausmaß, wie die Medien hierzulande mit Alice Schwarzer umgingen. Diese war wesentlich radikaler und hatte keine Partei im Hintergrund, die sie beschützte und ihr Handeln voraussehbar machte. Der zahme SPÖ-Feminismus der Dohnal war wohl das Maximum, was die zutiefst konservative österreichische Gesellschaft verkraften konnte. Alice Schwarzer wiederum wurde von Johanna Dohnal gern nach Österreich eingeladen, wenn es darum ging, flankiert von einer wortgewaltigen Radikalen Schlagzeilen zu machen, ohne Gefahr zu laufen, vom höflichen Gast die Frauen- und Sozialpolitik ihrer eigenen Regierung um die Ohren geschlagen zu bekommen. Alice Schwarzer übernahm diese Rolle gern. Heute hat sich erwiesen, daß die Sozialdemokratin die Radikalere, weil politisch Bewußtere geblieben ist. Während Schwarzer in ihrer *Emma* in »Stürmer«-Manier gegen den Islam zu Felde zieht und es auch vorkommen kann, daß ihr ein kleiner Antisemitismus entschlüpft, ist Dohnal die Abscheu vor jeder Form von Rassismus und Ausländerfeindlichkeit ebenso selbstverständlich geblieben wie ihr leidenschaftliches Eintreten für Frauen.

Noch vor dem Paukenschlag hatte Bundeskanzler Kreisky im »Jahr der Frau« 1975 wie kein anderer die Bedeutung der globalen sozialen Bewegung der Frauen begriffen. Die Periode der Vereinnahmung feministischer Ideen durch die österreichische Sozialdemokratie nahm ihren Lauf. Für uns radikale Feministinnen war das damals schwer zu ertragen. Wir waren beleidigt, daß unsere Ideen zwar aufgegriffen, wir selbst jedoch übergangen wurden. Daß andere den Ruhm einheimsten. Die Rollenaufteilung zwischen Straße, Forschung und etablierter Politik ist für jene, denen der Straßenpart zukommt, auf die Dauer schwer auszuhalten.

Viele Feministinnen wollten aus ihrem Engagement einen Beruf machen, hatten den berechtigten Wunsch, von den Früchten ihrer Arbeit zu leben. Anders vielleicht als hierzulande führte das zu einer fast totalen Abhängigkeit vom Staat. In einer von der Frauenzeitschrift »AUF« veröffentlichten Debatte über Frauenbewegung und Sozialdemokratie kommentierte eine Projektfrau die schleichende Entpolitisierung der autonomen Frauenbewegung so: »Wenn Frauengruppen früher für ein Projekt oder eine Aktion Geld brauchten, machten sie die erforderlichen Kanäle dafür selber ausfindig. Heute pilgert jede Frauengruppe erst einmal zur Dohnal. Und dort sagt uns natürlich niemand ›Ihr könnt euch schleichen mit eurem Blödsinn‹, so daß wir wutentbrannt auf die Straße rennen und Schaufenster einschlagen.« Repressive Toleranz nannte man das 1968.

All diese österreichischen Spezialprobleme entwickelten sich allerdings erst zu einer Zeit, als das Wichtigste – der leidenschaftliche Aufbruch – bereits gelaufen war. Der Anfang war bei uns wesentlich internationaler als vieles, was es heute in Zeiten von Globalisierung und Internet an politischem Aktivismus geben mag. Meinen Feminismus, der sich im Laufe der Jahre weiterentwickelt hat und allmählich verschmolzen ist mit meinem jugendlichen Engagement für Frieden und Menschenrechte, verdanke ich Denkerinnen und Akteurinnen aus vielen Ländern. Die ersten waren natürlich die US-Amerikanerinnen Betty Friedan, Kate Millett und Shulamith Firestone mit ihren elektrisierenden Büchern. Verschämt wie Pornographie mußten wir sie in der maoistischen Buchhandlung unter dem ätzenden Blick der Besitzerin Brigitte Herrmann in einem entlegenen Winkel des kleinen Ladens in der Wiener Innenstadt suchen. Das war die Zeit, als ich noch Mitglied einer Gruppe von Männern und Frauen war, die Emanzipation unter sozialistischem Vorzeichen anstrebten. Heute würde ich Geschlechterdemokratie sagen. Selbst in der Kleidung gaben die Männer den Ton an. Hosen, so die einhellige Meinung, würden vom voranschreitenden Geschlecht getragen, Röcke vom statischen. Also trugen wir Frauen selbstredend Hosen, denn voranschreiten wollten wir. Unglücklicherweise waren damals gerade diese langen indischen Wickelröcke modern, die die nackten Beine freilegten, wenn der Wind seitlich hineinblies. Als ich einmal dergestalt unemanzipatorisch angetan einen unserer Gruppenmänner auf der Straße erblickte, flüchtete ich in einen Hauseingang. Spätestens da wurde mir klar, daß etwas nicht stimmte.

Danach begann es wirklich international zu werden. Unser erstes turbulentes Treffen unter Männerausschluß beriefen wir in Wien im Herbst 1972 ein, nachdem zwei Schweizer Feministinnen uns Nachhilfeunterricht erteilt hatten. 1974 fuhr ich zum großen Frauenkongreß der BRD-Frauenbewegung nach Frankfurt am Main: »Keine Revolution ohne Emanzipation« stand auf dem großen Transparent. Das fand ich gut. Dann wurde jedoch eine Resolution zu Vergewaltigung verabschiedet, deren Radikalität mich erschreckte. Die deutschen Feministinnen drohten, selbst Hand anzulegen, wenn die Justiz nicht in der Lage sei, Vergewaltiger angemessen zu bestrafen. Meine eigene Vergewaltigung war damals noch gut verdrängt, ich wußte nichts von der Sprengkraft dieses neuen Themas: Gewalt gegen Frauen. Unter dem verständnislosen Blick von Barbara Schleich, meiner Sitznachbarin in der ersten Reihe, verweigerte ich meine Zustimmung zu dem, was ich Lynchjustiz nannte. Ich glaubte noch fest an das Gewaltmonopol des Staates, eine Haltung, zu der ich mittlerweile wieder zurückgekehrt bin. Ein Jahr später war ich in Paris an der Vorbereitung eines Tribunals zu Gewalt gegen Frauen beteiligt, das 1976 in Brüssel stattfand. In einer Diskussion im legendären »Club 2« des österreichischen Fernsehens schleuderte mir ein Sprecher der Wiener Polizei mit hochrotem Gesicht entgegen, daß es nicht genügend Vergewaltiger gebe, um die große Zahl vergewaltigungswilliger Frauen zu bewältigen. Die Telefone des ORF liefen heiß, der Polizist bekam Auftrittsverbot, ich wurde über Nacht bekannt, die Debatte über Gewalt gegen Frauen war in Österreich eröffnet. Damals sagten Männer noch, was sie dachten.

Von der Pariser Frauenbewegung habe ich gelernt, daß Feministinnen auch elegant und humorvoll sein können. »Mais qu'est-ce qu'elles veulent?« – »Was wollen sie?« fragte ratlos ein Mann am Straßenrand, als die Frauen 1975 über den Boulevard Raspail hüpften und »Ein Schritt vor, zwei Schritte zurück« skandierten. »Mais qu'est-ce qu'elles veulent?« griffen die Feministinnen die Frage auf und tanzten dazu im Kreis. Zum 1. Mai desselben Jahres war ich von einer der

Führerinnen der italienischen Bewegung für Lohn für Hausarbeit nach Venedig eingeladen worden. Dort lernte ich die längst auch in Deutschland vertrauten Klassenwidersprüche im Herzen von Feministinnen kennen. Während wir uns im Salon mit dem Marmorfußboden über die strategische Bedeutung der unbezahlten Hausarbeit für die Aufrechterhaltung des Kapitalismus unterhielten, bereitete in der Küche die sizilianische Domestikin einen kleinen Snack vor. So gestärkt skandierten wir bald darauf in Mestre bei der Frauendemonstration zum 1. Mai den Slogan der Bewegung für Lohn für Hausarbeit: »Il nostro lavoro non pagato è la debolezza del proletariato« – »Unsere unbezahlte Arbeit ist die Schwäche des Proletariats« – weil sie nämlich die Arbeiterklasse spaltet. Unter Hausarbeit verstanden die Italienerinnen jegliche Tätigkeit, die der Reproduktion der männlichen Arbeitskraft dienlich war. Ich kehrte zurück in meine Wiener WG und erklärte meinem verdutzten Freund, daß Sex mit ihm Hausarbeit sei. Ob die Forderung nach Lohn für Hausarbeit nun eine revolutionäre oder eine reaktionäre sei, wurde in der österreichischen Frauenbewegung leidenschaftlich diskutiert. Freundschaften zerbrachen daran, doch am Ende wußten wir sehr genau Bescheid über die Funktion der unsichtbaren, kostenlosen Familienarbeit für die Ausbeutung der Arbeitskraft Frau und den reibungslosen Ablauf des kapitalistischen Patriarchats.

Die Ideen flossen damals zwischen den Ländern hin und her. Jeden Frauenprotest, ob im Iran, in Portugal oder in Indien, feierten wir als kleinen Zwischensieg der internationalen Frauenbewegung und unterschrieben unsere Briefe mit »In Sisterhood«. Daß diese durch höchst selbstzerstörerische Binnenkämpfe zwar getrübte, nach außen jedoch tapfer aufrechterhaltene internationale Familienidylle nicht von Dauer sein konnte, liegt auf der Hand. Je konkreter und sachkundiger die politischen Interventionen der Frauen, je pragmatischer das auf den realen Geschlechterkampf zurechtgestutzte Handeln, desto nationaler wurden die politischen Optionen.

Erneut international ist seit einigen Jahren die Dekonstruktionsdebatte, mindestens in der akademischen Welt des reichen Westens. Da ich zwar dem reichen Westen, nicht aber der akademischen

Welt angehöre, weiß ich nicht, wie verbreitet und relevant diese Abwendung vom Geschlecht als psychisch, ökonomisch und gesellschaftlich prägender sozialer Kategorie tatsächlich ist. Wenn ich den Ansatz richtig verstanden habe, der zu Positionen führt, die gar nicht mehr zwischen »Frau« und »Mann« unterscheiden mögen und die Geschlechterhierarchie als unerträglichen Skandal nicht mehr ins politische Visier nehmen, dann basiert er auf der Erkenntnis, daß »empirische Frauen« nicht als monolithische Einheit »Frau« zusammengefaßt werden können; daß Frausein ein soziales Konstrukt ist, das aufbricht, sobald es um lebendige Frauen in ihrem jeweiligen sozialen Umfeld geht; daß es Unterschiede zwischen uns gibt, die bewirken, daß die einen Anteil haben an der Ausbeutung der anderen und daß in einer anderen Konstellation die eben erst Marginalisierten flugs selber marginalisieren. Allerdings ist diese Erkenntnis keineswegs neu, auch wenn sie zwischenzeitlich vergessen wurde. Ich kann mich erinnern, daß wir Anfang der 70er Jahre großen Wert darauf gelegt haben, stets von »den Frauen« und niemals von »der Frau« zu sprechen. Doch es stimmt, daß damals »die Frau« als ewiges Opfer noch nicht geboren war.

Mittlerweile jedoch haben wir uns vom Opfer Frau als ideologischer Leitfigur bereits erheblich entfernt. Viele Frauen haben es inzwischen zu etwas gebracht oder wollen es noch zu etwas bringen. »It's a Woman's World«, triumphiert *Newsweek* in ihrer Ausgabe zum G-8-Gipfel in Birmingham im Mai dieses Jahres und vermeldet erstaunliche Erfolge von Frauen im Managementbereich und bei Firmengründungen in aller Welt. Ausgehend von der Erfahrung, daß Frauen unschlagbar sind, wenn es darum geht, flexibel auf Veränderungen zu reagieren und sich vielen Tätigkeiten gleichzeitig zu widmen, während die traditionelle Männerkarriere eher eindimensional vor sich hintrottet, schließt *Newsweek*: Die Frauen sind optimal gerüstet für die Globalisierung: bessere soziale Kompetenz, mehr Flexibilität und Phantasie, mehr Einsatzbereitschaft, weniger Sturheit. In Japan etwa beweisen derzeit Firmenmanager ihre männliche Schwäche, indem sie Selbstmord begehen, wenn ihre Firma pleite macht. Frauen, so die japanische Autorin, kämen mit solchen Fährnissen des Lebens weitaus souveräner zurecht.

Bei Christa Wichterich kann man nachlesen, wie verschwindend klein die Gruppe der dynamischen, mobilen, unverheirateten und vor allem kinderlosen Gewinnerinnen ist, und wie groß die Gruppe der Globalisierungsverliererinnen. Weit davon entfernt, sich selbst überflüssig zu machen, ist die Kategorie Frau ein Gratisticket in Armut, Krankheit, mangelnde Bildung und Ausbeutung jeglicher Art. 70 Prozent aller Armen dieser Welt sind weiblich. Kein Wunder, wenn nur ein Drittel der von Frauen geleisteten Arbeit entgolten wird und die Zerstörung der weiblichen Subsistenzwirtschaft unaufhaltsam voranschreitet. Doch die Arbeit am Menschen duldet keinen Aufschub, auch wenn sich, wie im indischen Bundesland Orissa, durch die Privatisierung der Energieversorgung der Strompreis verfünffacht hat. Es muß sich auch die Arbeit der Frauen verfünffachen. Die Kinderfrage, 1968 noch zentrales Thema und zwischendurch in Teilen der Frauenbewegung zum Mutterkult hochstilisiert, spielt bei den heutigen Frauen, die Anspruch auf einen Platz in der akademischen Hackordnung erheben, überhaupt keine Rolle mehr. Sie ist ungelöst wie eh und je und zwingt Mütter von den Philippinen bis zur Ukraine, sich bei Frauen als Arbeits- und bei Männern als Sexsklavinnen zu verdingen.

In Christina Thürmer-Rohrs Vortrag an der diesjährigen Berliner Volksuniversität findet sich folgender gewagter Satz: »Solange das Geschlecht überhaupt noch als politisch erwähnenswerte Kategorie fungiert, solange also der totalen Kategorie Geschlecht zugestimmt wird, wird die Affinität zum völkischen Denken implizit in Kauf genommen und der Weg geebnet, auch der totalen Kategorie Rasse/Volk zuzustimmen.« Fern liegt es mir, der totalen Kategorie Rasse/Volk zustimmen zu wollen, gleichwohl kann ich die Augen nicht verschließen vor der Tatsache, daß es »empirische Frauen« sind, die die Bürde der Globalisierung tragen, in Thüringen ebenso wie in Rußland, in Vietnam ebenso wie in Kenya. Der Verzicht von Feministinnen, das immer größere Ausmaß an Gewalt wahrzunehmen, dem Flüchtlinge, Kriegsopfer und Hausangestellte ausgeliefert sind, eben weil sie einen weiblichen Körper haben, die immer größere Armut und Ausbeutung großer Teile der weiblichen Weltbevölkerung, nur weil eine gleichberechtigte Teilhabe am patriarchalen Kuchen einigen wenigen erreichbar erscheint, ist opportunistisch und fahrlässig, auch wenn er unter dem Vorzeichen des anti-totalitären Impetus und der Differenz geschieht.

Ich habe diesen Text inmitten von Umzugskartons geschrieben, im Nebenzimmer ein langhaariger Enddreißiger, der sich freundlicherweise gegen Entgelt bereit erklärt hat, mir meine Regalbretter an die Wände zu dübeln. Er macht seine Arbeit gut, ich brühe ihm Kaffee und bin freundlich zu ihm. Ich bin froh, daß auch er freundlich zu mir ist. Denn seine Wut auf Frauen ist groß. Sein Held ist Mathias Mattusek. Seinen Sohn hat er seit fünf Jahren nicht gesehen, weil er sich mit den ihm zugestandenen vier Besuchsstunden im Monat nicht zufrieden geben will, und jetzt schickt sich auch die zweite Mutter an, samt Kind das Weite zu suchen. Ob der freundliche Mann seine Frau tatsächlich geschlagen hat, wie sie behauptet, weshalb sie vorübergehend ins Frauenhaus zog, oder ob er sie bloß weggestoßen hat, als sie ihm das Kind entreißen wollte – ich kann es ohne Nachforschungen nicht wissen. Ich weiß nur bestimmt, daß es Frauen gibt, die ein Kind zur egozentrischen Selbstverwirklichung und als Machtmittel mißbrauchen und den Feminismus als moralische Keule einsetzen. Daß der Fall eines vielleicht willigen Vaters statistisch gesehen eher selten ist im Vergleich zu den Vätern, die sich davonmachen, ist sonnenklar. Früher hätte ich nur das politische Argument gelten lassen, heute will ich mir eine solche Eindimensionalität nicht mehr leisten. Ich denke zwar immer noch, daß Generalisierungen für eine klare Analyse der Verhältnisse notwendig sind und politisches Handeln überhaupt erst ermöglichen, wenn diese jedoch ohne Ansehen der Person auf den je verschiedenen Einzelfall übertragen werden, wird es im Sinne Thürmer-Rohrs tatsächlich totalitär.

Auf keinen Fall werde ich mir allerdings von Postfeministinnen, Dekonstruktivistinnen, Postmodernen (und wie sie nicht alle heißen) einreden lassen, daß die psychischen und gesellschaftlichen Hindernisse, die meinem privaten und beruflichen Leben Grenzen gesetzt haben, allesamt schon wieder meine eigene Schuld gewesen sein sollen. Auch wenn diese Erkenntnis in den Zeitgeist passen sollte.

Viola Roggenkamp

Mainstreaming – Feminismus zwischen Emma und Zeit

Der Titel meines Referats, den Halina Bendkowski gewählt hat, macht stutzig und verwundert. Was hat *mainstreaming* mit Feminismus zwischen *Emma* und *Zeit* zu tun? Ich habe mich das auch gefragt, und obwohl es dabei immerhin um mich geht, wußte ich erst mal keine Antwort.

In der Musik, im Jazz, bezeichnet *mainstream* eine Stilrichtung, die zwei Extreme vereinbart: die traditionelle als auch die moderne Richtung. *Mainstreaming* – das bedeutet in der deutschen Umgangssprache: einer Strömung, einer Welle folgen, die etwas Besonderes transportiert, das zunehmend allgemein Beachtung findet und gefällt. *The most important aspect* – wie es bedeutungsgleich für *mainstream* im Englischen heißt – etwas also, was für das Allgemeine von besonderer Bedeutung ist – die Frauenbewegung –, wird auf dem Weg zum Höhepunkt von einer Masse wie in einer Welle aufgenommen und mit der Masse abrollend in breitere Gefilde gebracht, wo der *most important aspect* ausläuft und in seichterem Wasser zerläuft.

Doch auch in diesem Zustand verschwindet das Besondere tatsächlich nicht. Es hat sich nicht aufgelöst, was der Vernichtung gleichkäme. Das Besondere hat sich vermischt, assimiliert. Es existiert in veränderter Form und verändert die Form, der es sich angleicht.

Assimilieren kommt aus dem Lateinischen: ähnlich machen, angleichen. Der lateinische Wortstamm *as-simulare* – vortäuschen, sich verstellen – macht deutlich, daß das Eigene erhaltengeblieben ist, trotz der Angleichung. Ich spreche über die Gleichzeitigkeit zweier einander entgegengesetzter Seins-Zustände: »Feminismus zwischen *Emma* und *Zeit*«.

Sich nicht festzulegen, löst bei denen Mißtrauen aus, die sich lieber festlegen. Sie wollen wissen, wohin eine oder einer gehört. Zur *Zeit*? Oder zu *Emma*? Festzuhalten an der Unentschiedenheit zwischen beidem als eine Entscheidung dafür, beidem gegenüber offen zu bleiben, beides haben zu wollen und beidem zu entsprechen, kann auf alle Beteiligten beunruhigend wirken und führt in jedem Fall zu Spannungen in diesem Dreieck. Zwischen zwei sich als unterschiedlich homogen empfindenden Gruppen – *Emma* und *Zeit* – anders bleiben in der immer wieder herzustellenden Gemeinsamkeit, der etwas tatsächlich Gemeinsames zugrunde liegt, führt zu aggressiven, angstvollen und neugierigen Verdächtigungen gegenüber der sich sowohl einfügenden als auch eigen haltenden Person. Durch sie ist, auf welcher Seite sie sich auch befinden mag, im Gemeinsamen das Fremde der anderen Gruppe präsent. Man könnte sagen: Sie geht fremd, und alle bekommen davon etwas mit.

Seit zweiundzwanzig Jahren, seit 1976, schreibe ich als freie Journalistin für die Wochenzeitung *Die Zeit*. Bereits im zweiten Jahr, 1977, begann ich parallel dazu für das feministische Frauen-Magazin *Emma* zu arbeiten, insgesamt 14 Jahre bis 1990. Zeitweilig bin ich alle zwei Wochen zwischen Köln und Hamburg, zwischen *Emma* und *Zeit* hin- und hergefahren. Wenn ich mich in der *Emma*-Redaktion verabschiedete, um für die nächsten zwei Wochen nach Hamburg zu gehen, wurde mir von den Frauen hinterhergerufen: »Auf Wiedersehen, Du treulose Tomate.« Wie kommt es zu dieser Gleichsetzung? Wie wird die Frau zur Tomate, und zwar aus der Sicht und im Gefühl der von ihr verlassenen anderen Frauen?

Die Tomate, so glaubte man noch im vergangenen Jahrhundert, erwecke Liebesgefühle. Gleichzeitig war bekannt, daß der in ihr enthaltene Wirkstoff Sonanin in Maßen von guter Heilkraft ist und im Übermaß giftig sein kann. Die Form der Tomate, ihre äußere Erscheinung, wird mit dem weiblichen Genitale identifiziert. In Meyer's Konversationslexikon von 1897 wird das sehr deutlich. Dort ist das angenehm herbwürzig duftende Gewächs wie folgt beschrieben: »... hat übelriechende, behaarte Blätter und große, glänzende, kugelrunde oder plattkugelförmige, eirunde, birnenförmige oder flach gefurchte Früchte, sehr saftig«.

Dieser Liebesapfel – in Österreich heißen Tomaten übrigens Paradeiser – ist identisch mit Evas Paradiesapfel und birgt in sich das Wissen um die Getrenntheit. Was allgemein als männlich, väterlich gilt, das Paar Mutter und Kind zu trennen und den Weg nach draußen zu kennen, ist – laut Bibel – Evas Potenz. Sie hat das Wissen um die Getrenntheit und unterrichtet darüber Adam, gibt die Tomate an den Mann weiter. Die Geschichte ist damit noch nicht zu Ende, wie wir alle wissen. Durch das, was Eva getan hat, geht das paradiesische Gefühl der ungetrennten Gleichheit verloren. Das ist die Geburtsstunde der Sehnsucht, des Nachdenkens, der Trauer, aber auch der Kreativität, der Veränderung, der Eigenständigkeit. Das alles gibt es im paradiesischen Zustand der Ungetrenntheit nicht. Also, geradezu ein schöpferischer Akt von Eva! Und dazu noch in Konkurrenz zu Gott. Ihr werden dafür umgehend schwerste Schuldgefühle aufgeladen. So etwas lähmt die Seele. Als einzige Möglichkeit, damit leben zu können, legt ihr die Erzählweise der Bibel nahe, einem Frauentyp zu entsprechen, der später, in den 60er Jahren dieses Jahrhunderts, Sexbombe genannt wurde: die dumme, attraktive Verführte. Damit war ihr die Eigenständigkeit, für die sie gerade gesorgt hatte, sofort wieder abgesprochen.

Diese Geschichte aus der Bibel über die Frau, so meine ich, ist zu verstehen als ein Erklärungsversuch dafür, daß Männer wie auch Frauen bei der Frau immer wieder nach einer Ungetrenntheit suchen, einer paradiesischen oder vorgeburtlichen Einheit, in der die Getrenntheit als bedrohlich störend ausgeblendet werden muß. Unter diesem gemeinsamen Versuch einer Art gegenseitigen Wiedergutmachung für den Verlust der Einheit, liegt das Schuldgefühl der Unwiederbringlichkeit.

In der Arbeit bei *Emma* drückte sich das darin aus, daß Frauen täglich seitenlange Briefe schickten, die nahezu alle mit dem Satz begannen: »Ich wollte euch nur mal endlich schreiben, wie gut es ist, daß es euch gibt«, um dann über die nächsten zehn bis zwanzig Seiten, handgeschrieben, das eigene Elend zu erzählen, verbunden auch mit Forderungen und immer in einer völlig unreflektierten Erwartung von grenzenloser Zeit, grenzenloser Aufnahmekapazität und grenzenlosem Verständnis.

Diese Arbeit mit diesen Briefen wurde auf alle Frauen in der *Emma*-Redaktion verteilt. Das war keiner Frau allein zuzumuten. Es waren Geschichten von Gewalt gegen Frauen, ausgeübt von Männern, mit denen diese Frauen zusammenlebten. Die *Emma*-Frau mußte aushalten, nichts verändern zu können. Das konnte sich anfühlen wie Ausweglosigkeit. Im Gespräch mit den anderen *Emma*-Frauen aber war wiederzufinden, daß die Briefschreiberin Anteil an ihrer Situation hatte. Darunter war ihre Eigenständigkeit vergraben, die Möglichkeit zur Veränderung.

In den 14 Jahren meiner Mitarbeit bei *Emma*, waren wir nie mehr als fünf Frauen in der Redaktion, meistens aber zu dritt. Und alle vier Wochen war ein Frauen-Magazin mit 60 Seiten herauszubringen, in dem ich schreiben konnte, was ich bis dahin in keiner anderen Zeitung so hatte schreiben können. Mit dieser Denkfreiheit umzugehen, mußte gelernt werden, um sie verantwortlich nutzen zu können.

Ich schrieb für *Emma* über Männer. Über Männer und Macht. Ich genoß es, von *Emma* auf große Bundesparteitage geschickt zu werden, die so aufschlußreich sind, wie Familientreffen. Ich konnte mit meinem subjektiven Blick über Helmut Kohl, Franz Josef Strauß oder Johannes Rau schreiben. Und über die Parteifamilie, ihre Zerstrittenheit, ihr Harmoniebedürfnis, ihre Intrigen. Was ich darüber in *Emma* schrieb, blieb nicht unbemerkt in der *Zeit*. Es kamen anerkennende Anmerkungen, nie ganz ohne neidischen Spott: Parteitage, das war ja Politik, und diese Politik war ja doch wohl eher *Zeit*-Domäne. Wie *Emma* sich erlaubte, mit dieser Politik umzugehen, war in der *Zeit* nicht möglich.

Ich schrieb für *Emma* auch über Lebenszusammenhänge von lesbischen Frauen, wodurch ich gleichzeitig zu erkennen war als eine Frau, die Frauen liebt. Etwas, was meine Kolleginnen und Kollegen in der *Zeit* von mir wußten. Sobald jemandem etwas zum Thema Homosexualität auf den Tisch kam, dachte man an mich und legte es zu meiner Information in mein Fach. Sehr aufmerksam. Es brauchte noch Jahre, bis das Thema endlich auch in der *Zeit* vorkommen konnte. Alles andere, was ich in *Emma* schrieb, Glossen, Reportagen, Portraits von bekannten Frauen, schrieb ich in der Weise auch für die *Zeit* und in meiner Grundhaltung nicht anders als für *Emma*. Doch ich wurde unterschiedlich gelesen.

Als ich 1976 den Kontakt zu *Emma* aufnahm, hatte ich von Anfang an vor, nicht die eine Welt gegen die andere auszutauschen, nicht dem

Hamburger Patriarchat, frauenfeindlich, aber vertraut und weitläufig, den Rücken zu kehren, um ausschließlich mich *Emma* zuzuwenden, der feministischen, aber auch begrenzten Frauenwelt. Ich wollte *Zeit*-Autorin bleiben. Aber ich wollte auch für *Emma* schreiben können, unter meinem Namen; nicht unter Pseudonym.

Feministisch denkende Kolleginnen in der *Zeit* wie in anderen Redaktionen vermittelten mir in bezug auf *Emma*: »Haltet durch. Ihr seid so wichtig!« Und sie vermittelten mir mit Blick auf die *Zeit:* »Beachtlich, daß die *Zeit* das akzeptiert. Das würde meine Redaktion nie mitmachen.« Soweit mir bekannt, hatte keine dieser feministischen Kolleginnen *Emma* abonniert. Sie nahmen das Freiexemplar aus ihrem Verlag mit nach Hause, um es dort zu lesen, und entzogen es damit den Blicken anderer Frauen, aber auch der Männer in ihrer Redaktion.

Für die *Zeit* war meine Zugehörigkeit zu *Emma* etwas, das die *Zeit* schmückte. Durch mich hatte die *Zeit* Gelegenheit, sich tolerant zu zeigen, und zwar in einem Zeitraum der Frauenbewegung, da Alice Schwarzer sowohl in den Boulevardblättern als auch in der seriösen Tagespresse – von »Bild« bis »Süddeutsche Zeitung« – in Schlagzeilen sexistisch angepöbelt wurde: »Schwanz-ab-Schwarzer«, »Miß Hängetitt«, »Die Hexe mit dem stechenden Blick«. *Emma* wiederum versäumte gleichfalls nie, darauf hinzuweisen, daß ich auch *Zeit*-Autorin sei. Dadurch wurde hinter mir im *Emma*-Kontext die weinrote Krawatte von Theo Sommer erkennbar, dem damaligen Chefredakteur, und das Schneiderkostüm der Gräfin Dönhoff.

Als Feministin zu gelten, war in den ersten zehn Jahren der Frauenbewegung gefährlich. Frauen wurde in den Medien öffentlich damit gedroht, sich ja nicht zu den »Emanzen« zu zählen. Bis heute betonen Frauen, die Karriere machen, stets als erstes, daß sie keine Feministin seien. Die Stimmung war extrem feindlich. Die Verunsicherung zwischen Frau und Mann und Frau und Frau ging tief.

Öffentlich gemacht wurde diese Verunsicherung durch die Diskussion über die Sexualität der Frau. Die sogenannte Entdeckung der Klitoris führte zur Entblößung des Mannes und deckte die Sehnsucht der Frau nach der begehrenden Frau auf. In der Diskussion um das sexuelle Begehren der Frau und ihre Orgasmusfähigkeit ging es um das verlorene Wissen der Frau über ihre eigene Lust und die Unkenntnis, die Ignoranz und die Unfähigkeit von Männern, Frauen sexuell befriedigen zu können. Es war die Entmachtung des Penis und die Entmystifizierung seiner Potenz im Selbstbild des Mannes und ebenfalls in den Köpfen von Frauen. Das traf alle Männer. Auch die Männer in der *Zeit*. Spezifisch gereizt waren die linken, die 68er Männer, deren sexuelle Revolution, inklusive Pille, von Feministinnen als sexueller Betrug an der Frau aufgedeckt wurde.

Wenn Erkenntnisse zu Ideologien führen, wird von diesen Erkenntnissen Abweichendes nicht mehr als erweiternd gewertet, sondern als störend empfunden. Die Möglichkeit, daß es auch gut sein kann für die Frau mit dem Mann, daß sowohl Frust als auch Lust für ein und dieselbe Frau zutreffen können, schien keinen Platz haben zu dürfen vor dem gewonnenen Wissen über die Sexualität zwischen Frau und Mann und deren Bedeutung für die gesellschaftliche Diskriminierung der Frau. Diesen Konflikt als unauflösbar auszuhalten und darin die Eigenständigkeit der anderen Frau anzuerkennen, gerade auch als Konflikt für sich selbst, war für Feministinnen schwierig. Der feministischen Ideologie war die Frau – überspitzt gesagt – am liebsten als Opfer des Mannes. Darin ist erkennbar etwas Gemeinsames verborgen zwischen Feministin und Mann: über die Frau bestimmen. Die Frau sich nicht selbst definieren lassen.

Fraglos stimmt damals wie heute, was Jutta Limbach, Präsidentin des Bundesverfassungsgerichts Karlsruhe, aus ihrer Universitätszeit als Professorin erinnert, daß in Frauenprojekten, »sobald sich eine Frau als kompetente Führerin herausgearbeitet hatte, der Rest der Frauen daran arbeitete, sie zu demontieren«. Ich sehe aber auch feministische Frauen, Leitfiguren, Vorbilder, Führerinnen, die das Gefühl haben, was sie können, das können die anderen Frauen alle nicht. Das könnten Frauen eigentlich überhaupt nicht. Nur sie, und dann wäre sie in ihrem Selbstbild die einzige, die darin mit dem Mann etwas gemeinsam hätte, die einzige, die an ihn heranreichte. Die einzige, die es mit ihm aufnehmen könnte. Die einzige, vielleicht auch, die seine Beachtung verdiente? Dazu passend betreiben antifeministische Frauen die sexuelle Entwertung der Feministin, die nur

»graumäusig«, »lustfeindlich« und »lesbisch« sein könne. Das ist Männerjargon. Den beherrschen auch Frauen gegenüber Frauen.

In Redaktionen sind Journalistinnen und Journalisten damit beschäftigt, sich täglich über die Taten, Gedanken und Gefühle anderer Menschen öffentlich zu verbreiten. Geradezu verpönt war es in den sechziger, siebziger und noch achtziger Jahren, das Wort »Ich« in einer Reportage oder einem Kommentar zu verwenden. In den sogenannten Zwanziger Jahren schrieben Journalistinnen wie Gabriele Tergit oder Margret Boveri, und Journalisten wie Kurt Tucholsky oder Egon Erwin Kisch oft in der Ich-Form. Nach der Nazizeit gab es später die Rollenreportage, für die man allerdings eine fremde Identität annahm. Ansonsten tat man objektiv, indem man sich scheinbar heraushielt. Das ging nicht mehr bei der Thematisierung der Frau in ihrer Beziehung zum Mann und zur Macht.

In *Emma* war das »Ich« Programm. Das mußte nicht mehr erkämpft werden, und so ging es vielmehr darum, die Distanz bei jedem Thema zu erarbeiten, die Getrenntheit herzustellen, ohne das Wissen um die eigene Verstrickung in sich abzuspalten oder zu verdrängen.

Frauen, die feministische Themen in der *Zeit* durchbringen wollten, lösten mit ihrem Vorschlag in Konferenzen eine spezifisch diskussionsheiße Atmosphäre aus, in der die Schlafzimmertür aller Anwesenden offen zu stehen schien. Alle Männer – sei es verbal, durch Lachen oder daß sie kurzfristig den Raum verließen – wandten sich gegen diese Frau. Und vor allem immer auch einzelne Frauen. Dabei war nicht vorrangig, das Thema abzulehnen, sondern eher, die Frau einzuschüchtern, die es wagte, mit einem sogenannten Frauenthema »zu nerven«. Das ist auch heute gar nicht immer einfach.

Ich fühlte mich oft innerlich aufgerufen, diese Kollegin in ihrem Vorhaben zu unterstützen. Meistens machte ich die Erfahrung, daß durch mich die Atmosphäre noch aggressiver wurde. Jedenfalls empfand ich es so. Bemerkungen fielen wie »Nicht übertreiben!«, »Warum denn so männerfeindlich?« und »Unsere Emma!«. Unter Umständen peinlich berührt lächelte die Kollegin, die ich hatte unterstützen wollen. Daß sie in ihrer weiteren Argumentation von mir abrückte, verstand ich, begleitet von Schamgefühlen, denn ich hatte deutlich das Empfinden, ihr mehr geschadet als genützt zu haben.

Später begriff ich, daß ich ihr gerade dadurch genützt hatte. Ich war die kastrierende Emanze gewesen, gegenüber der sich die Kollegin in Anwesenheit der Männer und anderen Frauen abgrenzen konnte.

Wie solche Auseinandersetzungen ausgetragen wurden, wenn ich in Köln war, kann ich nicht sagen. Doch wie war es in Köln, im Frauenteam? Ich war irgendwie *trefe*, wenn ich kam, das Gegenteil von *koscher*. Ich war augenblicklich konfrontiert mit der Überlastung der Frauen, die extrem war. An mir hing noch der Duft des Herrenhauses, aus dem ich kam, und nun hinein in »die kleine Emma«. Die Bezeichnung »kleine Emma« stammt von *Emma*.

In den Themenkonferenzen war sofort klar, ich war nie so auf dem laufenden über Auseinandersetzung und Entwicklung im feministischen Diskurs wie die hundertprozentige *Emma*-Frau. Darin waren sie besser als ich. Im Austausch gegen dieses Zugeständnis von mir wurde nach und nach der unterschwellig gegen mich gehegte Vorwurf der Treulosigkeit und womöglich des Verrats fallengelassen.

Konfliktreiche Diskussionen hatten zum Ziel, Unterschiede aufzuheben, allseitige Zustimmung zu erstreiten. Das gelang nie, was gut ist und im Frauenteam schwerer zu ertragen war als in der *Zeit*. Während im Herrenhaus *Zeit* mehr Platz war für Eigenes, wenn man daran festhielt und trotz aller Angriffe von sich selbst überzeugt blieb, konnte sich in der »kleinen *Emma*« die Entfernung vom Gemeinsamen bedrohlich anfühlen.

Verließ ich die *Zeit* in Richtung *Emma*, war ich eben eine Weile weg. Manchmal wurde ich in einem Zusammenhang vermißt, manchmal überhaupt nicht. Beides wurde mir nach meinem Zurückkommen mitgeteilt. Anders, wenn ich mich bei *Emma* in Richtung *Zeit* aufmachte. Es geschah allmählich. Es bedurfte der inneren Vorbereitung. Die Intensität war sehr stark gewesen. Sie war beim Wiederankommen und wieder Hineinfinden aufgebaut worden und hatte angehalten bis zur Trennung. Es hatte keine Minute der Langeweile gegeben. Nur in der Erschöpfung war ich phasenweise für mich gewesen. Und nun begann ich, mich langsam zu entziehen. Daß ich es tat, rief Sehnsüchte und Neid wach bei den anderen Frauen, die blieben. Durch mein Gehen konnte ihr Bleiben wie Unfähigkeit aussehen. Mein Fortgehen aber auch. Wie unfähig, bleiben zu können. Die Angst der Frau vor ihrer Entwertung in der anderen Frau. Ich glaube, das ist eine sehr lange und tief verheimlichte Liebesgeschichte.

Vor acht Jahren habe ich aufgehört, für *Emma* zu arbeiten. Aber ich habe nicht aufgehört, parallel zu meiner Arbeit für die *Zeit* im feministischen Zusammenhang öffentlich zu werden, sei es als Referentin und Autorin oder im frauenpolitischen SFB-Magazin *Zeitpunkte*.

Ich bleibe gern dazwischen. Mein Interesse gilt der Vereinbarkeit von respektierlicher *Zeit* und despektierlichem Feminismus. Ich könnte ebenso sagen, mein Interesse gilt der Getrenntheit im Zusammenwirken. Das verhindert den ideologischen Purismus und sichert nun erst recht das Besondere, den *most important aspect*: Feminismus im gesellschaftspolitischen *mainstream*.

Marlene Streeruwitz

Geschlechtertheater

Zuerst einmal: Wir sprechen hochdeutsch in Wien; zweitens *sind* wir schön. Ich möchte Sie einladen zur Erzählung davon, daß im Theater die Tomate nicht geflogen oder jedenfalls nur bis knapp vor die Bühne gefallen ist.

Das Theater des deutschen Sprachraums wurde und war lange Zeit der einzige Text, der öffentlich und gemeinsam gelesen werden konnte. Das Theater war darin politisch und deshalb immer Gegenstand der Zensur. Und immer schon gab es in diesem Politischen die ästhetische Arbeitsteilung der Abbildungsfunktion und der Bildungsfunktion. Abbildung wurde der Komödie zugewiesen. Bildung. Seelenbildung. Das war die Aufgabe der Tragödie. Das Theater wurde Bühne des Entwurfs »aufgeklärter Mann«. Dieses Männlichkeitskonstrukt übertrug die Rechte des Fürsten nun jedem gebildeten Mann als sentimentalem Hausvater über seinen Haushalt, also Frau, Kinder und Gesinde, während jeder gebildete Mann jedem anderen gebildeten Mann ein ähnlicher sein sollte. Bürgerlicher Bruder in Freiheit also. Dieses Männlichkeitskonzept wurde in einer Art vorauseilender Selbstzensur oder vorauseilender Selbstüberschätzung der zu Macht kommenden Quasi-Fürstenbürger nicht ödipal angeordnet. Revolution wurde von den deutschsprachigen Bühnen nicht gepredigt. Immer war die Einordnung der Freiheit des brüderlichen Bürgers in eine zwar zu verbessernde, aber nie in eine umzustoßende Ordnung vorgesehen. Von Republik wagte man erst sehr spät zu träumen. Es war ja in der gesamten Ordnung auch seine private Ordnung vor Umstürzen, also Unordnung und Chaos, zu bewahren. So war das deutschsprachige Theater, wie die deutschsprachige Literatur überhaupt, bestens gerüstet, in der Entwicklung und Definition des nationalistischen Mannes des vorigen Jahrhunderts eine bestimmende Rolle zu spielen. So war die Adaption der Shakespeare-Stücke für die deutschsprachigen Bühnen zu gleicher Zeit Mittel und Symptom dessen. Der feudale Held wird in das Konzept des nationalistischen Mannes umgegossen. Der Nationalismus übt über das »Englisch-Sein« des Helden verschleiert seine Wirkung aus. Eine historische Sprachhaltung wird in eine historisierende Sprechhaltung verschoben. Der ödipale Konflikt historisierend für die Privatleben adaptiert. Jeder Mann konnte in der Identifikation mit dem sentimentalisierten Männlichkeitskonzept des Mittelalters, gebrochen durch technischen Wandel, im Helden gebündelt, seine Bestimmung in weiterhin feudalen, wenn nun auch privatisiert feudalen Bewegungsformen finden. In den Ersten Weltkrieg zog ja dann auch jeder, sein Land zu verteidigen. Sein Fürstentum. Und fand in der Formel ›Für Gott, Kaiser und Vaterland‹ den Segen des Patriarchats auf Grabsteinen und Kriegerdenkmälern.

Das deutschsprachige Theater war in seinem für das Patriarchat arbeitenden Anteil antimodern. Shakespeare war immer und heute weiterhin eine Geschenkpackung aus historisierend verbrämtem Patriarchatserhalt und Antimoderne in der Entscheidung des Mannes am Scheideweg für Nostalgie. Das Konzept des »Goldenen Zeitalters« und der steten Deteriorierung des Menschen vom edlen Adeligen zum farblosen Massenmenschen war auch schon für Shakespeare wirksam. Das psychologisierende bürgerliche Theater erzählt die Gründe für diesen Verfall. Für diese Fiktion des Früher-Besseren.

Im Theater des deutschen Sprachraums hat das Theater des 19. Jahrhunderts gesiegt. Die Spielpläne werden zu 95 Prozent von Klassikern bestritten. Die Spielvorlagen sind zu 95 Prozent mindestens 100 Jahre alt. Die ästhetischen Lösungen begeben sich in schamloser Offenheit jeder Sprache der Moderne. Die Rückkehr zum patriarchalen Bildungstheater ist perfekt. Der Bildungsauftrag aber ist auf das Patriarchale selbst geschrumpft. Das ergibt sich zwingend aus der Logik des herrschenden kapitalistischen Realismus. Diesem Patriarchats-Bildungsauftrag unterliegt jedes Theater. Auch die ausgerissenste, flippigste Aufführung, die sich aktualistisch gibt. Fast immer auch die Aufführungen neuer Texte. Das liegt am ererbten Blick. An der Situation der Theaterrezeption. Und an der Situation der Produktion von Aufführungen.

Theater wird öffentlich gemeinsam gelesen. Der Blick in diesem Lesen, alle offenen und verborgenen Sinneinheiten und deren Zusammenhänge zu entschlüsseln, ist der Blick des aufgeklärten Mannes. In diesem Blick bleiben, ihn konstituierend, die Widersprüche des öffentlichen und privaten Konzepts der Männlichkeit erhalten. Es ist die patriarchal begründete Sprache, in der Theater passiert und in der es gesehen wird. In diesem Blick ist die Verdinglichung der Frau bedingender Bestandteil. Dieser Blick wird auf die Bühne gerichtet, in deren Sprache die Verdinglichung der Frau in das dramaturgische Objekt wiederum konstituierende Voraussetzung ist. Die Frau des klassischen Texts ist Gegenstand des Dramas. Dramaturgisch bewegendes Versatzstück. Die Frau dem Drama Landschaft. Und das gilt für den Männertext bis heute.

Die Frau im Theater. Die auf der Bühne und die im Publikum, hat diesen Blick als den richtigen, einzig möglichen gelernt. Der Deutschunterricht. Die Theaterkritiker. Das Feuilleton. Alle arbeiten eifrig an der Erhaltung dieses Blicks. Und die Frauen sitzen neben ihren Begleitern und lachen mit. Oder sind mit betroffen. Sie richten den gelernten Blick auf die Bühne, entschlüsseln das sie Betreffende in der vorgeschriebenen Form und vollführen damit eine jener kastrativen Vorgänge, die als »Kunst« oder »Kultur« verkauft werden. Manchmal unter der Bezeichnung Avantgarde. Und die nichts anderes sind als eine involve Anpassung an die Anpassung. Die Frauen auf der Bühne sind Erfüllung dieses Blicks. Als Objekt der Invasion durch diesen Blick der Invasion dem eigenen Blick preisgegeben. Funktionieren nach dem Lehrsatz, daß die Transzendenz der Frau ihre Schönheit ist. Und darin ausschließlich ihre körperliche. Diese ererbte, gelernte Theaterrezeption durch das Theater selbst und sekundär durch das Theaterpublikum blockiert, auf Neues angewandt, dieses Neue in der Anwendung der involven Rezeptionsmuster.

Die Form der Produktion der Aufführung selbst ist der endgültig ausschlaggebende Grund, das Erscheinen der Frau als Objekt auf der Bühne und im Publikum verhindern zu wollen. Das deutschsprachige Theater. Das Stadttheater, ist der letzte Hort der feudalen Hierarchie. Die feudale Machtordnung hat sich hier unter dem Siegel des Ausmerzens dieser Macht gehalten und konnte durch die Mitbestimmungsversuche der 60er Jahre nicht erschüttert werden. Ja. Wurde nicht einmal angenagt. Neben den offenkundig als normal angesehenen Hierarchien des alles verdienenden Intendanten und der nichts verdienenden Elevin gibt es weiterhin das *Jus primae noctis* des Intendanten über die Elevin. Psychologisiert natürlich. Was eigentlich nur heißt, daß der alles verdienende Intendant sich den Kauf der Brillantbrosche auch noch sparen kann, der in sachlicher funktionierenden Zusammenhängen zur Ablösung dieses Rechts noch notwendig gewesen wäre. Neben diesen Abstufungen von Rechten und hierarchischen Zugangsregelungen herrscht das Gesetz des Wurfs. Des großen Wurfs. Regie wird nach dem Gesetz des »großen Wurfs« geführt. Der große Wurf leitet sich vom feudalen Zeugungsakt her, in dem der Fürst in einer Anstrengung sein Selbst im Sohn wieder erschafft. Dieses phallische Muster wird auf ein Ensemble angewandt, das dem Regisseur in der Art der sentimentalen Familie zugeordnet ist. Oder sich zuordnet. Im Phallischen ist alles phallisch. Auch das erlesenste so erzielte Ergebnis muß als phallisch angesehen werden. Nicht nur, weil es in allen Fasern die nostalgische Erzählung vom Patriarchat flüstern wird, sondern weil eine feministische Kulturkritik nicht den üblichen Entfremdungsschritt mitmachen kann, in dem zwischen Herstellung und Ergebnis getrennt wird.

Im Theater des deutschsprachigen Raums hat das Patriarchat eine Institution gefunden, in der alle Formen vormoderner Erscheinungen enthalten sind. Überlebt haben. So, wie sich das Theater im deutschsprachigen Raum darstellt, muß es vom feministischen Standpunkt abgeschafft werden. Jedenfalls als staatlich kommunale Institution, in die nicht unbeträchtliche Steuermittel fließen. Ich würde es als selbstverständlich halten, wenn Kulturreferentinnen das Theater aus diesen Gründen in die Unabhängigkeit entlassen. Bis jetzt treten sie zurück, wenn nicht genug Geld dafür da ist.

Ich finde es deprimierend, wie es keine feministische Kultur- und Kunstkritik gibt. Wie in den Bereichen der Rezeption von Kunst und Kultur staunend vor der Vorstellung des Kunstwerks stehengeblieben wurde. Wie ein phallischer Kunstwerkbegriff in Dominanz bleiben konnte. Wie die kriegerische und zerstörerische Durchfurchung der Welt als Kunst Machen und Verletzung und Mord als Kunstwerk weiterhin bestehen konnten. Hieran läßt sich natürlich der heterosexuelle Kompromiß der Frauen ablesen. Die Unantastbarkeit des

 Phallus. Die Berührungsverbote des Patriarchalen. Aber. Die ERhaltung der Potenz des Patriarchats kostet unsere.

Im Theater fände ich es notwendig und an der Zeit, dem Patriarchat die Mißachtung zu erklären. Vielleicht ist es ja wirklich nicht möglich, den Kampf mit dem Patriarchat aufzunehmen, ohne Kontaminierung davonzutragen. Sich zu infizieren. Vielleicht ist es ja nur noch möglich, dem Patriarchat den Rücken zu kehren. Es zu verlassen. Es sich selbst zu überlassen. Schließen wir also das nationalistisch patriarchale Theater des deutschsprachigen Raums. Oder gehen wir wenigstens geschlossen weg. Verlassen wir die zutiefst patriarchale Anordnung des Publikums als stockende Masse, dem eine Predigt gehalten wird, die auf mehrere Sprecher und Sprecherinnen verteilt, die in unsere Kultur eingeschriebene Erzählung vom Vatergott und seinen Regeln vervollständigt. Verlassen wir die Produktionsstätte Theater. Ließen alle die so gut funktionierenden Dramaturginnen, Schauspielerinnen, Kostümbildnerinnen, Garderobierinnen etc. das Theater und ließen die Schauspielerinnen ihre Rollen wieder jungen Männern zu spielen, wären die Zusammenhänge wenigstens klar. Das Theater als Feierstätte reaktionärer Männlichkeitskonzepte wäre als solche erkennbar. Und diese Frauen müßten nicht mehr aus kunstverschleiernder Selbstverachtung ihr Geld verdienen. Dienst am Helden ist immer Kriegsdienst.

Eine andere Möglichkeit wäre die konsequente Absage an das im Drama gattungskonstituierend einbeschlossene Abenteuer, dem auch die Episierung des Theaterschauspiels nicht beigekommen ist. Die politische Absage an das Abenteuer als vormodernes Mittel moderner und postmoderner Prüfungsmethoden. Die Helden in der Rüstung endgültig zu Phantasie degradieren. Die Vorstellung vom Abenteuer als Anpassung an die Herrschaftsregeln des Geldes entlarven. Das Abenteuer als Konditionierung in die duale Weltschau von Krieg und Frieden als einzig mögliche Lebensform verneinen.

Teilnehmende Feldforschung mit theatralen Mitteln wäre eine Möglichkeit, über die Grenzen der Sprache behutsam vorzustoßen. Ein soziales Vorgehen müßte das sein. Personen und Gruppen müßten die Bühne überlassen werden, um das Ihre darauf auszudrücken. Projekte für Stadtviertel, Schulen, Gruppen aller Art, Frauen, Männer,

Arbeitslose, Trinkerinnen und Trinker, Süchtige etc. Sie alle sollten nach dem Ausdruck ihrer Situation suchen können, der durch den Einsatz theatraler Mittel diese Situation den Betroffenen so entfernt, daß sie dabei Einsicht gewinnen können. Und den anderen ein Verstehen ermöglicht. Das Theater bekäme eine soziale Funktion, die ihm fehlt. Ich könnte mir vorstellen, an solchen Projekten mitzuarbeiten. Dann im Rahmen eines völlig anderen Theater- und Werkbegriffs. Aber das haben wir nicht. Was wir haben, ist eine Gruppe von Männern, die das Theater dominieren und die Diskurse unserer Zeit den kulturkritischen und den feministischen als Quatsch bezeichnen. (Ein Zitat Klaus Peymann.) Ihnen steht eine Gruppe sie kritisierender Männer und Männer-Frauen gegenüber, die in den wenigsten Fällen sich auf diese Diskurse beziehen können. Einmal im Jahr wird an fast jedem Theater dann ein Autor oder eine Autorin ruiniert. Eine Uraufführung. Das kommt schon einmal vor. Und sonst läuft man dem Schimmelgeruch des Operettenplüsch nach und sucht das Event. Das fertig abgepackte Abenteuer. Das auch eine Erinnerung aus dem vorigen Jahrhundert ist. Immer die Nachstellung der Jagdgesellschaft. Meist nach getaner Jagd. Wie zum Beispiel beim Besuchen von chinesischen Nationalzirkussen, bei denen man sich an der Verformung, ja Verkrüppelung von Leibern, delektieren kann. Zuhälterei kann auch als Kultur getarnt werden.

Aber. Wie gesagt. Das Theater wird nicht mehr gebraucht. Hat sich unnötig gemacht. Ist ein schönes Beispiel dafür, wohin absolutistische Herrschaft führt. Vor allem aufgeklärter Absolutismus. Zu Festungskoller. Verfolgungswahn. Verlustängsten. Enge. Risikovermeidung. Angst. Die Fürsten müssen, vom Mißtrauen zerrissen, alles verhindern, was nach Revolution aussehen könnte. Jede Person, die es anders machen will, wird verdächtigt. Nicht eingepaßte, eingeschworene Frauen sowieso. Vormärz also. Von Kunst geriet man am Theater längst ins Kunsthandwerk. Dann Fließband à la Musical. Wenn ein Bereich sich nicht erneuern kann, weil die Tyrannei sich die besten Verträge zugeschanzt hat und damit den längeren Atem besitzt, dann vergißt frau wohl am besten stillschweigend, daß es das alles einmal gegeben hat. Tröstet sich mit dem Gesetz vom Werden und Vergehen. Und boykottiert.

Seyran Ates

Migrantinnen unter dem Einfluß der deutschen Frauenbewegung

Unsere Vorbilder, unsere großen Schwestern, unsere (gleichberechtigten) Freundinnen

Weiß-deutsch-christlich-sozialisierte Frauen waren und sind meine Vorbilder, sie gebärdeten und gebärden sich mal positiv, mal negativ als große Schwester, die weiß, wo es lang geht, was richtig und falsch ist, und sie sind meine Freundinnen, für einige bin ich gleichberechtigt, für andere scheint eine Gleichberechtigung unmöglich.

Ich möchte nun zeitlich etwas zurückgehen.

1968 war ich 5 Jahre alt und lebte noch in Istanbul. 1969 wurde ich von meinen Eltern im Zuge der Gastarbeiteranwerbung nach Berlin gebracht. Also, eine unfreiwillige Immigration.

Ich sage das etwas verbittert, weil damit meine Kindheit aufgehört hat. Zum Schutze vor der gefährlichen, schamlosen und sexuell abartigen deutschen Umgebung wurde ich in Berlin sehr selten oder nur in Begleitung aus dem Haus gelassen. Dieses Schicksal teilte und teile ich mit vielen meiner Geschlechtsgenossinnen aus der Türkei. An dieser Stelle kommt immer der Protest aus den eigenen Reihen. Ja, es gab auch Mädchen, die in ihren türkischen oder kurdischen Familien nicht eingesperrt wurden. Leider seid ihr, liebe Frauen, diesbezüglich die Minderheit.

Vorgestern saß eine 21jährige junge Frau aus der Türkei in unserer Kanzlei und wußte keinen Ausweg, weil sie zwangsverheiratet werden soll.

Aber zurück zu meinen frühkindlichen Erfahrungen mit den schamlosen Deutschen.

Es war uns Kindern nicht erlaubt, auf dem Weg zum türkischen Gemüsehändler in das Schaufenster einer Ladenwohnung zu blicken.

Dort wurde nämlich die sexuelle Revolution praktiziert, und zwar von einer gemischten Kommune. Die türkischsprechenden Erwachsenen in unserem Haus sprachen viel über diese Ladenwohnung und wie es denn sein könne, daß die deutschen Behörden so etwas genehmigen beziehungsweise dulden. Das war Anfang der 70er Jahre.

Natürlich habe ich heimlich hineingeschaut. Und sah, daß auf dem Boden viele Matratzen lagen und vereinzelt habe ich Menschenkörper identifizieren können. Die Erwachsenen hatten also recht. Die Deutschen schliefen alle zusammen in einem Bett.

Das waren meine ersten Eindrücke zum Thema Gleichberechtigung von Mann und Frau. Gleichberechtigung bedeutet freie Liebe, freie Sexualität.

So war die Diskussion über Feminismus in meiner Familie etwas schwierig, da ich immer wieder erklären mußte, daß Feminismus nicht auf die Sexualität beschränkt werden darf.

In der Schule wurde nicht viel zu diesem Thema besprochen. Jedenfalls damals nicht. Wir sahen nur, daß die deutschen Mädchen anders lebten als wir. Sie durften »mehr«. Sie hatten »früher« sexuelle Erfahrungen. So war jedenfalls unsere Wahrnehmung.

Denn deutsche Mädchen bzw. junge Frauen sprachen und sprechen mit ca. 16 Jahren über die Pille und sexuelle Erfahrungen. Mädchen bzw. junge Frauen aus der Türkei sprachen und sprechen über Heiraten und die Ehre bzw. Jungfräulichkeit, wenn es darum ging bzw. geht, eine Beziehung mit dem anderen Geschlecht einzugehen.

Welche Bücher konnten wir in den 70er und 80er Jahren lesen oder wer konnte uns aufklären über Feminismus und Gleichberechtigung der Frau? Wer konnte für uns ein Vorbild sein?

Das waren hauptsächlich deutsche Lehrerinnen, Sozialarbeiterinnen, Klassenkameradinnen und mit viel Glück deutsche Nachbarinnen, »die anders lebten«. Es waren Frauen, die sich in der deutschen Gesellschaft nicht wohl fühlten und sich mit der Geschlechterfrage auseinandersetzten. Sie haben uns Informationen weitergegeben. Ich habe sie beobachtet, ihnen zugehört, mit ihnen diskutiert und dabei viel gelernt.

Gelesen habe ich europäische oder amerikanische Frauenliteratur in deutscher Sprache. Ich will keine Namen oder Titel nennen von prominenten Feministinnen, Schriftstellerinnen und Büchern, denn die Frauen, deren Namen in der Öffentlichkeit nicht bekannt sind, waren mindestens, wenn nicht sogar stärker, daran beteiligt, daß ich mir ein Bild vom Feminismus machen konnte.

Nur wenige Migrantinnen haben, bedingt durch die persönliche Geschichte, überhaupt einen Zugang zur türkischsprachigen Literatur gehabt. Dort fand nach meinen Informationen eher eine Orientierung an der amerikanischen Frauenbewegung statt. Doch das ist ein anderes Thema.

Unsere Mütter, Tanten etc. konnten uns keine große Hilfe sein. Sie waren keine Feministinnen, die wir zu unseren Vorbildern hätten machen können.

Sie waren teilweise Analphabetinnen und meist mit ihrer Rolle als Mutter, Fabrikarbeiterin und Ausländerin schon überfordert.

Nur sehr wenige der Frauen aus der ersten Generation haben sich daher der deutschen Frauenbewegung angeschlossen oder sich von ihr mittreiben lassen.

Mittreibenlassen ist vielleicht auch das richtige Wort für die Beteiligung von Migrantinnen an der deutschen Frauenbewegung. Zumindest bis jetzt.

Die Frau in der Migrantinnensituation wurde von der deutschen Frauenbewegung erst Ende der 70er Jahre entdeckt. Und zwar als hilfloses Opfer einer islamisch patriarchalischen Gesellschaft. Unterdrückt von Mann, Sohn und allen männlichen Verwandten, die es nur gibt.

Natürlich wurden wir, wurde ich unterdrückt. Aber wir sind nicht nur Opfer. Wir konnten auch handeln, wenn wir die richtige Unterstützung bekommen haben. Ich hatte zum größten Teil Glück mit meinen Helferinnen und Helfern, als ich mit 17 Jahren von zuhause abgehauen bin.

In dieser Zeit habe ich gemeinsam mit einer Freundin ein Buch geschrieben. Wir haben unser Leben bis zum Auszug aus dem Elternhaus niedergeschrieben, um den Menschen, die mit uns zu tun haben, die uns helfen wollen, endlich zu zeigen, wie wir wirklich leben, gelebt haben, wie sich unsere Situation aus unserer Sicht darstellt. Mit diesem Buch wollten wir endlich selbst über uns schreiben und dagegen protestieren, daß andere uns beschreiben und meinen, uns zu begreifen.

»Wo gehören wir hin?« Diese Frage wurde uns aufgezwungen. Ich habe dieses Spiel auch lange mitgemacht. Bis ich festgestellt habe, daß ich da bin, wo ich bin, und dahin gehöre, wo ich gerade bin. Also, kein umherirrender, verwirrter Mensch bin, sondern meinen Lebensumständen entsprechend mich neu entscheide, wo ich gerade im Leben hingehöre und stehe. Meine Bikulturalität empfinde ich inzwischen als Reichtum und nicht als latente Schizophrenie.

Der eigentliche, mit dieser Frage verbundene Gedanke ist natürlich, ob ich in die Türkei oder nach Deutschland gehöre.

Auf dieses Spiel lasse ich mich nicht mehr ein. Ich frage dann zurück, woher der Gedanke kommt, diese Frage zu stellen. Was geht im Kopf der Fragestellerin vor? Können Menschen letztendlich nur dort leben, wo sie geboren wurden oder sonstwie kulturell angeblich mehr verbunden sind als an anderen Orten. Menschen gehören zum Beispiel weltweit auch dahin, wo sie sich ernähren können. Gibt es daher bei dieser Frage nicht mehr Aspekte zu bedenken?

Durch dieses Buch habe ich auch erkannt, daß ich keine Frauen bzw. Feministinnen aus der Türkei als Vorbilder hatte. Aber ich wurde zu einem Vorbild. Ich habe von vielen Mädchen und jungen Frauen Briefe bekommen, daß sie unser Buch toll fanden und daß sie sich mit meiner Geschichte identifizieren können und daß unser Buch ihnen geholfen hat.

Auch der 1. Internationale Frauenkongreß in Frankfurt am Main im Jahre 1983 machte mir deutlich, daß ich nur deutsche Frauen als Vorbilder hatte. Es gab dort massenhaft Frauen aus anderen Nationen. Sie hätten Vorbilder sein können.

Nur, wo erreiche ich diese Frauen? Sie sind nicht sichtbar. Damals waren sie noch weniger sichtbar als jetzt. Starke Frauen aus anderen Nationen waren und sind in der öffentlichen Diskussion nicht vertreten.

Die Medien spielen hier auch eine große Rolle. Heute kann man türkisches Fernsehen empfangen und sehen, was in der Türkei passiert. Vor zwei Wochen habe ich zum Beispiel zufällig im türkischen Fernsehen eine Talkshow zum Thema »Frauen im Arbeitsleben« gesehen. Etwas, was es nach meiner beschränkten Ansicht in den 70er und 80er Jahren in der Türkei nicht gab.

Natürlich gab es das. Nur wir haben hier davon nichts mit bekommen. Und unsere Umwelt bestätigte unsere Rolle als Opfer.

Ich bin nicht undankbar, daß ich deutsche Feministinnen bzw. Frauen als Vorbilder hatte und habe. Ich habe sehr viel von diesen Frauen gelernt. Diese Frauen haben sehr viel dazu beigetragen, daß ich heute so bin, wie ich bin.

Ich finde es auch nicht richtig, daß Migrantinnen sagen, daß uns die deutsche Frauenbewegung nichts gebracht hat. Wir profitieren auch von den Errungenschaften der deutschen Frauenbewegung.

Wir haben uns unabhängig von unserer Herkunftsgesellschaft, -kultur und -familie mit Frauenthemen beschäftigt, die von der deutschen Frauenbewegung vorgegeben wurden. Zum Beispiel »§ 218 StGB«, »Rollentausch ist auch keine Lösung«, »Hexenverbrennung« usw. Entsprechend haben wir uns entwickelt. Daraus resultierend ist wohl der Vorwurf der männlichen, türkischen bzw. kurdischen Linken entstanden, daß wir für die türkische Gesellschaft zu weit gegangen sind, als das Attentat auf das TIO (Treff und Informationsort für Frauen aus der Türkei) verübt wurde.

Aber ich bin etwas enttäuscht, wenn deutsche Frauen, die eine sehr lange Frauenbewegungskarriere hinter sich haben, uns heute noch fragen, ob es in der Türkei Lesben gibt, und feststellen, daß es für Lesben aus unserem Kulturkreis viel schwieriger sein muß als für europäische Lesben, und wie wir uns fühlen als deutsche Türkin oder türkische Deutsche.

Um Migrantinnen zu helfen, haben deutsche Feministinnen mit einer sehr kleinen Gruppe von Migrantinnen die ersten Frauenläden für Frauen aus der Türkei gegründet. Den Anfang machte in Berlin 1979 das TIO. Dort habe ich von 1983 bis zum Attentat im September 1984 gearbeitet.

Die deutschen Frauen, mit denen wir in der Frauenprojektarbeit zusammengearbeitet haben, sind sehr selbstbewußt aufgetreten. Sie hatten auch einen langen Weg hinter sich, aber wir lernten gerade laufen.

Darüber wurde aber leider nicht gesprochen.

Den Frauen, die in die Frauenläden kamen, wurde Deutsch, Alphabetisierung, Nähen und Stricken angeboten. Und nebenbei etwas zur Frauenrolle.

Ich werde jetzt etwas provokativ und direkt.

Den türkisch oder kurdisch sprechenden Mitarbeiterinnen sind die meisten deutschen Mitarbeiterinnen als große Schwestern entgegengetreten. Die deutschen Frauen waren die qualifizierten Frauen. Sie hatten Hochschul- oder Fachhochschulabschlüsse.

Migrantinnen waren unqualifizierte Übersetzerinnen, Kinderbetreuerinnen und natürlich Putzfrauen.

Mein Eindruck war, daß die meisten deutschen Mitarbeiterinnen niemals angefangen haben, darüber nachzudenken, wer die Migrantinnen, mit denen sie zusammengearbeitet haben, eigentlich sind. Migrantinnen wurden nicht gleichberechtigt gesehen, wo doch so viel über Gleichberechtigung gesprochen wurde. Viele Migrantinnen sind leider immer noch einfach nur Übersetzerinnen oder werden so gesehen.

Teilweise entstand bei mir der Eindruck, daß deutsche Frauen türkisch gelernt haben, um uns unsere Kultur zu erklären. Oder weil sie für sich ein Gebiet gefunden haben, um sich zu profilieren?

Nur, daß es auch qualifizierte Migrantinnen gibt, das wollen die meisten nicht so richtig sehen.

Der Feminismus ist deutsch. Die deutsche Frauenbewegung weist den Weg. Wir folgen Euch. Ihr sagt uns, was richtig und was falsch ist.

Liebe Frauen so geht das nicht.

Ich wünsche mir, daß wir anfangen, miteinander zu reden. Denn ein gleichberechtigtes Gespräch hat leider nie richtig stattgefunden.

Aus diesem Grunde habe ich das Wort »gleichberechtigt« im Titel in Klammern gesetzt.

Wir sind Kolleginnen und Freundinnen. Und ich habe sehr viele tolle deutsche Freundinnen, die mich gleichberechtigt behandeln.

Nur wenn ich mir die deutsche Frauenbewegung insgesamt ansehe, dann sehe ich weiterhin eine ethnische Brille, durch die die meisten Feministinnen schauen. Sie sind ganz irritiert, wenn sie auf Frauen wie mich treffen. Sie sind genauso irritiert, wie ein gewöhnlicher CDU-Wähler, der nur den türkischen Gemüsehändler an der Ecke kennt.

Mich gibt es in vielen Köpfen nicht.

Ich muß mich immer wieder erklären und mich darüber ärgern, daß es nicht selbstverständlich ist, daß es lesbische, selbstbewußte, qualifizierte Migrantinnen gibt.

Nicht, was ihr in uns seht, wollen wir sein, denn wir sind es nicht, sondern was wir wirklich sind, sollt ihr sehen.

Nette und nicht so nette Frauen, launische, zickige, großherzige, aber auch engstirnige Frauen, tolerante und intolerante, einfältige und intelligente, ehrgeizige und faule Frauen und so weiter.

Migrantinnen sind genauso vielfältig wie deutsche Frauen. Wir sind Persönlichkeiten mit vielen Facetten, wie deutsche Frauen auch.

Wir sind nicht in erster Linie Migrantinnen. Natürlich wollen wir, daß unser Migrantinnendasein auch gesehen wird. Aber dieser Teil von uns ist nur ein kleiner Ausschnitt. Ein viel kleinerer Ausschnitt als andere ihn in uns hineinprojizieren.

Immer wieder muß ich betonen, daß ich keine Vorzeige- und keine Berufsmigrantin bin.

Ich bin Rechtsanwältin! Ich bin Seyran Ates, eine Frau mit der jede und jeder über mehr Themen reden kann, als über die Türkei als Urlaubsland und die Situation von Migrantinnen und Migranten in Deutschland.

Ich arbeite mit drei deutschen Kolleginnen zusammen. Wir sind ein feministisches Anwältinnenbüro und haben unsere Schwerpunkte aufgeteilt. Und zum Erstaunen vieler mache ich kein Ausländerinnen- oder Asylrecht. Ich mag es einfach nicht.

Mit dem Asylrecht beschäftigen sich zwei meiner Kolleginnen. Wir führen in diesem Zusammenhang auch oft interessante Gespräche und Diskussionen. Als feministisches Büro vertreten wir nämlich keine Männer, die Gewalt gegen Frauen ausüben oder ausgeübt haben. Was ist jedoch mit den mehrheitlich männlichen Asylbewerbern, die sehr selten oder nie ihre mitbetroffenen Frauen zum Mandantengespräch mitbringen? Ich erlebe diese Männer, wenn ich mal übersetze, anders als meine Kolleginnen. Und manchmal denke ich mir, daß wir diese Männer nicht vertreten würden, wenn sie deutsche Männer wären.

Ich erzähle das, weil ich oft Situationen erlebt habe, in denen auch Feministinnen sich mit nichtdeutschen Männern solidarisiert haben, ohne mitzubekommen, wer ihnen gegenübersteht, und daß sie mit einem deutschen Mann, der genauso ist, niemals so nett umgehen würden. Unsere Meinung wurde nicht gefragt oder ignoriert.

Meine Schwerpunkte sind: Existenzgründungen, Arbeits- und Mietrecht, Verträge für gleichgeschlechtliche Partner und Partnerinnen. Themen, die so gar nicht »migrantisch« sind.

Natürlich kann ich auch verstehen, daß sich Menschen, die mich kennenlernen, mit mir über diese migrantinnenspezifischen Themen unterhalten wollen. Ich habe da ja auch viel zu sagen. Aber warum allein darüber sprechen?

Wenn ich nach einer Party oder einem Essen nach Hause gehe und gerade wieder solch eine Begegnung hatte, frage ich mich, wie ich in Erinnerung bleibe. Ich bleibe in Erinnerung als die Frau aus der Türkei, mit der man nett über die Türkei, über Migrantinnen und Migranten und den täglichen Rassismus gesprochen hat. Mehr konnten sie von mir nicht erfahren, da die Stunden begrenzt sind.

Ich hoffe, sie behalten mich anders in Erinnerung.

Mir scheint, ich habe jetzt wieder viel über die Migrantinnensituation geredet. Unsere Rolle in der deutschen Frauenbewegung ist jedoch nach wie vor von diesen Themen bestimmt.

Noch sind wir nicht gleichberechtigt dabei.

Ich wünsche mir bald einen Vortrag über den Einfluß von Migrantinnen auf deutsche Feministinnen und die deutsche Frauenbewegung. Denn darüber wird kaum gesprochen. Und ich bin mir sicher, daß wir einen Einfluß hatten und haben.

Ingrid Kurz-Scherf

Am Ende der männlichen Herrschaft

Ein Erlebnisbericht aus dem Arbeitnehmerpatriarchat

Zwanzig Jahre nach dem berühmten Wurf, der in Westdeutschland und in Westberlin den Beginn einer neuen Frauenbewegung symbolisierte, landete die Tomate schließlich auch bei den Gewerkschaften: allerdings in Form von Seifenblasen, die leise zerplatzten, also ein durchaus ambivalentes Symbol, aber der Effekt war beeindruckend.

Vom 22. bis 24. September 1988 fand in Frankfurt die 13. Frauenkonferenz der IG Metall statt. Franz Steinkühler, damals noch in seinem Nimbus als der mächtige Vorsitzende der größten Einzelgewerkschaft der westlichen Welt, hatte gerade seine Rede beendet, als die Frauen begannen, seine Worte mit Tausenden von Seifenblasen zu quittieren. (Es wurde nie richtig geklärt, ob die vielen Kinderseifenblasenröhrchen zur Konferenz mitgebracht oder kurzfristig besorgt wurden.) Selbstverständlich hatten sich nicht alle der Delegierten für diese Aktion von ihren Plätzen erhoben, aber es waren sehr viele, wohl die meisten, und vor allem die Delegierten aus seinem eigenen Bezirk, den kampfstarken Tarifbezirken in Baden-Württemberg. Das Protokoll der Konferenz (und die Protokolle von Gewerkschaftskonferenzen sind normalerweise sehr penibel) notiert am Ende der wörtlich abgedruckten Rede des Kollegen Steinkühler: »(Starker Beifall)«. Aber abgesehen von der Presse, die am nächsten Tag endlich mal was Heiteres aus Gewerkschaftskreisen zu berichten hatte, sorgte auch der große Vorsitzende selbst dafür, daß die Seifenblasen nicht ganz aus dem offiziellen Protokoll herausfielen, denn er konnte die Aktion selbstverständlich nicht einfach unkommentiert lassen, und so findet sich im Protokoll folgender Satz mit nun höchst penibler protokollarischer Ergänzung: »Sicherlich sind Kabarettleistungen für sich allein hervorragend. Aber wenn über die Medien lediglich verbreitet wird, daß ihr alle großartig seid im Seifenblasenpusten – und das wurde gefilmt –, dann habt ihr etwas versäumt. (Aha-Rufe aus dem Saal.)«

Es gab auf dieser Frauenkonferenz der IG Metall zwei zentrale Kontroversen, auf die Franz Steinkühler in seiner Rede nicht eingegangen war – was ihm die Seifenblasen eingetragen hat.

Zunächst einmal war die Debatte unter den Gewerkschaftsfrauen der Beschlußlage weit voraus. Wir hatten uns längst gelöst von der falschen Konfrontation zwischen Arbeitszeitverkürzung und Arbeitszeitflexibilisierung, waren in der Frage des sogenannten Lohnausgleichs längst zu anderen Einsichten gelangt als die offiziellen der Gewerkschaften. Die Konferenz stand unter dem Motto »Wir streiten um bessere Zeiten«, und damit waren vor allem auch kürzere und flexiblere Arbeitszeiten gemeint – und zwar nicht in erster Linie zur Sicherung und Schaffung von Arbeitsplätzen, sondern um der bornierten Fixierung auf »Hauptsache Arbeit« eine neue Arbeits- und Lebenskultur entgegenzustellen. Hätten die Gewerkschaften damals auf die Frauen gehört, wären sie vielleicht heute eine ernstzunehmende Reformkraft und nicht eine rückwärtsgewandte und von einem Scheitern in das nächste trudelnde Vereinigung der Besitzstandswahrer. Aber auch bei den Frauen ist das große Projekt einer auf einer neuen Balance zwischen Arbeit und Leben beruhenden Zeit-Politik in Detailforderungen zur Gestaltung von Teilzeitarbeit versickert. (Wenn wir das heute noch einmal aufgreifen wollten, so müßten wir auch über so banale Dinge wie den Mangel an Kampagnenfähigkeit feministischer Projekte diskutieren und wie wir diese Fähigkeit wiedergewinnen könnten.)

Zum anderen, es gab Kontroversen über die existierende Gleichberechtigung von Frauen durch Assimilation an von Männern vorgegebenen Normen und Standards bei gleichzeitig unangefochtener Dominanz von Männern an der Spitze multipler Machthierarchien. Denn *Daddy's Töchter*, also die Komplizinnen der männlichen Herrschaft, waschen *Daddy* heute nicht mehr die Socken und statten ihn in jeder anderen Beziehung bestens aus für die Konkurrenz mit seinesgleichen; *Daddy's Töchter* zeichnen sich heute vorrangig dadurch aus, daß sie es *Daddy* gleich tun wollen – und sich letztendlich dann aber mit den Plätzen in der zweiten Reihe begnügen.

Gewerkschaften und Frauenbewegung, das war zunächst einmal ein Verhältnis der wechselseitigen Miß- und Verachtung, jedenfalls was die sogenannte autonome Frauenbewegung anbelangt. Einem Teil der Frauen innerhalb der autonomen Frauenbewegung war – wie ja auch schon in früheren Phasen der Frauenemanzipation – die Vermittlung der sogenannten Frauenfrage mit der sogenannten sozialen Frage ein sehr wichtiges Anliegen, aber gerade darüber tobte der heftigste Streit: um die Frage nach dem Haupt- und dem Nebenwiderspruch. Ich glaube allerdings, daß wir damals in diesem Punkt weiter waren als die aktuellen feministischen Debatten, die sich von dem ganzen Themenfeld und der darin enthaltenen Problematik meinem Eindruck nach weitgehend gelöst haben – und gerade deshalb so wenig politisch beizutragen haben zu den neuen sozialen Konflikten des ausgehenden 20. und beginnenden 21. Jahrhunderts. Ich jedenfalls habe in den unendlichen Debatten im Frauenzentrum Aachen und danach im Frauenzentrum in der Stresemannstraße zu Berlin über den Haupt- und den Nebenwiderspruch einen meiner wichtigsten Lernerfolge erzielt: nämlich daß die Frage nach dem Verhältnis zwischen sozialen und Geschlechterhierarchien, zwischen sozialer und Geschlechteremanzipation im Muster von Haupt- und Nebenwiderspruch falsch gestellt ist. Es geht vielmehr darum, daß der Feminismus gegenüber den klassischen Konzepten sozialer Emanzipation gleichsam der »weitergehende Antrag« ist, weil seine Analyse tiefer reicht und seine Perspektiven weiter gesteckt sind.

Aber mit den Gewerkschaftsfrauen war zunächst einmal kein Auskommen. Es gab keine Gesprächsbasis, weil sie in ihrer Organisationsloyalität jede Verlautbarung, die irgend etwas mit Frauen und Männern zu tun hatte, zwanghaft mit einem Appell an die Frauen, die Gemeinsamkeit mit den Männern auf keine Fall aufzukündigen, schließen mußten. Eva Quistorp hatte in Berlin 1977 oder '78 den Versuch eines Dialogs zwischen autonomen Frauen und Frauen aus den etablierten Institutionen und Organisationen gestartet. Er scheiterte. Claudia Pinl hat ein Buch über das Arbeitnehmerpatriarchat geschrieben. Es wurde von den Gewerkschaftsfrauen noch nicht einmal richtig zur Kenntnis genommen. Anja Meulenbelt hat sehr sensibel die Loyalitätszwänge gewerkschaftlicher Frauenarbeit untersucht. Es hat diejenigen, die darin involviert waren, einfach nicht interessiert. Ich will keine einseitigen Schuldzuweisungen an die Gewerkschaftsfrauen machen, denn mittlerweile weiß ich, daß wir, die autonomen Frauen, es uns in unserer Kritik manchmal auch zu leicht gemacht haben. Als Sigrid Damm den sozialistischen Eminenzen des SDS mit den bürgerlichen Schwänzen qua Tomate zuleibe rückte, waren in den Gewerkschaften schon seit langem Frauen am Werk, den proletarischen Eminenzen unendlich mühsam ihren »proletarischen Antifeminismus« (Thönissen) abzugewöhnen. Aber sie hatten eben nicht den feministischen Blick und das feministische Selbstbewußtsein des weitergehenden Antrags.

Die erwähnte Frauenkonferenz war der Anfang vom Ende meiner Zeit als hauptberufliche Gewerkschafterin. Ich war rund zehn Jahre lang die fast einzige Frau auf den höheren Ebenen der gewerkschaftlichen Tarifpolitik und die einzige Frau im *Tarifpolitischen Ausschuß des DGB*, in dem sich regelmäßig die für Tarifpolitik zuständigen Vorstandsmitglieder der Mitgliedsgewerkschaften des DGB treffen, und das sind in der Regel neben bzw. unter den Vorsitzenden die wirklich maßgeblichen Gewerkschaftsführer, weil die Tarifpolitik das Herzstück der Gewerkschaftspolitik ist. Zu diesen maßgeblichen Gewerkschaftsfunktionären gehörte ich nun leider nicht, denn ich war nur die Leiterin des Tarifarchivs des DGB und später die Leiterin der Abteilung Tarifpolitik beim DGB; der DGB hat aber in der Tarifpolitik keine Handlungsmacht, sondern nur eine schwach ausgestattete Moderatorenfunktion. Dennoch war ich also lange Zeit am Rande mitten drin im Arbeitnehmerpatriarchat, und nach zehn Jahren hatte ich es einfach satt, Briefe mit der immer gleichen Anrede zu bekommen: »Liebe Kollegen, liebe Ingrid.« Ich bin dann – parteilos bis heute – in die Politik gewechselt, wurde sogar Staatssekretärin im bundesweit ersten Ministerium für Arbeit und Frauen, das unter dem saarländischen Ministerpräsidenten Oskar Lafontaine 1990 eingerichtet wurde, bin von dort in der gleichen Funktion nach Brandenburg gewechselt, an Regine Hildebrandt gescheitert und schließlich wieder in der Wissenschaft gelandet, wo ich mich belehren lassen mußte, daß die Gewerkschaften beileibe nicht die einzige oder letzte Speerspitze des eingefleischten Antifeminismus sind.

Im Jahre 1982 – ich leitete seit rund anderthalb Jahren im Wirtschafts- und Sozialwissenschaftlichen Institut des DGB das Tarifarchiv – habe ich mit meiner damaligen Kollegin Brigitte Stolz-Willig in den WSI-Mitteilungen einen Aufsatz mit dem Titel »Gleicher Lohn für gleiche Arbeit! Und wer macht die Hausarbeit?« geschrieben. Der Artikel war sehr moderat, und die Aufforderung zur Aufkündigung der eingleisigen Loyalität, der sich in dem Satz wiederfindet: »Frauen und Männer gemeinsam sind stark«, ließ sich bestenfalls zwischen den Zeilen lesen. Aber als uns der Artikel einen vierspaltigen Bericht auf der ersten Seite der Frankfurter Rundschau mit der Überschrift »Gewerkschaftswissenschaftlerinnen kritisieren die Gewerkschaften« einbrachte, waren wir zwar stolz, aber auch ziemlich sicher, daß das unseren Job kosten würde. Dem war nicht so, weil wir eben nur Gewerkschaftswissenschaftlerinnen waren, die – wie es im Gewerkschaftsdeutsch heißt – nichts »an den Füßen haben«, also keine Bewegung repräsentierten, die irgend eine Verankerung in den Betrieben oder »in der Organisation« gehabt hätte.

Das änderte sich dann aber im weiteren Verlauf der 80er Jahre. In der feministischen Diskussion kennen wir das Problem, daß der feministische Elan mit seiner Diffusion in die etablierten Kreise und Institutionen auch viel von seiner Radikalität und seinem Schwung einbüßte. Aber es ist nun auch einmal sehr viel einfacher, sich untereinander Radikalität zu bestätigen, als diese im feindlichen Terrain zur Geltung zu bringen. Und es ist auch sehr viel einfacher, über die frauenfeindliche Politik der Gewerkschaften zu schimpfen, als diese innerhalb und außerhalb mit Alternativen zu konfrontieren und dafür einzustehen. Frau kann der Ansicht sein, daß dieses Unterfangen nicht nur vergeblich, sondern auch unwichtig ist. Daß ich nicht dieser Meinung bin, wird wohl schon aus meiner kurzen biographischen Skizze deutlich geworden sein. Auch die gewisse Tomate ist nicht nur gegen einen verkürzten und verflachten Emanzipationsanspruch geschleudert worden, vielmehr wollte Sigrid Damm-Rüger sie auch in die Institutionen der halbierten und domestizierten Emanzipation hineinwerfen, das war in ihrem Fall das Bundesamt für berufliche Bildung.

Schließlich näherte sich aber die Tomate in ihrem allerdings schon abgeflachten Flug auch den loyalen Gewerkschaftsfrauen und der gewerkschaftlichen Frauenarbeit. Immer mehr Frauen wurden in und gegenüber den Gewerkschaften quasi als Botschafterinnen der Tomate aktiv. Und die Botschaft lautete: Es geht in den Gewerkschaften nicht nur um »Frauenarbeit« im Sinne einer Wahrnehmung spezifischer Interessen einer als »Frauen« etikettierten und innerhalb der Gewerkschaften kontrafaktisch auf den Status einer Minderheit degradierten Personengruppe – wobei diejenigen, die in der gewerkschaftlichen Frauenarbeit, in den gewerkschaftlichen Frauenausschüssen usw. aktiv sind, sich endlich von der Interessenharmonie zwischen den Kolleginnen und Kollegen nach dem Motto: »Männer und Frauen haben gemein, Unterdrückte des Kapitals zu sein«, lösen müssen –, sondern es geht vor allem um das, was in der Frauenbewegung (und zwar in all ihren Strömungen und Tendenzen) meist tabuisiert als offen diskutiert wurde: die Differenzen und Widersprüche unter den Frauen selbst. Aber diese Botschaft ist auch bei den Gewerkschaftsfrauen nie richtig angekommen, wurde wie überall unter den großen, aber ziemlich dünnen Teppich der Frauensolidarität gekehrt.

Doch zunächst einmal symbolisierte die Tomate natürlich den feministischen Angriff auf den Alleinvertretungsanspruch und auf das männliche Deutungs- und Handlungsmonopol. Auf die Gewerkschaften bezogen heißt das: Gewerkschaftliche Politik, die sich ausschließlich oder vorrangig an männlichen Interessenlagen orientiert, ist nicht nur frauenfeindlich, sondern einfach auch schlechte Politik, die einen entscheidenden bzw. umfassenden Emanzipationsanspruch ausspart. Die gewerkschaftliche Orientierung an den tradierten, männerbündischen Arrangements der Tarifpolitik oder auch des Sozialstaats reproduziert nicht nur die darin enthaltenen Marginalisierungs- und Ausgrenzungsmechanismen gegenüber Frauen, sondern sie übersieht auch die internen Spannungen und Widersprüche in diesen Arrangements und ihre Instabilität, die beispielsweise in der aktuellen »Ära der Transformation« mit der Krise der Arbeit bzw. des »Normalarbeitsverhältnisses« offen zutage treten. Diese Krisenprozesse sind nicht nur, aber auch Ausdruck des Auseinanderbrechens dessen, was Carole Patemen den *fraternal contract* genannt hat, in den Frauen gleichsam nur durch den Appendix des *sexual contract* einbezogen sind. Beide sind zentral bezogen auf einen patriarchal strukturierten Arbeitsbegriff und zentral vermittelt über ebenfalls patriarchal strukturierte Normalitätsstandards des Arbeitens, des Lebens, des Verhältnisses zwischen Staat, Wirtschaft und Familie etc. Im Zuge der Emanzipationsbewegungen von Frauen gegenüber den verbreiteten Geschlechterstereotypen erodiert der *sexual contract* und damit eine grundlegende Funktionsbedingung des *fraternal contract*, der aber darüber hinaus gleichzeitig nach oben und nach unten auseinanderbricht. Die Gewerkschaften stehen all dem verständnis-, begriffs- und hilflos gegenüber – und das hat auch etwas damit zu tun, daß die Krise der eben nicht nur kapitalistischen, sondern auch patriarchalen bzw. androkratischen Industriegesellschaften auch eine Krise der auf deren Arrangements projizierten Konstruktionen und Imaginationen von Männlichkeiten bedeutet; und in einer ihrer Varianten, nämlich der sogenannten »proletarischen«, werden sie durch den Gestus und Habitus, die Denk- und Handlungsstrukturen von Gewerkschaftsfunktionären in besonders augenfälliger Weise verkörpert.

»Das Patriarchat«, so schrieb kürzlich die italienische Frauengruppe *libreria delle donne di Milano*, »ist zu Ende«. Ich stimme der These in einer sprachlich geringfügigen, aber inhaltlich gewichtigen Modifikation zu: Das Patriarchat ist wahrscheinlich noch lange nicht *zu* Ende, aber es ist schon seit langem *am* Ende.

Das heißt aber bedauerlicherweise nicht, daß deshalb die feministischen Alternativen, die in dem, was ich den »weitergehenden Antrag« nenne, leider nur vage und diffus bestimmt waren, von alleine zielführend und strategiebildend werden. Selbstverständlich gibt es für ein feministisches Engagement nicht nur Möglichkeiten innerhalb einer Institution – also z.B. innerhalb der Gewerkschaft –, sondern auch die des Drucks von außen. Aber in beiden Fällen muß dieses Engagement mit dem Anspruch auf Wirkungskraft und Handlungsmacht in den praktischen Sphären der Arbeits- und Sozialpolitik ausgestattet sein. Und daran hapert es in frauenbewegten Kreisen, innerhalb der Gewerkschaften wie außerhalb.

Feministinnen, so schrieb Nancy Fraser schon vor einigen Jahren, seien »besonders berufen, eine emanzipatorische Vision für die Zukunft zu entwickeln. Besser als andere wissen sie, daß die Geschlechterbeziehungen viel mit der derzeitigen Krise des industriellen Wohlfahrtsstaates zu tun haben«, und mehr als anderen sei ihnen auch »bewußt, daß die Gleichheit der Geschlechter für jedes akzeptable postindustrielle Nachfolgemodell ein zentrales Element sein muß«. Bisher seien sie allerdings »einem systematischen Nachdenken über den Umbau des Wohlfahrtssystems eher ausgewichen«. Daran hat sich bis heute nicht viel verändert.

Die Zeiten aber sind härter geworden. Und was die Frauenbewegung insgesamt nicht geschafft hat, daran sind auch die Gewerkschaftsfrauen gescheitert: Wir hatten den »weitergehenden Antrag«, aber wir haben es nicht geschafft, ihm auch unter den sich rasant ändernden Bedingungen der letzten zwanzig Jahre Wirkungskraft und Handlungsmacht zu verleihen. Auch dafür gibt es viele Gründe, vor allem die scheinbar unerschöpfliche Energie der real existierenden Androkratie, ihrem historisch längst überfälligen Ende immer wieder zu entgehen. Bevor Männer im allgemeinen und Gewerkschaftsfunktionäre im besonderen zugeben, daß sie mit ihrem Latein am Ende sind, verkünden sie lieber das Ende der Geschichte, das Ende der Idee einer sozialen Demokratie oder auch das Ende der Gewerkschaften – und im Zweifel veranstalten sie es auch. Aber wenn ich über die sogenannte Flaute der Frauenbewegung nachdenke, dann fällt mir immer wieder der Titel eines alten Aufsatzes von Judith Stacey ein: »Fürchten sich die Feministinnen, von zuhause wegzugehen?«. Ich habe den Eindruck, daß wir auf halbem Weg steckengeblieben sind.

Feminismus als der »weitergehende Antrag« richtet sich gegen die Pathologien der real existierenden Androkratie – in den Gewerkschaften und anderswo –, und dazu gehörten seit jeher auch die Frauen, die sich schützend vor die real existierenden Androkraten werfen, wenn ihre saubere Weste von einer Tomate, einem Farbbeutel oder auch nur von einer Seifenblase befleckt zu werden droht. Und auch darüber müßten wir nicht nur in den Gewerkschaften offen reden – wenn denn die Tomate sich nicht endgültig in nur noch lila schimmernden, sanft und wirkungslos zerplatzenden Seifenblasen auflösen soll.

Christina von Braun

Was ist die Halbwertszeit von Tomaten?

Naturgesetze und die Gesetze der Geschichte haben wenig miteinander gemein. Bei Tomaten scheint sich das jedoch anders zu verhalten. (Bei Eiern übrigens auch.) Wenn man (nur mal so zum Spaß) in der Brockhaus-Definition von Halbwertszeit das Wort »Atome« durch »Tomate« ersetzt, ergibt sich folgende Begriffsbestimmung:

»*Halbwertszeit:* Die Zeit *(t)*, in der von einem aktiven Element durchschnittlich die Hälfte einer beliebigen Anfangszahl von Tomaten zerfallen ist, d.h. sich in neue Tomaten umgewandelt hat. Die Halbwertszeit ist für jede aktive Tomatenart eine charakteristische Konstante, veranschaulicht durch die Steilheit der jeweiligen exponentiellen Zerfallskurve. Auch instabile Elementarteilchen haben eine H., doch benutzt man bei ihnen häufiger den Begriff der → Lebensdauer. Die Ermittlung von H. bestimmter aktiver Tomatenkernarten (*hier steht eigentlich Isotopen*) ist wichtig für die Altersbestimmung von Ministern (*hier steht eigentlich Mineralien*) und die darauf beruhenden Untersuchungen der Chronologie.[1]

Vor dreißig Jahren brachten einige rote Tomaten Unruhe in die Geschlechterordnung. Heute bringen einige Samenflecken Unruhe in die politische Ordnung. Diese Samenflecken sind aber wiederum das Resultat der bewegten Tomaten von 1968. Das zeigen einige Aspekte der Clinton-Lewinksy-Affäre, die die USA in Atem hält. Die Konsequenzen dieser Ereignisse gehen weit über den rein amerikanischen Zusammenhang hinaus. Sie verweisen auf Entwicklungen, die auch für andere westlichen Demokratien symptomatisch sind.

Als er das Amt übernahm, wurde Präsident Clinton von vielen für das (wenn auch verwässerte) Produkt der Hoffnungen gehalten, die seit 1968 im Raum standen. In dieser Hinsicht glich sein Amtsantritt der Wahl von Gerhard Schröder zum Kanzler und der Beteiligung der

Grünen an der Bundesregierung. Clinton, der sich für Frauenrechte sowie für *gay and lesbian rights* einsetzte, schien das umsetzen zu wollen oder zu können, was über Jahre in der Opposition nicht nur Gedankengut war, sondern auch schon längst gelebt wurde. In den dreißig Jahren seit 1968 ist in fast allen westlichen Demokratien eine gespaltene Gesellschaft entstanden, in der einerseits die alten Werte hochgehalten werden, etwa die traditionelle Familie, andererseits aber auch nach neuen und anderen Werten gelebt wird. Es hat sich ein ganz neues Verständnis von »Familie« durchgesetzt, in dem etwa die Blutsverwandtschaft keine ausschlaggebende Rolle mehr spielt. Die Begriffe »Vaterschaft«, »Mutterschaft« haben mehrere Bedeutungen angenommen, darunter auch eine kulturelle oder soziale. Natürlich hat diese Neuerung auch viel mit den Neuerungen in der Gentechnologie zu tun, insofern entspricht sie nicht unbedingt einem Denken, das mit Mai '68 in Verbindung zu bringen ist. Die Grenzen zwischen Protest und Anpassung sind insgesamt fließend geworden. Neben einem veränderten Verständnis von »Familie« hat sich auch der Gedanke durchgesetzt, daß es für die Sexualität keine Regeln gibt, daß also jeder und jede nach ihrer Façon glücklich werden soll. Die Unterscheidung zwischen »männlich« und »weiblich« ist einer zunehmenden Grenzverwischung gewichen. Transvestiten, Intersexuelle, Transsexuelle – sie sind, wenn nicht unbedingt Teil der Normalität, so zumindest des Denkbaren und in vielen Fällen auch des Realen geworden. Man muß sich schon klarmachen, daß eine solche Entwicklung etwas vollkommen Neues darstellt. In allen Gesellschaften – archaischen wie historischen – stehen die Gesetze, die das Sexualleben der Menschen regulieren, im Zentrum des Moral- und Gesetzeskodex'. Sie bilden gleichsam den Kern, der über die Organisation der Gesellschaft bestimmt. In manchen Gesellschaften sind diese Gesetze so sehr Teil des Denkens, daß sie gar nicht gesagt oder schriftlich niedergelegt werden müssen. Sie sind der Psyche und Libido des sozialen Individuums eingeschrieben. In den Industrieländern jedoch – insbesondere seit 1968 – gibt es keine genauen Regeln mehr, nach denen der einzelne oder die einzelne ihr Geschlechtsleben zu organisieren hat. Nicht, daß es keine Gesetze mehr gäbe – es gibt sie, und gelegentlich, wie etwa in Memmingen vor einigen Jahren, greifen sie auch ins Leben von Menschen ein. Aber das ist fast zur Ausnahme geworden. Auf dem Gebiet des Geschlechtslebens erfahren wir seit 1968 im Großen und Ganzen eine zunehmende Liberalisierung bzw. eine liberale Interpretation der Gesetze. Das Sexualleben gilt als Privatsache, in der der Staat nichts zu suchen hat, und diese Veränderung hat viel mit einer verstärkten Präsenz von Frauen sowie einer Veränderung der Rolle von Geschlechtlichkeit im öffentlichen Raum zu tun.

Nun wird aber im Falle des amerikanischen Präsidenten das Sexualleben gerade *nicht* als Privatsache behandelt – ein Phänomen, das man etwa auch an der regen Aufmerksamkeit für das Sexualleben des englischen Königshauses beobachten kann. Das heißt, es gibt eine Diskrepanz zwischen der allgemeinen Entwicklung und der Art, wie mit den höchsten Repräsentanten des Staates umgegangen wird. Dieses Phänomen ist ebenfalls neu. Der Historiker Ernst Kantorowicz hat in seinem Buch »Die zwei Körper des Königs« dargestellt, daß das Konzept der repräsentativen Herrschaft vom Mittelalter bis zum Beginn der Neuzeit immer beinhaltete, daß der Herrscher einerseits als Repräsentant der Nation und des Staates den Kollektivleib »verkörpert«. Dieser Körper ist unsterblich, geschlechtslos und ohne Makel. Andererseits verfügt der König aber auch über einen Körper, dem alle Charakteristika normalen Mensch-Seins eigen sind: Geschlecht, Gebrechen, Sterblichkeit. Mit diesem zweiten Körper tat und lebte der König wie alle anderen Sterblichen auch, und es blieb seine Angelegenheit. In der Öffentlichkeit wurde er nur mit seinem unsterblichen, repräsentativen Körper wahrgenommen.

Diese Vorstellung von den zwei Körpern des Königs hielt sich über lange Zeit. Ohne daß es in den heutigen Demokratien eine entsprechende Rechtskonstruktion gäbe, ist es noch immer ein ungeschriebenes Gesetz, daß das Sexualleben von Politikern und politischen Führungskräften für Presse und Medien tabu bleibt. Im großen und ganzen hielten sich die Medien bisher daran. Eine Ausnahme bildeten zunächst die Presseorgane in England (sowohl gegenüber dem Königshaus als auch gegenüber Politikern), obgleich die Lehre von den zwei Körpern des Königs gerade in England zum ersten Mal formuliert worden ist. Warum ausgerechnet in England diese – eigentlich ganz heilsame – Konstruktion zusammengebrochen ist, mag mit dem Zerfall des alten Empire zusammenhängen, soll aber nicht das Thema dieser Überlegungen sein.

Die Clinton-Affäre offenbart, daß die Konstruktion von den zwei Körpern des Königs durch das mediale Netz, das den modernen Industriegesellschaften eigen ist, einen grundlegenden Wandel erfahren hat. Daß es sich bei dieser Affäre um ein mediales Ereignis handelt, zeigen viele Begleitumstände: Der Starr-Report wurde ins Internet gegeben, noch bevor ihn die Anwälte des Präsidenten zu sehen bekamen. Das vierstündige Hearing wurde von mehreren nationalen Fernsehstationen – übrigens auch von einigen in Europa – landesweit in voller Länge ausgestrahlt. Auch die Anhörung selbst war insofern ein mediales Ereignis als die Kommissionsmitglieder den Präsidenten *nicht* in leiblicher Person befragten, sondern über einen Monitor mit ihm sprachen. Was mit dieser Inszenierung beabsichtigt war, ist nie gesagt worden. Sie erscheint jedoch wie der Versuch, dem König wieder zwei Körper zu geben: neben dem realen oder leiblichen auch einen medialen. Paradoxerweise war es aber dieser zweite, mediale und repräsentative Körper, der nach den Details aus dem Privatleben befragt wurde. Es fand also ein Vorgang statt, bei dem einerseits ein repräsentativer Körper hergestellt, andererseits der repräsentative Körper aber nicht mit den Insignien der Unantastbarkeit, sondern gerade der Leiblichkeit versehen wurde. Die Durchdringung des Öffentlichen durch das Private wurde noch auf anderen Ebenen verstärkt. So wurde zum Beispiel der Therapeut von Monica Lewinsky unter Haftandrohung dazu gezwungen, vor der Kommission auszusagen – ein Bruch der Schweigepflicht, der hier und in vielen anderen Ländern juristisch kaum vorstellbar ist. (Jedenfalls bisher: Mit dem Gesetz zum großen Lauschangriff ist diese Sphäre auch in Deutschland schon empfindlich verletzt).

Was hat das alles mit den Tomaten der Frauenbewegung zu tun? Erstens geht es bei diesem Vorgang um Geschlechtsfragen, und wenn diese ins Zentrum des Interesses rücken, so hat das immer Auswirkungen auf die Geschlechterrollen und gerade die Wahrnehmung des Weiblichen im öffentlichen Raum. Zweitens unterstellen Beobachter aus den USA, daß es sich bei dem Impeachment-Verfahren um einen *Backlash* gegen die 68er handelt. Dabei wurde aber paradoxerweise eine Errungenschaft der Frauenbewegung zum Ausgangspunkt des Verfahrens. Man erinnert sich: Paula Corbin Jones hatte Präsident Clinton der sexuellen Belästigung beschuldigt. Er stritt ab und wurde gefragt, ob er sich im Weißen Haus außerehelicher Beziehungen schuldig gemacht habe. Auch das bestritt er und machte dabei unter Eid eine Falschaussage, wie er später öffentlich und vor laufenden Kameras zugeben mußte. Damit hatte Clinton nicht nur einen Rechtsbruch, sondern auch einen politischen Fehler begangen. Er hatte sich auf den Sittenkodex einer politischen Fraktion eingelassen, die das Sexualverhalten wieder strengeren Regulierungen unterwerfen wollte. Daß sich die Konservativen dabei einer Errungenschaft, der Frauenbewegung bedienen, ist einer der vielen Widersprüche dieser Affäre. Denn die Erfassung der sexuellen Belästigung als juristischem Tatbestand ist unbestreitbar eines der Resultate der Frauenbewegung. Interessanterweise hat diese Errungenschaft aber auch schon vor einigen Jahren zu einem Schauprozeß geführt, der, ähnlich wie heute die Clinton-Affäre, das Land in Erregung versetzte. Die junge Juristin Anita Hill hatte auf Befragung einer Ermittlungskommission den Richter Clarence Thomas beschuldigt, sie sexuell belästigt zu haben. Clarence Thomas sollte in den Supreme Court berufen werden, und dieser Berufung ging eine ausführliche Untersuchung seines Vorlebens voraus. Die Senatsanhörungen zum Fall Hill/Thomas waren öffentlich und wurden von den Fernsehanstalten landesweit ausgestrahlt. Auch diese Hearings hielten die Nation über Wochen in ihrem Bann. Aus heutiger Sicht scheint jedoch das Ergebnis der Anhörungen – Thomas wurde in den Obersten Gerichtshof berufen, obgleich es wenig Zweifel an der Richtigkeit der Angaben von Anita Hill gab – weniger bedeutend als die Anhörungen selbst, die die Nation im gemeinsamen Interesse für das Sexualleben ihrer höchsten Repräsentanten einte.

Mit anderen Worten: Waren Sexualfragen immer schon ein Mittel, Politik zu betreiben, so offenbart sich hier eine neue Entwicklung.

Um ein Beispiel für den traditionellen Umgang mit Sexualfragen zu nennen: Die Vereinigten Staaten haben seit fast drei Jahren keine Beiträge an die Vereinten Nationen abgeführt. Die Schulden liegen inzwischen bei einer Milliarde Dollar. Clinton unternahm wiederholt den Versuch, die Schuld zu begleichen, wurde aber durch die republikanische Mehrheit im Repräsentantenhaus daran gehindert. Kürzlich stand die Freigabe der Mittel erneut zur Abstimmung an. Doch die Republikaner koppelten im letzten Moment das Votum mit einem anderen, durch das Familienplanungsorganisationen, die sich für Schwangerschaftsabbruch einsetzen, die Subventionen entzogen worden wären. Die Demokraten mußten gegen die Vorlage stimmen. So wartet die UNO weiterhin auf die Beitragszahlung, die vor allem Ländern der Dritten Welt zugute gekommen wäre. Während in diesem Fall die *Einschränkung der Frauenrechte* instrumentalisiert wurde, bedient sich die konservative Fraktion im Fall des anstehenden Impeachment-Verfahrens gegen den Präsidenten einer *Errungenschaft der Frauenbewegung.*

Mehr noch als diese Paradoxie gibt jedoch ein anderer Aspekt Anlaß zur Nachdenklichkeit. Es geht um das Verschwinden der Differenz zwischen Privatleben und Öffentlichkeit. Mai '68 und gerade die Frauenbewegung trugen erheblich dazu bei, daß das Private als politisch verstanden wurde. Allmählich aber, so scheint es, verkehrt sich genau dieser Aspekt in sein Gegenteil, oder er hat zumindest das Gegenteil des Beabsichtigten zur Folge. Kurz gesagt: Indem das Private politisch wurde, öffneten sich auch die Schleusen für eine Besetzung des Privaten durch den öffentlichen Raum. Diese Entwicklung begann natürlich nicht erst mit dem ausgehenden 20. Jahrhundert. Sie war schon den Schauprozessen der 40er und 50er Jahre inhärent, in denen Sexualvorwürfe nur eine untergeordnete Rolle spielten. Dennoch war auch diesen schon ein sexuelles Element eigen, das der ungarische Historiker Istvan Rév am Beispiel der stalinistischen Schauprozesse beschrieben hat:

»Wie im Fall der Orgienanschuldigungen des Mittelalters, die mehr über das Denken der Ankläger als über die Gewohnheiten der Angeklagten erzählten, berichten auch die Dokumente in den Archiven der Geheimpolizei von der Geschichte der Vernehmungsbeamten. [...] Diese benutzen Pornographie, weil sich diese Gattung für Polizeiberichte eignet. [...] Die Autoren pornographischer Texte geben vor, daß sie ›Augenzeugen der Szenen, die sie beschreiben‹ waren. [...] D.h. Pornographie tritt in der Verkleidung des Dokumentarischen auf. Sowohl billige pornographische Romane als auch die Selbstanschuldigungen der Schauprozesse dokumentieren aber Phantasien: die der Verfasser. Das Zeitalter der Schauprozesse stellt das Ausagieren der Phantasien der Vernehmungsbeamten dar. Deshalb können sich Historiker auf die politische Pornographie verlassen. Sie offenbart etwas über die wahre Natur des Systems.«[2]

In der aktuellen Situation gibt es keinen totalitären Staat. Dafür scheint aber das pornographische Element stärker in den Vordergrund gerückt zu sein. Dabei spielen die modernen medialen und visuellen Techniken, die zu Zeiten Hitlers und Stalins überhaupt erst ihre öffentliche Wirkung zu entfalten begannen, eine zentrale Rolle. Auch die Schauprozesse der 40er und 50er Jahre waren schon Medienereignisse. So wie die Hearings heute wurden auch sie mit dem Ziel gefilmt, die Angeklagten der Öffentlichkeit »vorzuführen« – und schon damals verfehlten die Aufnamen die beabsichtigte Wirkung. Die Aufnahmen von den Angeklagten des 20. Juli erregten Mitleid und wurden der Öffentlichkeit nie gezeigt, weil die Nationalsozialisten eine Identifizierung mit den Angeklagten befürchteten. Die Filmaufnahmen von den Schauprozessen in Prag, die gezielt unter die Leute gebracht wurden, schürten sogar den Widerstand gegen das Regime. Auch die Ausstrahlung der Hearings von Clinton hatten einen Anstieg seiner Popularität zur Folge. Am Tag danach zeigten die Meinungsumfragen eine deutliche Zunahme der Stimmen, die für sein Verbleiben im Amt plädierten. Diese Mechanismen der Identifizierung sind offenbar ein Produkt des Mediums selbst. Wie es scheint, verleitet das dokumentarische Bild im öffentlichen Raum (ob Video, Fernsehen oder Film) weniger zu einer Identifizierung mit dem Blick der Kamera, d.h. mit dem Blick des Anklägers, als zu einer Identifizierung mit dem Objekt dieses Blicks. Darüber hinaus scheint aber auch die Sexualität eine wichtige Rolle zu spielen. Die positiven Ergebnisse der Demokraten bei den Wahlen zum Repräsentantenhaus und mehreren Gouverneursstellen am 3. November verweisen darauf, daß in den modernen »Schauprozessen« der Sexualität und den Sexualbildern nicht die Funktion zukommt, einen Repräsentanten als »Fremdkörper« vorzuführen, sondern ihn zum »Eigenkörper« der Gemeinschaft zu erklären.

Zweifellos wurden auch bei den Hearings des amerikanischen Präsidenten Phantasien von Vernehmungsbeamten ausagiert. Nur: Wer waren die Vernehmungsbeamten? Auf den ersten Blick würde man sagen, die Vernehmungsbeamten waren Sonderermittler Kenneth Starr und die konservativen Kräfte, für die er tätig wurde. Folglich müßten es die Phantasien der Puritaner gewesen sein, die »ausagiert« wurden. Bei genauerem Hinsehen muß man jedoch erkennen, daß diese konservativen Kräfte ihrerseits das Produkt einer treibenden Kraft sind, dic ihnen, wenn nicht die Amtsenthebung des Präsidenten selbst, so zumindest diese Form von politischer Auseinandersetzung nahegelegt hat. Die Öffentlichkeit selbst scheint die Rolle des Vernehmungsbeamten eingenommen zu haben. Allerdings ist die Öffentlichkeit kein handelndes Subjekt. Sie ist ein Konstrukt – oder wenn man will, ein Gemeinschaftskörper, der durch die mediale Vernetzung überhaupt erst entsteht. Diese Öffentlichkeit äußerte sich zwar einerseits ablehnend über die voyeuristische Ausbreitung der ganzen Details aus dem Sex-Leben des Präsidenten, andererseits erwartete sie aber mit Spannung jede neue Veröffentlichung. Innerhalb von Stunden war die *New York Times*, in der das Hearing abgedruckt war, vergriffen. Jetzt wartet die Öffentlichkeit ungeduldig auf die erste Talkshow mit Monica Lewinsky. Mit anderen Worten: Die Öffentlichkeit ist ein mediales Konstrukt, das sich um das medial vermittelte Sexualleben ihres Repräsentanten bildet. Standen im Mittelpunkt des Kodex' traditioneller Gesellschaften die Gesetze, die das Geschlechtsleben der Individuen regeln, so ist nun das Interesse am Geschlechtsleben in den Mittelpunkt der gesellschaftlichen Organisation gerückt. Anders ausgedrückt: Die Öffentlichkeit agiert ihre Phantasien am Körper des Königs aus, und das Ausagieren dieser Phantasien wird zum konstitutiven Faktor der Gemeinschaftsbildung.

Bei diesem Vorgang tritt der private Körper des Königs an die Stelle, an der sich vorher der öffentliche befand. Das hat zur Folge, daß, wenn der König, Repräsentant des Gemeinschaftskörpers, ißt, trinkt, spricht oder seinen (wie auch immer gearteten) Sexualbedürfnissen nachgeht, er dieses immer im Namen des Volkes und für das Volk tut. Solche Phänomene sind schon aus der Pop-Musik und aus dem Starkult bekannt. Die Musikwissenschaft unterscheidet zwischen E-Musik und Pop-Musik weniger an den Charakteristika der Musik selbst als an der Tatsache, daß E-Musik von den Schöpfern (Komponisten/Interpreten) und Pop-Musik von den Rezeptionsmustern her gedacht wird. Pop-Musiker werden nicht als »Schöpfer«, sondern als Geschöpf der Rezipienten verstanden. Sie agieren das aus, was der Gemeinschaftskörper der Fans ihnen an Phantasien, auch gerade an Sexual-Phantasien oder Phantasien von *Gender*-Zugehörigkeit, anbietet, und setzen diese um. Ähnlich verhält es sich in diesem Fall mit dem Präsidenten, der mit dem Amt auch die Verpflichtung eingegangen zu sein scheint, die Phantasien der Öffentlichkeit auszuagieren. Gerade auf dem Gebiet der Sexualität. Wird das Gemeinschaftsgefühl durch gemeinsame Sexualinteressen hergestellt, so hat der repräsentative, öffentliche Körper des Königs entsprechend zu handeln.

Das ist das eigentlich Neue an dieser Affäre. Das Phänomen ist natürlich nicht über Nacht entstanden. Andere Entwicklungen des 20. Jahrhunderts, wie die Schauprozesse der totalitären Regimes und Erscheinungen aus der Pop-Musik, haben sie angekündigt oder vorweggenommen. Zu den Vorläufern gehört aber auch die Erbschaft von 1968. Insofern ist es nicht erstaunlich, daß das Phänomen ausgerechnet mit Clinton zum ersten Mal so deutlich greifbar geworden ist. Nicht nur repräsentiert er in den Augen vieler die 68er-Tradition, darüber hinaus hat ihn auch sein Ruf, ein Frauenheld zu sein, für diese Rolle geradezu prädestiniert. (Man kann sich übrigens fragen, inwieweit auch Deutschland mit seinem neuen Bundeskanzler ebenfalls einen in diesem Sinne »prädestinierten« Repräsentanten gewählt hat.)

Für die Frauenbewegung – vielleicht noch mehr als für die anderen Erbschaften von 1968 – ist in mehrfacher Hinsicht eine paradoxe

Situation entstanden. Einerseits dienen die Errungenschaften der Frauenbewegung politischen Zielen, die nichts mit der Frauenbewegung zu tun haben oder sogar gegen sie gerichtet sind. Andererseits ist die Frauenbewegung aber auch unfreiwillig zum Medium einer Entwicklung geworden, bei der sich öffentlicher und privater Raum gegenseitig durchdringen. Die Kräfte, die diese Entwicklung vorantreiben, stehen rechts oder links, und sie machen kaum mehr einen Unterschied zwischen sexueller Normierung und sexueller Freizügigkeit. Diese Entwicklung war aber nur möglich, weil die sexuelle Regellosigkeit – unversehens, ungeplant und ohne viel Aufwand – zur Norm geworden ist. Indem sie zur Norm wurde, eröffnete sie auch die Möglichkeiten, das politische und soziale Verhalten zu sexualisieren. Wilhelm Reichs Traum von der Politisierung durch Sexualisierung – seine Schriften spielten 1968 nicht von ungefähr eine wichtige Rolle –, dieser Traum hat sich auf seltsame Weise umgekehrt. Glaubte Reich, daß eine »befreite Sexualität« revolutionäre Kräfte freisetzen würde, so müssen wir heute feststellen, daß die »sexuelle Revolution« zur Sexualisierung sozialer und politischer Konflikte beigetragen hat und in dieser Funktion sogar zum Instrument konservativer Strömungen werden kann, denen die Wünsche und Auswirkungen von 1968 eigentlich ein rotes Tuch sind.

Rückblickend kann man erkennen, daß die Tomaten-Aktion der Frauen im SDS (ich betone: *im* SDS) nicht nur von aktueller Relevanz, sondern auch weit vorausschauend war. Sie offenbarte einerseits, wie sehr kritische Bewegungen in Geschlechterfragen in traditionellem Fahrwasser schwimmen. Sie bewirkte andererseits eine stärkere Präsenz von Frauen im öffentlichen Raum. Last not least schärfte sie aber auch den Blick für die Widersprüche, in die Frauen- und Geschlechterfragen heute im öffentlichen Raum verwickelt werden können. Halbwertszeit von Tomaten? Eine wachsende Nachdenklichkeit über die Kategorie Geschlecht.

249

1 »Die Zeit (t), in der von einem radioaktiven Element durchschnittlich die Hälfte einer beliebigen Anfangszahl von Atomen zerfallen ist, d. h. sich in neue Atome umgewandelt hat. Die Halbwertszeit ist für jede radioaktive Atomart eine charakteristische Konstante, veranschaulicht durch die Steilheit der jeweiligen exponentiellen Zerfallskurve. (...) Auch instabile Elementarteilchen haben eine H., doch benutzt man bei ihnen häufiger den Begriff der → Lebensdauer. Die Ermittlung von H. bestimmter radioaktiver Isotope ist wichtig für die Altersbestimmung von Mineralien und die darauf beruhenden Untersuchungen der Chronologie.« Brockhaus Enzyklopädie 1969, Bd. 8, S. 72

2 Istvàn Rèv, In Mendacio Veritas (In Lies There Lies the Truth), in: Representations No. 35, UCLA Press, Summer 1991, S. 17f. Rèv schreibt weiter: »Die diese fiktiven Texte verfaßt haben, wollten sie als reale historische Dokumente ausgeben, als Beweise für die, deren Leben sie erschaffen wollten. Aber indem sie diese falschen Lebensgeschichten schreiben, schufen sie ihre eigenen Geschichten, ihr eigenes Leben.«

Die Autorinnen

Seyran Ates

1963 in Istanbul geboren. Sie lebt seit 1969 in Berlin. Mit 17 Jahren ist sie von Zuhause abgehauen und hat mit einer Freundin das Buch »Wo gehören wir hin?« geschrieben, das im LAMUV-Verlag erschienen ist. »Mein Traumberuf war, Rechtsanwältin zu werden und für die Rechte der Frauen und Migrantinnen zu kämpfen. Trotz vieler Schwierigkeiten habe ich es geschafft und habe nun mit 3 Kolleginnen ein Anwältinnenbüro gegründet. Meine Schwerpunkte sind: Arbeitsrecht, Mietrecht, Existenzgründungen und Verträge zwischen gleichgeschlechtlichen Partnerinnen bzw. Partnern.«

Halina Bendkowski

1949 in Glivice, Polen, geboren. Soziologin und linke Feministin. Lange aktiv in der Anti-Gewalt-Debatte bis zur Erreichung der Intervention. Im Hin- und Her zwischen Berlin und New York der Liebe wegen auf Recherche. »Frei« für interessante An- und Aufforderungen, Konzepte und Moderationen für Konferenzen im internationalen Austausch. Urheberin der »Geschlechterdemokratie« aus feministischer Perspektive.

Christina von Braun

Prof. Dr. phil., seit 1994 Professorin für Kulturwissenschaft an der Humboldt-Universität Berlin. Kulturtheoretikerin, Filmemacherin und Autorin. Sie hat ca. 50 Filmessays, Fernsehspiele und Dokumentationen zu kulturgeschichtlichen Themen verfaßt. Veröffentlichte zahlreiche Bücher und Aufsätze über das Wechselverhältnis von Geistesgeschichte und Geschlechterrollen sowie zu Medientheorie und zur Geschichte des Antisemitismus. Letzte Buchveröffentlichung: »Die Multiple Persönlichkeit. Krankheit, Medium oder Metapher« (zusammen mit Gabriele Dietze) im Verlag Neue Kritik, Frankfurt.

Dorothee Damm

Am 29.9.1968 in Berlin geboren. Während eines einjährigen Aufenthalts auf Island in den Jahren 1988/89 arbeitete sie auf einem Bauernhof und in einem Heim für Menschen mit einer Behinderung. Danach Studium der Sonderpädagogik und Erdkunde an der FU Berlin.

Erica Fischer

Geboren 1943 im englischen Exil der Eltern. In den Jahren 1948 bis 1988 lebte sie in Wien. An der dortigen Universität Ausbildung zur Übersetzerin und Dolmetscherin (Englisch). Seit Anfang der 70er Jahre ist sie Aktivistin und Chronistin der Wiener Frauenbewegung. Mitbegründerin von »AUF – Eine Frauenzeitschrift« und der Buchhandlung »Frauenzimmer«. Sie lebt seit 1988 als freie Journalistin (Print und Hörfunk), Buchautorin und Buchübersetzerin in Deutschland, z. Zt. in Berlin. Publikationen u. a.: »Ohne uns ist kein Staat zu machen: DDR-Frauen nach der Wende« (mit Petra Lux); »Aimée & Jaguar: Eine Liebesgeschichte«; »Am Anfang war die Wut: Monika Hauser und Medica mondiale, Ein Frauenprojekt im Krieg«.

Franziska Groszer

Geboren 1945, aufgewachsen in Ostberlin. Sie hat 3 Kinder. Bis 1977 war sie wissenschaftliche Mitarbeiterin im Zentrum für Kinderliteratur, Sekretärin, Sachbearbeiterin, Puppenmacherin, Fabrikarbeiterin... Außerdem: graphische Arbeiten, Regie und Texte für Kindertheater, private Ausstellungen und Lesungen. Seit 1966 von den Augen und Ohren der Stasi verfolgt. Nach der ersten öffentlichen Lesung bekam sie generelles Veröffentlichungs- und Auftrittsverbot. Übersiedlung nach Westberlin 1977. Danach Redakteurin, Journalistin, Setzerin, Korrektorin, Lektorin ... Leiterin des Literaturbüros in Unna. Zahlreiche Veröffentlichungen. Für ihr Buch »Rotz und Wasser« erhielt sie den »Erich Kästner Kinder- und Jugendbuchpreis«, 1988 den Gustav-Heinemann-Friedenspreis«.

Frigga Haug

Geboren 1937. Mädchengymnasium. Studium: Soziologie, Psychologie, Volkswirtschaftslehre in den Jahren 1957–1963; Studienabbruch wegen Geburt einer Tochter; 2 Jahre Hausfrau, 5 Jahre diverse Tätigkeiten. Seit 1968 ist sie in der Frauenbewegung aktiv. Im Jahr 1971 extern Diplom, danach Assistentin und Promotion 1976, Habilitation 1978, seit diesem Jahr Angestellte an der HWP Hamburg, seit 1995 ist sie dort Professorin und zudem Gastprofessorin in vielen Ländern. Die Themen ihrer Forschung und zahlreichen Publikationen sind »Arbeit« und »Frauen«.

Ingrid Kurz-Scherf

Geboren 1949 in Trier. Wirtschaftswissenschaftliches Studium in Saarbrücken und Köln in den Jahren 1968–72; Promotion über volkswirtschaftliche Lohn- und Gehaltsstrukturen an der RWTH Aachen (1984), Habilitation am Fachbereich für politische Wissenschaften der FU Berlin (1994); wissenschaftliche Referentinnentätigkeit im statistischen Bundesamt in Wiesbaden (1978–80) und im Wirtschafts- und Sozialwissenschaftlichen Institut (WSI) des DGB in Düsseldorf (1988–90); Staatssekretärin für Arbeits- und Frauenpolitik im

Saarland und in Brandenburg (1990/91); seit 1991 Leitung des Sozialwissenschaftlichen Forschungszentrums Berlin-Brandenburg; 1993–98 Hochschullehrerin für politische Wissenschaft an der Uni Marburg, seit 1998 Professorin für politische Wissenschaft an der FH Bielefeld; Mitglied der Enquete-Kommission »Zukunft der Erwerbsarbeit« des nordrhein-westfälischen Landtags. Zahlreiche Veröffentlichungen zu den Themen »Arbeit«, »Tarifpolitik«, »Geschlechterbeziehungen«, »Gewerkschaften« und »Transformationsprozesse«.

Ines Lehmann

Geboren 1943. Schule in der SBZ/DDR und BRD; Studium der Sozial- und Politikwissenschaften in Göttingen und Berlin; Universitätslehre an der FU Berlin und der Universidade Clássica in Lissabon. Im SDS war sie von 1965 bis zum Ende 1970 Mitglied. Übersetzerin und Taxiunternehmerin. Publikationen in deutscher und portugiesischer Sprache zu philosophischen, politischen und filmkritischen Fragen. Seit 1990 Edition der mehrbändigen Analyse und Dokumentation ausländischer Reaktionen auf die deutsche Vereinigung: VON AUSSEN GESEHEN.

Ingrid Miethe

Geboren 1962 im östlichen Teil des Vogtlandes. Nach mehreren Lehr- und Wanderjahren und ihrer Aktivität in der unabhängigen Friedensbewegung der DDR begann sie sich nach der Maueröffnung verstärkt der feministischen Betrachtung der Welt zuzuwenden. In den Jahren 1990–1995 Studium an der TU Berlin (Frauenforschung), 1995–1998 Promotion an der FU Berlin, FB Politische Wissenschaften. 1996 Dokumentarfilm über die »Frauen für den Frieden« in Halle. Arbeitsschwerpunkte: Frauenforschung, Qualitative Methodik, DDR-Opposition, NS-Forschung, Bewegungsforschung und zwei aus ostdeutschen Zeiten stammende Kinder.

Cristina Perincioli

Mitbegründerin: 1971 HAW Frauengruppe, 1972 Frauenzentrum Berlin, 1973 Frauenmediengruppe, 1977 Notruf für vergewaltigte Frauen.

Filmemacherin u.a. von: »Für Frauen – 1. Kapitel«, »Die Macht der Männer ist die Geduld der Frauen«, »Anna & Edith« (Spielfilme, ZDF). Autorin von »Die Frauen von Harrisburg« (Rowohlt 1980), »Computer und Kreativität« (zusammen mit Cillie Rentmeister). Heute ist sie Produzentin von interaktivem MultiMedia: Umweltlernspiele und das Computer-Adventure »Selma« zum Thema »sexueller Mißbrauch« sowie Testspiele im Internet zur geschlechtsspezifischen Wahrnehmung.

Margit Püttmann

Sie kommt aus Baden-Baden, lebt seit vielen Jahren im Münsterland. Soziologin. Musikerin. In den 70er und 80er Jahren war sie Bassistin und Gitarristin in Country- und Rockbands. Jetzt arbeitet sie freischaffend in den Bereichen Kreatives Schreiben, Gitarrenunterricht, Meditatives Trommeln. Text-Musik-Performance zu »Klang & Stille«. Aktuelles Programm: »Am Rand des Augenblicks«.

Cillie Rentmeister

Geboren in Berlin im Jahre 1948. Studium von Kunstgeschichte und Archäologie. Seit 1974 Beiträge zur feministischen Kunst- und Kulturwissenschaft in Forschung und Lehre und aktiv in der Berliner Frauenbewegung und der Frauen-Rockmusik (u.a. bei den *Flying Lesbians*). Bücher: »Frauenwelten – Männerwelten«; »Computer und Kreativität« (mit C. Perincioli). Medien-Arbeiten: Fernsehspiele, Rundfunk, elektronische Musik. Seit 1985 Lehre und Veröffentlichungen zum Thema »Computer und Kreativität«. Sie ist seit 1994 Professorin an der FH Erfurt für »Geschlechterverhältnis« und »Theorie und Praxis von Multimedia«.

Viola Roggenkamp

Geboren 1948. Deutsche Jüdin. Sie studierte u.a. Musik und Psychologie. Sie arbeitet als Journalistin und Autorin für DIE ZEIT, die Allgemeine Jüdische Wochenzeitung, die tageszeitung, das frauenpolitische SFB-Magazin »Zeitpunkte«, schreibt Essays für den SWR und arbeitete bis 1990 vierzehn Jahre für die EMMA. Veröffentlichungen in Anthologien sowie Verfasserin des Buches »Von mir soll sie das haben?« über Mütter lesbischer Töchter. Mehrjährige Auslandsaufenthalte in Asien und Israel.

Helke Sander

Regisseurin. Autorin. Professorin an der HfbK Hamburg. Als Regisseurin u.a. folgende Filme: »REDUPERS – die allseitig reduzierte Persönlichkeit«, »der subjektive faktor«, »Der Beginn aller Schrecken ist Liebe«, »BeFreier und Befreite«. Als Autorin u.a.: »Die Geschichten der drei Damen K.«, »Oh Lucy«. Aufsätze in Zeitungen, Anthologien usw.

Hazel Rosenstrauch

Als Kind österreichischer Emigranten ist sie in London geboren, in Wien aufgewachsen. Via USA kam sie Mitte der 60er Jahre zum Studium nach Berlin und in die Unruhen. Wechselnde Stellungen zwischen Wissenschaft, Literatur und Journalismus. Alleinerziehende Mutter eines 13jährigen Sohnes. Letzte Buchveröffentlichung: »Die Grazie der Intellektuellen«.

Susanne Schunter-Kleemann

Prof. Dr., sie lehrt in den Fächern »Sozial-, Politik- und Arbeitswissenschaften«. Buch- und Zeitschriftenveröffentlichungen zu: »Europäischer Arbeitsmarkt-, Sozial- und Geschlechterpolitik«, u. a. »EG-Binnenmarkt – EuroPatriarchat oder Aufbruch der Frauen?«; »Herrenhaus Europa – Geschlechterverhältnisse im Wohlfahrtsstaat«.

Irene Stoehr

Geboren 1941. Sie lebt in Berlin als freiforschende, gelegentlich journalistisch tätige Soziologin und Wahlhistorikerin. Lehrtätigkeit zu frauenpolitischen Themen an verschiedenen Hochschulen. Redakteurin der ehem. feministischen Frauenzeitschriften COURAGE und UNTERSCHIEDE. Forschungsschwerpunkt: »Frauenpolitik/Frauenbewegung zwischen 1890 und 1990«. Z. Zt. arbeitet sie an einem Projekt zu den 50er Jahren: »Politik, Geschlecht und Kalter Krieg«.

Marlene Streeruwitz

Geboren 1950 in Baden bei Wien. Sie studierte zunächst Jura und wechselte dann zu Slawistik und Kunstgeschichte. Hörspiele (u. a. 1987 »Paravent«, 1989 »Urlaub) und Theaterstücke (u. a. 1993 »NewYork, New York«, »Elysian Park«), Regisseurin beim Theater und Hörfunk. In den 90er Jahren erfolgt der Durchbruch beim Theater (1992: »Nachwuchsautorin des Jahres« der Zeitschrift Theater Heute). Im Wintersemester 1996 übernahm sie die Poetik-Professur an der Universität Tübingen. Marlene Streeruwitz lebt in Wien. Veröffentlichungen u. a.: »Verführungen. 3. Folge. Frauenjahre«; »Lisa´s Liebe. Roman in drei Folgen«.

Das Feministische Institut

Das Feministische Institut in der grünennahen Heinrich-Böll-Stiftung ist ein Ort genderkritischen Denkens und innovativer Praxisformen. Konzeptioneller Schwerpunkt ist die politische Partizipation von Frauen: ihre politische Präsenz soll gestärkt, Politikformen sollen reflektiert und Politikberatung angeboten werden.

Grundlage hierfür ist ein Konzept, in dem Feminismus als ideologiekritischer Ansatz begriffen wird, der die Grundlage für die kontinuierliche Einmischung von Frauen in gesellschaftspolitische Prozesse darstellt. Die Akzentuierung des Instituts ist zukunftsorientiert und modellhaft, seine Arbeitsweise innovativ, flexibel und öffentlichkeitswirksam.

Das Feministische Institut ist im Schnittpunkt verschiedener Diskurse und Praxen verortet, deren Vermittlung neue, in die Zukunft weisende Fragestellungen und Praxisanregungen hervorbringen wird. Seine inhaltlichen Orientierungen sind mit den Traditionen der Frauenbewegungen sowie dem bündnisgrünen Milieu verbunden. Gleichzeitig wird Wert auf eine grundsätzliche Offenheit für weitere zivilgesellschaftliche Debatten in aller Welt gelegt, die sich dem Projekt der Emanzipation verpflichtet fühlen.

Das Institut organisiert in diesem Zusammenhang Dialog, Erfahrungsaustausch und Vernetzung von Frauen aus Wissenschaft, Weiterbildung, Politik und Wirtschaft und arbeitet an einem Transfer feministischer Forschungsperspektiven in die politische Öffentlichkeit. Diese Aufgaben erfüllt es im Rahmen einer projektbezogen operierenden Organisationsform.

Bis zur Evaluierung und endgültigen Beschlußfassung über Struktur und Gremien des Instituts beraten Expertinnen im Rahmen einer Projektgruppe das Institut strategisch und programmatisch. Die Projektgruppe übergibt nach Beendigung ihres Mandats der Mitgliederversammlung der Böll-Stiftung einen Vorschlag für die Wahl von Programmbeirat und Kuratorium des Instituts. Dieser wird in Zusammenarbeit mit dem Frauenrat der Heinrich-Böll-Stiftung entwickelt. Die Projektgruppe des Instituts umfaßt insgesamt – neben Hauptamtlichen aus den Kernbereichen Inland, Ausland, Studienwerk, Länderbildungswerke und Stipendiatinnen – 22 Frauen aus verschiedenen gesellschaftlichen Feldern, den Beiräten der Heinrich-Böll-Stiftung und Frauen aus Partei und Fraktion von Bündnis'90/Die Grünen. Aus Gründen besserer Handlungsfähigkeit delegiert die Projektgruppe Steuerungsaufgaben an die kleinere und operativ arbeitende Untergruppe, die Steuerungsgruppe.

Bis zum Frühjahr 2000 soll ein internationaler Beirat als internationales Begleitkuratorium gegründet sein.

Im Stiftungskontext gilt das Feministische Institut als Abteilung mit besonderem Status und verfügt über Programmhoheit. Die institutionelle Beweglichkeit wird durch direkte Anbindung an den Vorstand der Stiftung gewährleistet.

Das Finanzierungsmodell des Feministischen Instituts sieht eine gesicherte Grundlage des Instituts durch die Böll-Stiftung vor. Auf der Basis eines Grundbudgets wird eine verbindliche Vereinbarung über eine jährliche prozentuale Zuwachsrate angestrebt. Das Feministische Institut verfügt über Budgethoheit und Drittmittel – Akquise ist vorgesehen.

 Mit den folgenden Aktivitäten leistet das Institut konkrete Politikberatung und -begleitung für Frauen in der politischen Öffentlichkeit und für Frauen, die sich im Rahmen des bündnisgrünen Projekts engagieren:

- Vermittlung aktueller Ergebnisse internationaler *women's and gender studies* in den politischen Diskurs;
- Aufzeigen beispielhafter Lösungen anhand visionärer Konzepte und praktischer Modelle der internationalen Frauenbewegung;
- Aufgreifen von Problemfeldern aus der frauenpolitischen Praxis und Formulierung von Fragen an die feministische Wissenschaft;
- Aufbereitung aktueller allgemeinpolitischer Themen unter feministischen Fragestellungen und Transport in frauenpolitische Öffentlichkeiten;
- Vermittlung frauenpolitischer Themen in die politische Öffentlichkeit (Agenda-setting) und Sensibilisierung des demokratischen Diskurses für frauenpolitische und geschlechterkritische Perspektiven.

Seit 1998 existiert GLOW, ein weltweit einzigartiges Projekt des Feministischen Instituts: Es bietet im Internet interaktive Informations- und Bildungsmöglichkeiten für Frauen. GLOW ist als Netzwerk für eine feministische *world community* gedacht.

Die Heinrich-Böll-Stiftung mit Sitz in Berlin arbeitet als politische Stiftung in rechtlicher Selbständigkeit und geistiger Offenheit. Vorrangige Aufgabe der föderal organisierten Bundesstiftung ist die politische Bildung im In- und Ausland zur Förderung der demokratischen Willensbildung, des gesamtgesellschaftlichen Engagements und der Völkerverständigung.

Darüber hinaus fördert die Stiftung Kunst und Kultur, Wissenschaft und die Entwicklungszusammenarbeit.

Sie ist an den politischen Grundwerten Ökologie, Geschlechterdemokratie, Gewaltfreiheit und Solidarität orientiert.

Heinrich Bölls Ermutigung zur zivilgesellschaftlichen Einmischung in die Politik ist Vorbild für die Arbeit der Stiftung.

Beratende Mitglieder der Projektgruppe Feministisches Institut

Dr. Farideh Akashe-Böhme, Fachbeirat Migration der Heinrich-Böll-Stiftung, Darmstadt | Dr. Mechthild Bereswill, Sprecherin des Frauenrates der Heinrich-Böll-Stiftung, Hannover | Prof. Dr. Claudia von Braunmühl, Professorin für Politische Wissenschaft an der FU Berlin | Theresia Bauer, Geschäftsführerin der Heinrich Böll Landesstiftung in Stuttgart | Dr. habil. Christine Eifler, Frauenrat der Heinrich-Böll-Stiftung, Bremen | Antke Engel, Promovendin der Heinrich-Böll-Stiftung, Sprach- und Kulturwissenschaften, Hamburg | Ulrike Helwerth, Journalistin und Moderatorin, Berlin | Dr. Christa Karras, Staatssekretärin im Ministerium für Frauen, Jugend, Wohnungs- und Städtebau des Landes Schleswig-Holstein, Bundesfrauenrat Bündnis'90/Die Grünen | Annekathrin Linck, Leiterin der Auslandsabteilung der Heinrich-Böll-Stiftung, Berlin | Kerstin Müller, MdB, Fraktionssprecherin Bündnis'90/Die Grünen, Bonn | Dr. Claudia Neusüß, Geschäftsführender Vorstand der Heinrich-Böll-Stiftung, Berlin | Anna-Katharina Pelkner, Stipendiatin der Heinrich Böll Stiftung, Sozialwissenschaften, Berlin | Heide Rühle, Parteirat Bündnis'90/ Die Grünen | Brigit Scheiger, Leiterin des Studienwerks der Heinrich-Böll-Stiftung | Julia Scherf, Regionalreferentin für Westeuropa und Nordamerika der Heinrich-Böll-Stiftung, Berlin | Renate Steinhoff, Landesbildungswerk Niedersachsen der Heinrich-Böll-Stiftung, Hannover | Petra Streit, Geschäftsführender Vorstand der Heinrich-Böll-Stiftung, Weimar | Anke Strüver, Stipendiatin der Heinrich-Böll-Stiftung, Geowissenschaften, Hamburg | Gabriele Tellenbach, Referentin für Studienförderung der Heinrich-Böll-Stiftung, Berlin | Susanne Thoma, medien & management GmbH, Berlin | Dr. Alena Wagnerova-Köhler, Journalistin und Schriftstellerin aus Saarbrücken | Marianne Zepp, Referentin der Inlandsabteilung der Heinrich-Böll-Stiftung, Berlin

Feministisches Institut

Heinrich-Böll-Stiftung

Hackesche Höfe

Rosenthaler Straße 40/41

10178 Berlin

Fon 030-285 34-122

Fax 030-285 34-109

Email feministisches-institut@boell.de

www.glow-boell.de

Schriften der Heinrich-Böll-Stiftung (Auswahl)

Wir sind das Wunder, durch das wir überleben
Die 4. Weltfrauenkonferenz in Peking. Von Christa Wichterich. Köln 1996, 160 Seiten, DM 12,– ISBN 3-927760-26-9

Kreuz & Quer
Ost-West-Erfahrungen von Frauen. Hrsg. von Christine Eifler. Köln 1994, 176 Seiten, DM 12,– ISBN 3-927760-22-6

Ultramarin
Texte und Bilder von Künstlerinnen. Ausgewählt von Dörte Mierau und Chr. Eifler. Köln 1993, 112 Seiten, DM 18,– ISBN 3-927760-18-8

Komponistinnen und ihr Werk
Eine Dokumentation der Veranstaltungsreihe gleichen Titels 1990/91 von Christel Nies. Mit Beiträgen über Jacqueline Fontyn, Alma Mahler, Sofia Gubaidulina u.a. Köln 1992, 180 Seiten, DM 12,–
ISBN 3-927760-11-0

Die Sprache als Hort der Freiheit
Sprachwende und Sprachwandel nach 1989. Mit Beiträgen von György Dalos, Christoph Dieckmann, Franziska Groszer, Ruth Reiher, Jens Reich, Adam Nadasdy, Sinan Gudzevic, Leszek Szaruga u.a. Köln 1996, 160 Seiten, DM 15,– ISBN 3-927760-28-5

Wie weit flog die Tomate?
Eine 68erinnen-Gala der Reflexion. Mit einer Einleitung von Halina Bendkowski. Mit Beiträgen von Helke Sander, Marlene Streeruwitz, Viola Roggenkamp, Frigga Haug, Franziska Groszer, Dorothee Damm u.v. a., Berlin 1999, 264 Seiten, DM 15,– ISBN 3-927760-32-3

Die Landkarte der Zensur
Erzählungen, Reportagen und Essays für die Freiheit des Wortes aus »Index on Censorship«. Berlin 1998, 208 Seiten, DM 24,80 (Links-Verlag)
ISBN 3-86153-169-0

Das Studienwerk der Heinrich-Böll-Stiftung.
Handbuch der ehemaligen Stipendiatinnen und Stipendiaten
Von Sabine Dittrich, Sofia Manti und Dietmar Sedlaczek. Berlin 1998, 272 Seiten, DM 10,– ISBN 3-927760-30-7

Dokumentationen

Umgang mit Gewalt in Bildungseinrichtungen
Viertes Bildungspolitisches Fachgespräch der Heinrich-Böll-Stiftung. Dokumentation Nr. 1, Berlin 1998, 72 Seiten

Mütterlichkeit und Väterlichkeit in West und Ost
Dokumentation einer Tagung der Heinrich-Böll-Stiftung, konzipiert und durchgeführt in Zusammenarbeit mit Katrin Rohnstock. Dokumentation Nr. 2, Berlin 1999, ca. 100 Seiten

»Extrem gewalttätig ...«
Herausforderungen an Bildungseinrichtungen und Bildungspolitik
Das 5. Bildungspolitische Fachgespräch der Heinrich-Böll-Stiftung. Dokumentation Nr. 3, Berlin 1999, ca. 100 Seiten

Die Dokumentationen sind kostenfrei gegen Einsendung eines adressierten und ausreichend frankierten DIN-A4-Briefumschlages bei der Heinrich-Böll-Stiftung erhältlich!

Sonderausgaben

China – Punkmädchen in Ostberlin Die Geschichte einer Jugend in der DDR. Fotos, Erinnerungen, Dokumente.
CD, Dia-Serie und Dokumentation für den Unterricht. Von Claudia von Zglinicki. Berlin 1998, DM 25,–

»Czernowitz is gewen an alte, jidische Schtot ...«
Interviews mit Überlebenden aus der Bukowina. Berlin 1998 (3. Auflage 1999), 120 Seiten, DM 15,–

Zeitschrift

hypatia Historische Frauenforschung in der Diskussion
Zeitschrift des Netzwerkes historisch arbeitender Frauen der Heinrich-Böll-Stiftung. Erscheint seit 1991 in unregelmäßigen Abständen, aber mindestens einmal im Jahr; enthält Aufsätze, Berichte, Rezensionen. Ca. 36–64 Seiten, DM 5,– ISSN 0948-7336

Bestelladresse: Heinrich-Böll-Stiftung
Rosenthaler Str. 40/41, 10178 Berlin, Fon 030-285 34-0, Fax -109
Email info@boell.de, Internet www.boell.de

Alle Preise zzgl. Versandkosten!